21세기 유아의 건강한 미래를

동작교육

(주)트니트니R&D 지음

Σ 시그마프레스

21세기 유아의 건강한 미래를 위한 **동작교육**

발행일 2016년 8월 19일 1쇄 발행

지은이 (주)트니트니R&D
발행인 강학경
발행처 ㈜시그마프레스
디자인 우주연
편집 이호선

등록번호 제10-2642호
주소 서울특별시 영등포구 양평로 22길 21 선유도코오롱디지털타워 A401~403호
전자우편 sigma@spress.co.kr
홈페이지 http://www.sigmapress.co.kr
전화 (02)323-4845, (02)2062-5184~8
팩스 (02)323-4197

ISBN 978-89-6866-784-8

이 도서의 국립중앙도서관 출판시도서목록(CIP)은 서지정보유통지원시스템 홈페이지
(http://seoji.nl.go.kr)와 국가자료공동목록시스템(http://www.nl.go.kr/kolisnet)에서 이용
하실 수 있습니다.(CIP제어번호 : CIP2016018828)

21세기 유아의 건강한 미래를 위한
동작교육

트니트니는 열정 있는 젊은이들로 가득 찬 곳입니다. 트니트니의 모든 가족은 유아의 성장과 발달을 위해 최대의 노력을 하고 있습니다. 트니트니 선생님들은 항상 유아의 동작을 위한 학습과 동작을 통한 학습에 대해서 고민합니다. 파면 팔수록 물이 나오는 샘처럼 트니트니 선생님들의 유아를 위한 열정은 점점 커져서 더 많은 지식을 갖고 싶어 합니다.

지금까지 10여 년 동안 유아들의 성장과 발달을 위한 많은 동작 프로그램을 제공해 오면서 더 좋은 프로그램, 더 필요한 프로그램을 추구해 왔습니다. 이제 모든 트니트니 선생님들은 정확한 지식을 기반으로 유아의 발달에 적합한 프로그램을 제공하는 데 더욱 노력을 하고자 합니다.

이 책은 유아의 올바른 성장과 발달을 위한 개론서로, 트니트니 선생님뿐만 아니라 유아 체육지도자들에게 필요한 내용들로 구성되어 있습니다. 1부에서는 유아의 동작에 대한 이해와 동작교육과 관련된 내용들을 소개하고 있으며, 2부는 유아의 발달에 대한 이해를 돕기 위해 신체적, 인지적, 사회·정서적 발달, 운동 발달에 대한 내용으로 구성되어 있습니다.

이 책을 통해서 트니트니 선생님들뿐만 아니라 유아의 동작을 지도하는 모든 지도자들이 유아동작교육에 대한 이론적인 지식을 쌓아 유아의 건강한 미래를 책임질 수 있는 역량을 발휘하길 기대합니다. 또한 앞으로 트니트니는 이 책을 시작으로 더 많은 이론적, 실무적 지식이 담긴 책을 출판하여 유아의 동작교육지도자들에게 좀 더 정확하고 폭넓은 지식을 제공하는 선구자가 되도록 하겠습니다.

　이 책은 트니트니의 R&D 팀과 그 외 관계자분들이 함께 만든 책으로, 하나님께 감사드리며 오랜 시간 동안 많은 일을 책임져 주신 (주)시그마프레스 대표님과 편집장 님 외 많은 분의 수고에 진심으로 감사드립니다.

대표 서정수

차례

Part 2

유아의 발달

유아의 동작교육

CHAPTER 1 동작의 개념

1 동작의 정의

동작 :
動(움직일 동)
作(지을 작)

동작이란 몸이나 손발의 움직임 또는 몸 전체 또는 부분별로 위치가 변하거나 자세가 달라지는 것을 의미한다. 동작은 유아에게 삶의 전부이고 성장과 발달의 원동력이 된다. 만일 유아가 제대로 동작을 못한다거나 동작을 하려고 하지 않는다면 어떻게 될까? 유아가 동작을 제대로 하지 못한다면 유아의 건강과 안전에 대한 기대뿐만 아니라 그 이상의 무엇도 아이에게 기대할 수 없을 것이다.

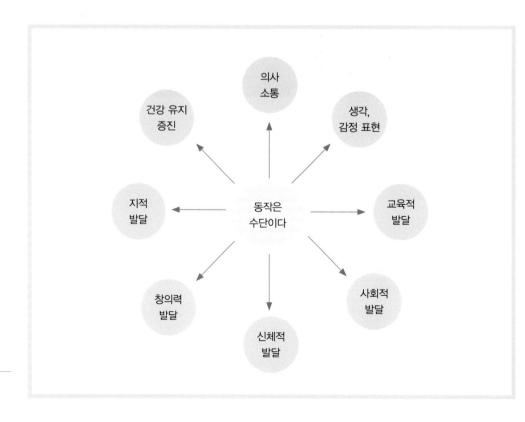

그림 1.1

유아와 동작

건강한 유아는 늘 움직인다. 스스로의 세계 속에서 자신의 마음과 생각을 표현하려는 힘이 왕성하기 때문에 건강한 유아일수록 쉴 틈 없이 움직이고 싶어 한다. 따라서 유아에게 동작은 건강의 중요한 척도가 될 수 있다.

또한 그림 1.1에서 보는 바와 같이 동작은 전인적 발달의 수단이 된다. 그러므로 유아기에 동작의 기초를 형성한다는 것은 그 무엇보다도 중요한 일이라 할 수 있다.

2 동작의 구성 요소

어떻게 하면 효율적으로 동작을 할 수 있을까? 어떻게 하면 유아가 동작을 신속하고 정확하게 할 수 있을까? 이는 동작의 구성 요소에 대해서 얼마만큼의 지식을 습득하고 있느냐에 따라 차이가 날 수 있다. 컴퓨터 작업과 관련하여 예를 들어 보자. 컴퓨터로 PPT 작업을 하기 위해 전원 키를 누르면 컴퓨터는 켜지지만 최고의 PPT 작업 결과를 얻기 위해서는 PPT 사용 방법에 대해서 알고 있어야 할 것이다. 이때 작업과 관련된 기능을 많이 알고 있는 사람과 사용 방법을 제대로 알고 있지 않은 사람의 작업 결과에는 분명히 차이가 나타난다. 또 다른 예를 들어 보자. 전원을 누르면 세탁과 탈수만 되는 세탁기와 다양한 기능이 프로그램 되어 있는 세

동작 요소에 대한 지식을 갖고 있는 유아와 지식을 갖고 있지 않은 유아의 동작은 차이가 있다.

동작은 기능적 동작과 표현적 동작으로 구분된다.

동작의 구성 요소는 동작의 틀, 동작 개념, 동작 변인, 동작 인식 등으로 혼용되어 쓰이고 있다.

탁기의 기능성에는 차이가 있을 것이다. 이처럼 동작 역시 동작을 시작하는 것에 대한 지식만 갖고 있는 유아와 언제 어디로 어떻게 움직이면 되는가에 대한 정확한 지식을 갖고 있는 유아의 동작은 크게 차이가 나타날 것이다. 즉, 동작의 구성 요소에 대한 지식을 얼마나 갖고 있는지에 따라 유아의 동작은 달라질 수 있는 것이다.

동작의 구조를 체계적으로 분석한 학자인 루돌프 본 라반(Rudolf von Laban, 1879~1958)은 동작을 기능적인 동작과 표현적인 동작으로 구분하였다. 기능적인 **동작**은 일을 하거나 운동을 할 때 쓰이는 동작으로 똑같은 일을 하는 사람도 동작에 따라 차이가 나타난다(이영, 1995). 〈생활의 달인〉이라는 TV 프로그램에서 우리는 같은 짐을 나르는 사람들이 동작을 얼마나 빠르게 했는가, 얼마나 더 정확하게 했는가에 따라 결과가 다르게 나타난다는 것을 볼 수 있었다. 또한 똑같은 운동을 하면서 실적이 다른 이유가 동작의 정확성과 신속성에 있음을 우리 모두는 알고 있다. 즉, 기능적인 동작은 같은 일이나 운동이 같은 일이나 동작을 할 때 어떻게 차이가 나타나는가를 판단하게 하는 기준이 되는 것이다.

표현적인 동작은 의사 표현 또는 의사소통을 할 때 쓰이는 동작으로 언어 발달이 미숙한 유아에게 자신의 감정이나 생각 등을 표현할 수 있게 하는 중요한 요소이다. 음식이 먹기 싫다는 표현으로 고개를 돌리는 동작을 한다든지, 어딘가를 가고 싶다는 생각이 들면 무작정 앞으로 걸어간다든지, 장난감이 맘에 안 든다는 표현을 할 때 말보다는 장난감을 던져버리거나 싫다는 표현으로 발버둥을 치는 등, 유아들은 자신의 마음을 주로 동작으로 표현하고 동작으로 소통을 하게 되는 것이다.

유아가 기능적으로 또는 표현적으로 동작을 잘할 수 있는 방법이 무엇인가에 대해서 동작교육학자들은 동작 구성 요소를 분석하여 문제를 해결하고자 했다. 지금까지 동작의 구성 요소는 동작의 틀(movement framework), 동작 개념(movement

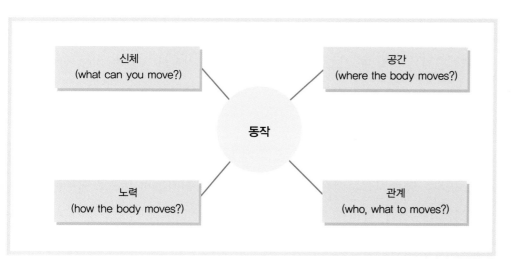

그림 1.2
동작의 구성 요소

concept), 동작 변인(movement variability), 동작 인식(movement awareness) 등으로
다양하게 불리고 있다(김은심 외, 2010). 동작의 구성 요소 역시 학자들마다 각각
다르게 제시를 하고 있으나 일반적으로 신체(body), 노력(effort), 공간(space), 관계
(relationship) 등으로 제시되고 있다(그림 1.2).

유아에게 동작의 구성 요소에 따른 동작 프로그램이 제시된다면 유아는 동작을
더욱 효율적으로 할 수 있는 동작 능력을 습득할 수 있다. 따라서 유아의 동작교육
을 담당하는 동작교육지도자는 동작의 구성 요소에 대한 끊임없는 관심이 필요하
고, 유아와 동작교육을 하는 동안 동작의 구성 요소에 대한 관찰 능력이 필수적이
다. 왜냐하면 유아의 동작을 균형 있고 체계적으로 발달시키는 데 동작의 구성 요
소는 가장 기본적인 자료이기 때문이다. 즉, 동작 요소에 대한 지도자의 관심은 양
질의 동작교육 프로그램 구성을 위한 가장 기본적인 과제이다. 지금부터 동작의
구성 요소로 신체, 공간, 노력, 관계에 대해서 좀 더 자세하게 살펴보도록 하자.

표 1.1 **동작의 구성 요소**

학자	동작의 구성 요소
Gilliom(1970)	공간, 신체 인식, 힘, 시간, 흐름
North(1973)	시간, 힘, 무게, 공간, 흐름
Pica(1995)	공간, 형태, 시간, 힘, 흐름, 리듬
Purcell(1994)	신체, 공간, 노력, 관계
Slater(1993)	신체, 공간, 노력, 관계

1) 신체

유아는 신체가 어떻게 움직일 수 있는지에 대한 정확한 정보를 갖고 있지 않다. 한 동작 한 동작을 경험하면서 스스로 신체에 대한 기능을 알게 되고 신체의 각 부분을 사용하는 방법을 습득하게 된다.

유아기의 다양한 동작 교육 프로그램의 경험은 왜 필요한가?

신체 요소는 신체 전체, 신체 부분, 신체 모양으로 구분할 수 있다. 신체 전체를 주제로 하는 동작 프로그램은 동작은 몸 전체가 움직이는 동작으로 대부분의 동작이 포함된다. 걷기, 달리기 등과 같은 이동성 동작들은 몸 전체를 공간 속에서 다른 공간으로 움직이게 한다. 이러한 이동 동작을 할 때 유아들에게 동작의 명칭과 함께 동작을 할 수 있는 프로그램을 제공한다면 유아들은 더욱 효과적으로 신체를 움직일 수 있게 된다.

신체 부분을 주제로 하는 동작 프로그램에서는 유아가 동작을 하면서 자연스럽게 신체 부분별 명칭과 기능을 습득할 수 있다. 신체 부위별로 동작이 강조되는 동작 프로그램이 제공되어 신체 부분별 움직이는 방법에 대한 경험이 될 수 있도록 해야 한다.

신체 부분 동작 프로그램에서는 신체의 한 부분만 움직이고 다른 부분은 동작을 하지 않도록 하는 것을 경험하도록 해야 한다. 주로 제자리에서 하는 동작으로 신체 한 부분의 동작을 하기 위한 몸의 중심 또는 균형 유지를 위한 동작 지식이 습득될 수 있다.

신체 모양 동작은 유아가 몸으로 직선 모양, 곡선, 꼬인 모양 등으로 동작을 하면서 신체를 여러 가지 모양으로 만들 수 있음을 알게 할 수 있다. 신체 모양의 변화에 대해서 알게 된 유아는 스스로 새로운 신체 모양으로 동작하며 자신의 감정을 표현할 수 있게 된다. 유아들에게 신체를 알게 해 주기 위한 학습 주제로 사용될 수 있는 것은 표 1.2와 같이 구분된다.

표 1.2 **신체 인식을 위한 주제와 개념(Gilliom, 1970)**

요소	주제	개념
신체	신체 부분	머리/목/어깨/가슴/허리/배 엉덩이/다리/팔/등/척추 팔꿈치/손목/손가락/손/발 발가락/발꿈치/발목/무릎/넓적다리
	신체 표면	앞/뒤/옆
	신체 형태	둥근 곳/좁고 곧은 곳/꼬인 곳

2) 공간

유아가 어디로 움직일 것인가를 결정하기 위해서는 공간에 대한 이해가 필요하다. 방향, 높낮이, 장소, 범위, 진로 등과 같이 공간과 관련된 지식을 유아가 갖고 있지 않다면 유아는 동작을 하는 동안 잦은 충돌을 할 수 있고 공간 속에서 신체의 높낮이를 조절할 수 없게 된다.

유아가 공간 지식이 없으면 충돌 가능성이 높아진다.

그러나 다양한 동작을 경험하면서 공간에 대한 지식이 습득되면 친구와 함께 자연스러운 동작을 할 수 있게 되고, 공이나 다른 물체와 함께 여러 공간 속에서 쉽게 동작을 할 수 있는 능력이 생기게 되는 것이다(Hoffman et al., 1981). 이와 같이 동작의 구성 요소로서 중요한 역할을 하는 공간을 이해하기 위해 가장 먼저 습득해야 하는 것은 자기 공간과 일반 공간이다.

자기 공간은 다른 친구들의 공간과 구별되는 공간이다. 자신의 몸 주변의 공간을 알게 해 주는 것으로는 터널 속에서 걸어가는 동작이나 높이가 낮은 고깔 사다

표 1.3 **공간 인식을 위한 주제(Gilliom, 1970)**

요소	주제	개념
	구간	자기 공간/일반 공간
	방향	앞으로/뒤로/옆으로/위로/아래로
공간	높이	높게/보통으로/낮게
	범위	크게/보통으로/작게
	바닥	똑바로/곡선으로/지그재그로

리 아래를 기어가는 동작 활동 등이 적합하다.

일반 공간은 (벽을 제외한) 움직일 수 있는 모든 장소로서 유아 자신이 가고 싶은 장소로 이동하면서 공간의 높고 낮음, 넓이, 범위 등에 대해서 경험을 할 수 있다. 동작은 주로 공간에서 이루어지는 것이므로 공간에 대한 지식과 경험은 매우 중요하다. 그러므로 유아들이 경험할 수 있는 여러 공간과 관련된 동작 프로그램이 제공되어야 한다. 유아에게 알려 줘야 할 공간에 대한 주제는 표 1.3과 같다.

3) 노력

노력 요소는 동작의 질과 강도를 결정하는 요소이며 힘, 시간, 흐름 요소 등으로

표 1.4 **노력 인식을 위한 주제와 개념(Gilliom, 1970)**

요소	주제	개념
노력	시간	길게/짧게, 빠른/느린
	힘	강한/약한, 무거운/가벼운
	흐름	부드러운/딱딱한

구분되어 동작에 영향을 미치게 된다.

동작을 할 때 힘의 요소는 동작의 강약을 좌우하는 것이다. 힘을 강하게 주거나 힘을 약하게 주는 노력의 차이가 동작에 영향을 미친다. 유아는 자신이 얼마만큼의 힘을 주는 노력을 했는가에 따라 동작의 강도가 달라지는 것을 경험할 수 있다. 힘의 요소를 인식하게 되면 유아는 강한 동작, 약한 동작, 무거운 동작, 가벼운 동작, 팽팽한 동작, 느슨한 동작 등을 할 수 있게 된다.

> 힘의 요소는 동작의 강약을 좌우한다.

시간 요소에 대한 경험은 유아가 속도를 조절하면서 동작을 할 수 있게 해 준다. 지속적인 동작, 빠르고 느린 동작, 갑작스러운 동작 등을 하면서 유아는 시간에 맞춰 동작을 할 수 있는 능력을 갖게 된다. 빠른 음악에 따라 동작을 빠르게 하다가 느린 음악에 맞춰 동작을 느리게 할 수 있게 되고 급히 뛰어가다가 멈출 수도 있다.

흐름 요소는 몸이 유연하게 움직이는 것과 언제든지 동작을 정지할 수 있다는 것을 유아가 경험하는 것이다. 흐름 요소는 비연속적 흐름과 연속적인 흐름으로 구분된다. 비연속적 흐름은 유연하지 않고, 끊어지게, 제한적이게, 정지 상태로 분류가 되며 연속적인 흐름은 유연하고, 유창하고, 계속적이고, 자유로운 동작들이다.

4) 관계

관계 요소는 신체의 한 부분과 다른 부분, 신체와 물체, 신체와 다른 사람과의 관계를 말한다(Hoffman et al., 1981). 유아가 동작을 할 때는 자신의 몸의 부분에 대한 인식도 필요하며 다른 사람이나 사물과의 관계가 어떻게 이루어지는지에 대해서도 알고 있어야 한다. 어떤 사람과 동작을 어떻게 할 것인지, 어떤 물체와 동작을 어떻게 할 수 있는지에 대해서 우선적으로 파악이 되어야만 좀 더 효율적인 동

작을 할 수 있다.

관계 요소는 유아들이 다른 사람과 공간을 공유한다는 것을 알게 하고, 한 공간에서 다른 사람들과 서로서로 연결되어 동작할 수 있다는 것을 알 수 있게 한다. 한 공간에서 또래와 서로 마주 보기, 줄지어 서기 등과 같은 활동을 하면서 유아들은 다른 사람과 동작이 유사하거나 다르다는 것을 알 수 있게 된다.

사물과의 관계를 주제로 하는 동작 프로그램에서는 주로 소도구나 기구 등과 함께 동작을 한다. 가까이, 멀리, 위로, 아래로, 앞에, 뒤에, 옆에, 안에, 밖에 등과 관련된 동작 경험을 통해 물체와 신체가 어떻게 관계되는지를 알게 되고 다양한 동작과 관계된 어휘를 알게 된다.

지금까지 동작의 구성 요소에 대해서 자세하게 알아 보았다. 유아들의 행복한 성장과 발달을

표 1.5 **관계 인식을 위한 주제와 개념(Gilliom, 1970)**

요소	주제	개념
관계	신체와 신체와의 관계	가까이/멀리/꼬이게
	신체와 사물과의 관계	벽/바닥/상자, 위/아래 넘기, 멀리/가까이
	사람과 사람과의 관계	가까이/멀리, 만남/헤어짐, 얼굴 마주대기/옆에 서기, 그림자 되어 보기/거울 되어 보기, 따라 해 보기/지도하기

위해서 유아들이 동작의 구성 요소를 인식하게 하고 동작을 제대로 할 수 있도록 하기 위해서 우리는 무엇을 해야 할까? 이러한 질문에 대한 해결 방법으로 제시되고 있는 것이 유아를 위한 동작교육이다.

학습 정리

:: 학습 내용 중 반드시 기억해야 할 내용을 적으시오.

학습 과제 1

1. 동작과 움직임 용어의 차이점은 무엇인가? 예를 들어 설명하시오.	평가

2. 유아가 동작의 구성 요소에 대한 학습을 해야 하는 이유는 무엇인가?	평가

3. 유아가 공차기를 할 때 어떤 동작의 개념이 인식되는가?	평가
신체 : 공간 : 노력 : 관계 :	

학습 과제 2

:: 4세 유아의 동작의 각 요소를 포함한 던지기 동작교육 프로그램을 단계별로 제시하시오.

단계	학습 내용	평가
탐색 단계		
습득 단계		
확장 단계		

CHAPTER **2** 동작교육의 이해

1 동작교육의 정의 및 필요성

1) 동작교육의 정의

동작교육(movement education)이란 무엇인가? 동작교육은 의도되고 계획된 동작 프로그램을 통한 유아 행동의 변화를 유도하는 교육 방법이다.

지금까지 오랫동안 많은 사람들이 다양한 교육을 받고 있다. 왜일까? 우리들은 왜 교육을 받은 것일까를 한번 생각해 보자. 교육은 일반적으로 미숙한 인간을 완전하고 이상적인 인간으로, 의도적이고 계획적으로 변화시키는 과정을 말한다(정범모, 1975). 즉, 인간이 교육을 받고 교육을 하는 것의 목적은 변화라는 것이다. 못하던 동작을 할 수 있도록 하고, 못 쓰던 글을 쓸 수 있게 하고, 못하던 언어를 할 수 있게 만드는 등 인간 행동을 변화하게 만드는 것이 교육이다. 동작교육은 유아가 제대로 할 수 없었던 동작을 잘할 수 있게 하는 것이다.

다시 말하면 유아 동작교육은 유아가 아직 경험하지 못했던 동작들을 의도적이고 계획적으로 경험하게 하고, 제대로 할 수 없었던 동작을 잘할 수 있도록 변화시키는 과정이다. 유아기의 동작 활동이 부족하면 성인이 되었을 때도 동작의 신속

그림 2.1
동작교육의 정의

표 2.1 **교육의 정의(최지영, 2013)**

학자	정의
칸트	인간을 인간답게 형성하는 작용
페스탈로치	인간의 조화적 발전
슈프랑거	문화의 전달
듀이	생활
슬레이터	신체, 공간, 노력, 관계

성이나 정확성을 습득하는 데 어려움을 갖게 될 수 있으며 동작 활동과 관련된 다른 영역의 발달도 지연될 수 있다. 따라서 유아 동작교육은 스포츠나 운동의 개념과는 다르게 아직은 완전하지 않은 유아를 의도적이고 계획적인 신체 활동을 통

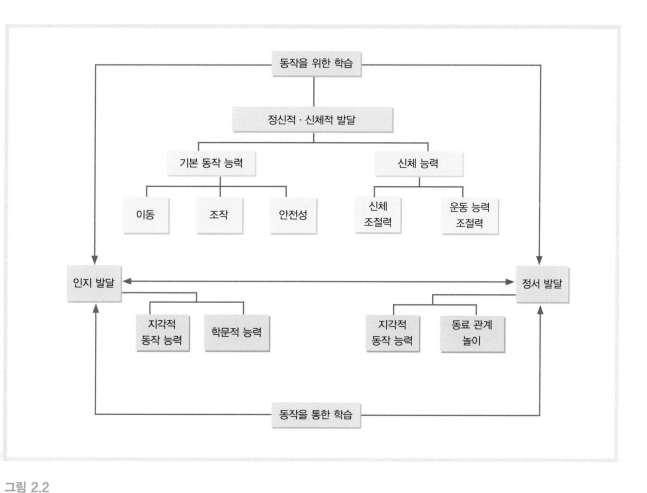

그림 2.2

동작교육과 인간 발달의 제 영역 간의 상호작용(Gallahue, 1976)

해서 바람직하고 이상적인 인간, 즉 전인적 인간으로 만드는 활동이라 할 수 있다. 배로(Barrow, 1971)는 동작교육 활동이 유아교육의 모든 것을 이룬다고 할 수는 없으나 동작교육 내용이 계획적이고 효과적으로 교수된다면 동작교육 활동은 유아교육의 가장 훌륭한 교육 수단이 될 수 있으며 유아교육의 본질인 전인 교육을 가능하게 할 수 있다고 하였다.

그러나 아직도 유아교육학 분야에서 유아 동작교육을 놀이 중심의 신체 활동으로 인식하고 있는 유아교육학자들이 있다. 유아 중심의 교수 방법을 중요시하는 유아교육 전문가들은 이를 유아들이 주로 뛰고 노는 가운데 자연스럽게 이루어지는 신체 활동이라고 인식하고 있으며, 유아 동작교육이 계획이나 의도적인 활동보다는 놀이 형식의 신체 활동으로 이루어지는 것이라 주장하기도 한다. 지금까지 동작교육의 정의는 여러 학자들에 의해서 다양하게 제시되어 왔다(표 2.2).

유아의 발달적인 측면과 교육학적인 측면에서 동작교육의 중요성을 주장한 겔

표 2.2 **동작교육의 정의**

학자	정의
Seefeldt(1976)	동작교육이란 인간의 성장 발달 과정 중 신체 활동을 통해 자아 인식, 협동심, 심미감을 발달시키고, 신체를 점차 복합적인 방법으로 활용하는 능력을 증진시켜 사고하는 상징적 표상 능력을 기르는 것이다.
Laban(1963)	동작교육이란 동작 개념을 중심으로 다양한 동작 활동을 통해 아동의 전인적 발달을 도모하는 것이다.
DeMaria(1974)	동작교육이란 신체 활동에 대한 기본 원리를 이해하고 운동 발달을 능률적으로 개발하는 문제 해결의 한 접근 방법이다.
North(1973)	동작교육은 영·유아가 일상생활에서 자신의 신체적인 능력을 인식하고 신체 활동을 좀 더 효율적으로 할 수 있도록 지도하는 교수 방법이다.
Bentley(1970)	동작교육이란 영·유아들이 스스로 신체를 어떻게, 어디로 움직일 수 있는지에 대한 기본적인 움직임과 자신의 신체 능력에 대해서 탐색하는 것이다.
한국유아교육학회(1996)	동작교육은 유아에게 집단으로 똑같은 동작을 요구하는 전통적 신체 교육 접근 방법에 반대하고, 경쟁보다는 창조적인 방법으로 게임, 체조, 댄스 등을 통해 유아의 신체적·정서적 발달을 촉진하려는 비교적 최근의 접근 방법이다.
Gerhardt(1973)	동작교육은 보다 복합적인 방법으로 자신의 신체를 사용하는 창의적 사고와 상징적인 표현 능력, 심미적인 감각을 기르게 하는 것이다.
오연주(2000)	동작교육은 움직임에 대한 원리와 요소에 대한 이해를 바탕으로 신체의 움직임을 통해 전인 발달을 도모하는 통합 교육 영역이다.

라휴(Gallahue, 1976)는 동작이 아이에게 어떻게 영향을 미칠 수 있는지 앞의 그림 2.2와 같이 제시하였다.

국내에서 제공되고 있는 트니트니 동작교육은 지금까지 제시된 일반적인 체육 교육 방법과는 다르다. 트니트니 동작교육은 동작에 대한 분석을 통해 아이에게 적합한 지도 방법과 프로그램을 연구 및 개발하여 유아들이 더욱 효율적으로 동작을 할 수 있도록 다양한 동작 경험을 제공하는 데 목적을 둔 교육 프로그램이다. 동작교육 프로그램을 통해서 유아들은 더욱 정교한 동작을 할 수 있을 뿐만 아니라 누리과정의 다양한 영역 발달을 기대해 볼 수도 있다.

2) 동작교육의 필요성

유아기 동작교육의 필요성은 다양한 측면에서 찾아볼 수 있다.

첫 번째, 동작교육은 유아의 운동 능력의 향상에 필요하다. 유아기는 운동 능력이 발달되는 중요한 시기이다. 이 시기에 제대로 발달이 되지 않는 운동 기능은 연령이 많아져도 기술 습득이 쉽지 않으며 기술 수준의 향상이 어려울 수 있다. 따라서 유아기에는 기본적인 동작 기술의 다양한 경험과 학습의 기회가 반드시 제공되어야 한다.

동작교육은 운동 능력 향상에 필요하다.

예를 들면 받기 또는 차기와 같은 기본적인 동작 기술은 축구나 배구, 농구 등과 같은 스포츠의 기본 동작 기술로서, 유아기에 제대로 습득이 되지 않는다면 성인이 되어서도 관련 스포츠 종목에 대한 관심을 두지 않게 되어 스포츠 활동을 활발하게 못하거나 받기나 치기 관련 종목에 있어서 더욱 빠르고 정확한 기술을 기대하기 어렵게 될 수 있다. 결국 스포츠 활동을 멀리하게 되어 건강 유지 또는 취미 생활에 영향을 미치는 근원이 될 수 있는 것이다.

두 번째, 유아기 동작교육은 정서적인 긴장감 해소와 긍정적인 자아 개념 형성

에 필요하다(Mayesky, Neuman, & Wlodkowski, 2004). 유아기에는 동작을 통해서 좌절이나 분노와 같은 부정적인 감정을 표출하게 된다. 이는 정서적으로 안정적인 성장을 하는 데 도움이 된다. 또한 유아가 다양한 동작을 하면서 얻는 기쁨과 성공적인 경험은 긍정적인 자아개념 형성에 도움이 된다. 예를 들면 기구를 혼자서 오르거나 내려올 때 스스로의 힘으로 해결했다는 기쁨과 성취감이 유아에게는 자신감을 높여 주는 기회를 갖게 하고, 새로운 동작에 대한 도전을 하면서 자신의 능력에 대한 긍정적인 인식을 할 수 있게 되는 것이다.

동작교육은 정서적으로 안정적인 성장을 돕는다.

만일 이 시기에 유아의 활발한 동작을 규제하거나 다양한 활동을 제공하지 않는다면 유아는 자신의 능력에 대한 확인을 통해 자신감을 향상시킬 기회를 얻지 못하게 된다. 뿐만 아니라 자신의 감정을 표현하고 싶어 하는 마음을 억제하게 되어 결국에는 소심한 성격 형성의 원인이 될 수 있고, 새로운 환경에 도전할 수 있는 능력이나 적응력이 약해질 수도 있다.

동작교육은 의사 표현 및 의사소통 능력을 향상시키는 데 필요하다.

세 번째, 유아기 동작교육은 아이의 의사 표현 및 의사소통 능력을 향상시키는 데 필요하다. 유아기는 아직 언어적 표현 능력이 미숙한 시기이므로 유아 자신의 내면적인 감정이나 생각을 동작으로 표현하게 된다. 유아가 음식 앞으로 걸어가면 엄마는 유아가 먹고 싶다는 말을 하지 않아도 유아가 먹고 싶어 한다는 것을 알 수 있다. 이와 같이 유아의 동작은 의사 표현 및 소통의 중요한 역할을 하는 것이며, 유아의 욕구를 충족시키기 위해서 필수적인 것이다. 유아가 자신의 생각을 표현하는 동작을 제대로 할 수 없다면 엄마 또는 또래와의 의사소통에 문제가 발생되면서 스트레스를 받게 되어 떼를 쓰거나 자주 울게 될 가능성이 높다.

네 번째, 유아기의 동작교육은 인지 발달을 촉진시키

는 데 필요하다. 동작을 담당하는 소뇌가 인지 활동과 관련된 대뇌 피질의 기능을 좌우한다는 것이 과학적으로 입증되어 동작 활동이 지능과 관련 있다는 것이 이미 밝혀진 바 있다(김유미, 2000). 유아기에는 동작 활동을 통해 신체, 물체, 수, 언어, 색, 공간, 시간, 자연 등에 대한 지식이 축적되어 기본적인 인지 개념 학습이 가능해진다. 뿐만 아니라 새로운 동작 활동을 경험하면서 발생되는 문제를 스스로 해결하는 과정에서 상상력과 창의력이 증진되어 두려움 없이 또 다른 동작에 도전할 수 있게 된다.

> 동작교육은 인지 발달을 촉진하는 데 도움이 된다.

2 동작교육과 놀이

1) 놀이의 정의

놀이(play)란 무엇인가? 놀이는 동작교육과 혼동될 수 있는 개념이다. 놀이란 기분 전환을 위한 여가 활동으로 규정되고 있지만, 유아교육 분야에서는 놀이를 유아교육의 시작과 끝이라고 생각할 정도로 핵심적인 용어이기도 하다(김연진 외, 2013). 우리는 동작교육의 정체성을 위해 놀이와 동작교육과의 차이를 분명하게 알고 있어야 한다.

놀이는 계획적이고 의도적인 행동의 변화를 유도하는 동작교육과는 달리 단순한 즐거움 외에 다른 목표는 없다. 그리고 결과보다는 과정이 더 중요시되는 활동으로 유아들은 특정 목표에 관심이 없고 다만 목표에 도달하기 위한 다양한 수단에 관심을 둘 뿐이다(Rubin et al., 1983; 이은화 외, 2001). 또한 놀이는 기뻐하고 즐거워하는 것 그 자체이고 유아의 자발적인 활동이며 무의식적인 활동이자 상상적인 것이다(Garvey, 1977).

> 놀이는 자발적인 것이다.

플라톤이 최초로 놀이의 가치를 인정한 이후 놀이는 여러 많은 학자들에 의해서 연구되어 왔다(표 2.3). 학자들은 놀이가 무엇인가에 대하여 다양한 정의를 제시하고 있고 이를 종합해 보면 표 2.4와 같다(최지영, 2013).

옥스퍼드 영어 사전에 의하면 놀이는 오락, 흉내, 농담, 심심풀이, 장난, 노름, 활동, 근육 운동 등, 116개 의미로 해석되고 있으며, 놀이의 특성을 비실제성, 내적 동기, 과제 지향성, 자유로운 선택, 긍정적 정서, 유연성, 적극적 참여, 자유 등

표 2.3 **놀이의 정의(1)(정은수, 2007)**

프뢰벨	인간의 가장 순수하고 정신적인 활동
실러	과잉 에너지의 맹목적인 소비
라자루스	자유롭고 목적이 없으며 즐겁고 재미있는 활동
피아제	동화를 통해 인지 구조를 풍부하게 하는 활동
브루너	임기응변과 자발적 행동의 전달 수단

표 2.4 **놀이의 정의(2)(최지영, 2013)**

놀이는 본능적인 동기에서 나오는 활동으로 어떤 특정 목적을 두고 있지 않다.
놀이는 참여하는 그 자체가 기쁨과 즐거움을 갖는다.
놀이는 대상이나 장소, 때에 따라 융통성을 갖고 있다.
놀이는 각 개인이 선택하여 열중하며 만족을 얻는 것으로서 강요된 활동이 아니다.
놀이는 장난이나 일과 같은 특징을 갖고 있지만 동일한 활동은 아니다.
놀이는 신체적 활동뿐만 아니라 언어적, 정신적 활동이다.

여덟 가지로 제시하고 있다(김연진 외, 2013).

> 놀이의 특성은 비실제성, 내적 동기, 과제 지향성, 자유로운 선택, 긍정적 정서, 유연성, 적극적 참여, 자유 등이다.

- 비실제성은 놀이를 하면서 형성된 내재적인 실제가 일상생활에서 나타나는 외현적인 실제보다 우선적이라는 것이다. 따라서 상상적이며 '마치 ~처럼' 행동하는 가상의 극적인 요소를 포함하고 일상적인 사물에 대한 의미가 새로운 의미로 대체된다.

- 내적 동기는 놀이를 하고 싶은 욕구가 개인의 내부로부터 시작되어 능동적으로 놀이를 선택하고 참여한다는 것이다. 놀이로 학습에 스스로 동기 부여를 할 수 있는 능력이 생기고 한 가지 과제에 열중하고 집중하는 방법을 익힐 수 있다.

- 과제 지향성은 놀이 그 자체가 즐겁고 기쁜 것이며, 목표에 부담이 없는 활동에 초점을 두고 있다는 특성으로 과제 중심적인 놀이 활동은 매우 다양하고 융통성이 있다.

- 자유로운 선택은 놀이가 활동하는 자에 의해 자유롭게 선택되는 것으로서 무의식적이고 자발적이라는 것이다. 이 특징은 스스로 선택하고 결정한 것을 현실화할 수 있는 능력을 키워 준다.

- 긍정적 정서는 놀이 과정 중 즐거움과 기쁨을 경험하면서 스스로의 문제를 해결하는 힘을 갖게 되며 강한 치료 효과를 나타낸다는 것이다. 스스로 하고 싶은 것을 찾고 친구와 함께 할 때 놀이는 정서적 · 정신적 발달 효과를 얻을 수 있다.

- 유연성은 놀이를 할 때 실험적인 행동을 하게 되고 다각도 탐색과 융통성 있는 사고를 할 수 있다는 것이다.

- 적극적 참여는 놀이를 하면서 호기심과 집중력이 강해져 산만한 또는 방관적인 태도를 보이지 않는다는 것이다.

- 자유는 자발적인 스스로의 규칙이나 방법으로 놀이를 한다는 것과 외부 규칙으로부터 자유로운 특징을 말하는 것이다.

2) 놀이 이론

놀이의 본질이 무엇인가? 놀이의 본질에 관한 이론으로 19세기와 20세기 초에 발생된 고전적 놀이 이론으로는 잉여 에너지 이론(surplus energy theory)과 휴식 이론(relaxation theory), 반복 이론(recapitulation theory)과 연습 이론(practice theory) 등이 있다.

　고전적 놀이 이론들은 현대 놀이 이론에 많은 영향을 주었으나 적용 범위에 제약이 있고 놀이 행동 부분만을 설명하고 있다는 제한점을 갖고 있다. 이와는 달리 20세기 현대 놀이 이론은 심리학을 기초로 하여 체계적으로 정립되었으며 유아 발달에서의 놀이 역할과 목적에 대해서 자세하게 설명하고자 하였다. 대표적인 이론으로는 정신 분석 이론과 인지 발달 이론, 각성 조절 이론과 상

표 2.5 **고전적 놀이 이론**

주창자	놀이 이론	주장
스펜서	잉여 에너지 이론	놀이는 잉여 에너지의 발산이다.
라자루스	휴식 이론	놀이의 목적은 에너지의 충족에 있다.
헐	반복 이론	놀이는 문화의 반복이다.
그로스	연습 이론	놀이는 생존 활동의 학습 수단이다.

위 의사소통 이론이 있다.

현대 놀이 이론은 정신 분석 이론, 인지 발달 이론, 각성 조절 이론, 상위 의사소통 이론이 있다.

정신 분석 이론(psychoanalytic theory)은 1930~1960년까지 프로이트(Freud)의 이론을 근거로 에릭슨(Erikson)이 체계화한 이론이다. 에릭슨은 놀이가 부정적 정서의 정화 역할을 한다고 주장한다. 이 이론에서는 놀이가 감정을 정화(catharsis, 카타르시스)시키는 효과가 있다고 주장하고 있고, 유아가 놀이를 하면서 경험했던 사건과 연합된 부정적인 감정을 제거해 주는 효과가 있다고 하였다(Johnson et al., 1999).

정신 분석 이론에서는 놀이의 목적을 정신건강을 위한 예방 활동에 두고 있다.

정신 분석 이론에서는 놀이의 근본적인 목적을 유아의 정신 건강을 위한 예방 활동에 두고 있으며 놀이의 가치를 다음과 같이 제시하고 있다(심성경 외, 2009).

- 첫째, 놀이는 무의식적으로 자아를 표출하므로 내적 정서 진단 도구의 가치가 있다.
- 둘째, 놀이는 부정적 정서(불안, 긴장감, 공격)의 정화 기능 가치가 있다. 즉 놀이를 하면서 갈등과 좌절을 해소하는 기능이 있다.
- 셋째, 놀이에 규칙이 정해져 있지 않기 때문에 자아의 기능을 강화하고 수용적인 태도를 유도할 수 있다.
- 넷째, 놀이는 유아 자신의 욕구를 공상 및 상상하고 놀이를 하면서 현실 세계를 학습할 수 있게 해 준다.

현대 놀이 이론의 두 번째 이론은 인지 발달 이론(cognitive development theory)이다. 인지 발달 이론은 스위스 심리학자 피아제(Piaget)와 러시아 심리학자 비고츠키(Vygotsky)가 대표 학자이다. 인지 발달 이론은 유아의 정서적 가치를 강조하면서 놀이의 경험이 인지 발달과 관계 있음을 주장하였다. 인지 발달 이론의 대표 학자 피아제는 유아의 놀이 경험이 유아가 주변 세계를 이해하는 데 필요한 매개체 역할을 하며 인지 발달에 영향을 미친다고 하였다. 즉, 유아의 놀이 활동은 새로운 정보를 받아들이고 적용시키는 일을 반복적으로 수행하면서 인지 발달을 촉진한다는 것이다. 따라서 유아에게 가장 합리적인 교수 방법은 놀이를 통해서 이루어지는 것이라 보고 있으며 유아의 인지 발달은 환경과의 끊임없는 상호 작용으로 인한 적응 행동의 결과라고 주장하고 있다. 그러므로 유아에게 주어지는 환경은 인지 발달의 절대적인 요소로 자극을 가속화시킬 수 있다.

비고츠키는 놀이가 자신의 정신 세계를 표현하는 것이며 유아의 추상적인 사고가 발달하는 데 결정적인 역할을 한다고 주장하였다. 비고츠키는 놀이가 정신 발달에 중요한 역할을 한다는 것을 강조하면서 유아는 가상 놀이를 통해 구체적인 사물 없어도 자신이 표상한 사물에 대해서 독립적으로 의미를 부여할 수 있다고 하였다.

> 유아의 인지 발달은 환경과의 끊임없는 상호 작용으로 인한 적응 행동의 결과이다.

세 번째 현대 놀이 이론은 **각성 조절 이론**(arousal modulation theory)이다. 벌린(Berlyne, 1960)이 제안한 각성 조절 이론에서는 놀이를 최적의 각성 수준을 유지하고 욕구를 충족시키기 위한 자극 추구 행동이라고 정의하고 있다. 즉, 사물이나 행동을 새롭고 독특한 방법으로 시도하면서 자극을 증가시킨다는 것이다. 유아는 놀이를 할 때 낮은 각성 수준이 되면 새로운 자극 활동을 하고 싶어 하는 욕구가 생기면서 또 다른 놀이를 발생시킨다고 하였다.

> 유아는 놀이를 할 때 각성 수준이 낮아지면 또 다른 놀이를 하고 싶어 한다.

네 번째 현대 놀이 이론은 **상위 의사소통 이론**(meta-communication theory)이다. 상위 의사소통 이론은 놀이와 상위 의사소통의 관계에 중점을 둔 이론으로, 1971년 베이트슨(Bateson)이 주장한 이론이다. 베이트슨은 놀이를 할 때 친구에게 놀이의 상황이나 행동,

사물 등을 이해시키고 설명해 주기 위한 의사소통을 유아가 경험하면서 자신의 행동을 역할에 맞추어 할 수 있는 능력이 증진된다고 하였다. 즉, 유아는 놀이를 시작하기 전에 '지금은 놀이 중'이라는 틀을 설정하여 놀이가 실제 상황이 아닌 단지 놀이라는 것을 인식하면서 자신의 역할에 충실하고 자신이 누구인지에 대한 인식을 동시에 한다는 것이다.

3) 놀이와 동작교육

놀이는 유아의 지적 · 정서적인 측면과 신체적 · 사회적 측면에 있어서도 성장 발달에 영향을 미치는 활동이며 유아교육 현장에서 유아의 성장과 발달을 위한 중요한 활동임에 틀림이 없다(곽은정, 2002).

지금까지 철학, 교육, 심리학 분야에서 놀이에 관한 정의 및 이론을 다양하게 제

시하고 있음에도 불구하고 유아교육 현장에서 놀이와 동작교육이 혼동되어 쓰이고 있는 이유는 다양한 놀이의 속성과 형태 및 종류 때문이다. 또한 놀이라는 것이 다른 활동 속에 스며들어 효과를 나타내기 때문에 다른 활동과 분명한 차이를 보이지 않기 때문이기도 하다.

놀이와 동작교육을 구별할 수 있는 준거가 되는 놀이의 특성을 살펴보자. 앞서 말한 바와 같이 놀이는 놀이 활동 그 자체가 목적이 되며 절대적으로 내적인 자발성에 의해서 유발되는 행동이다. 또한 놀이는 비조직적이고 비지시적 활동이라는 점과 스스로 행동하고 판단한다는 점에서 동작교육과 차이가 있다(나하나, 1995). 놀이와 동작교육이 혼동되는 또 다른 이유는 놀이 중 대부분이 동작을 수단으로 하는 운동 놀이이기 때문이다. 이 밖에도 놀이와 동작교육을 혼동하여 쓰면 안 되는 분명한 이유는 놀이와 일을 구별한 준거에서 찾아볼 수 있다.

프로스트와 클레인(Frost & Klein, 1979)은 일의 특성과 대비시켜 놀이를 정의하였다. 즉, 능동적이고 자발적이며 즐겁고 과정 중심적인 것을 놀이라 한다면, 수동적이고 강요적이며 단조롭고 외부로부터 부과되는 규칙에 얽매이는 특성을 가진 것을 일이라고 하였다(채종옥 외, 2007).

표 2.6 **놀이, 동작교육, 일(Frost & Klein, 1979 재구성)**

놀이	동작교육	일
능동적	수동적/능동적	수동적
자발적	자발적/유도적	강요적
재미있음	재미있음	단조롭고 고됨
목표 없음	목표 있음(내적 목표 중심)	외적 목표에 귀속
스스로 시작함	지도자에 따라 다름(자발적 행동 가능)	타인에 의해 착수됨
진지함	진지함	무사안일함
자유롭게 그만둘 수 있음	할 수 있을 때까지 해 봄	끝까지 해야 함

학습 정리

:: 학습 내용 중 반드시 기억해야 할 내용을 적으시오.

학습 과제 1

---

1. 놀이 종류에 대해서 아는 대로 모두 쓰시오.

평가	

2. 아이가 공을 가지고 놀이하는 것과 공과 함께 하는 동작교육 프로그램의 차이는 무엇인가?

평가	

학습 과제 2

:: 네 가지 놀이 이론을 실제 동작교육 현장의 상황으로 예를 들어 설명하시오.	
정신 분석 이론	
평가	
인지 발달 이론	
평가	
각성 조절 이론	
평가	
상위 의사소통 이론	
평가	

3 동작교육지도자의 역량

1 동작교육지도자의 핵심 역량

1) 동작교육과 역량

동작교육은 어떤 사람이 지도할 수 있는가?

동작교육을 이끌어가는 원동력은 동작교육지도자이다. 21세기 국제화, 개방화, 다원화 시대 속에서 유능한 동작교육지도자가 되기 위해 준비해야 할 것은 무엇일까? 이 시대는 지식 기반 사회로서 세계 각국은 이미 교육의 경쟁력을 확보하기 위해 교육 개혁에 박차를 가하고 있다. 리스본 유럽 위원회(The Lisbon European Council, 2000)에서는 21세기의 새로운 전략 목표를 지식 기반 사회에서의 삶과 일을 위한 교육과 훈련으로 설정하였다(Fredriksson, 2003). 그리고 역량이란 용어가 사회심리학자인 맥클렌드(McCelland, 1973)의 '지능보다는 역량을 위한 검사(Testing for Competence rather than Intelligence)'라는 글에서 처음 소개되면서 교육 체제의 새로운 방향이 제시되었다.

역량이란 개인이 성공적인 삶을 살아가는 데 필요한 능력이다.

역량(competence)이란 개인이 성공적인 삶을 살아가는 데 필요한 능력을 말한다(OECD, 2003). 이는 일반적인 능력보다 더 광범위하고 포괄적인 개념으로, 단순하게 주어진 지문에 대한 반응 능력만을 측정했던 기존의 적성 검사 또는 지능 검사가 개인의 삶 속에서 이룰 수 있는 성취들과는 관련성이 부족하다는 비판을 받게 되면서 출발하게 된 개념이다. 다시 말하면 폭넓은 지식과 이해 획득에 초점을 두었던 종래의 교육이 일상생활에서 필요한 실천적 지식(practical knowledge)이나 기술(skill)을 무시하고 있기 때문에 변화하는 사회적·경제적 환경에 적합하지 않다는 것이다.

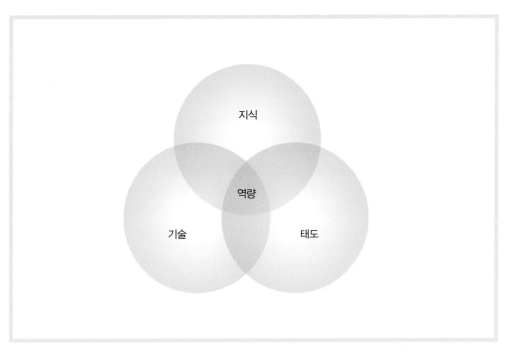

그림 3.1
역량

사전적 의미로 살펴보면 역량은 어떤 일을 해낼 수 있는 힘이고 특정한 일을 하는 데 필요한 기능, 또는 어떤 일을 효율적으로 할 수 있는 능력으로 정의되고 있다. 즉, 역량은 숙달하고자 하는 직무와 업무를 성공적으로 수행해 내는 것과 관련된 개념이다(이화도, 2011). 구체적으로 설명한다면 역량은 개인이나 조직의 현재 및 장래 활동을 가능하게 하는 것이며, 성과를 위한 개인에게 필요한 지식(knowledge)이나 기술(skill), 태도(attitude) 등이라고도 할 수 있고, 조직에서 필요한 팀워크나 프로세스 보유 능력 등을 말하는 것이다(신은수 외, 2011).

역량의 구조는 스펜서와 스펜서(Spencer & Spencer, 2005)의 직무에서의 역량이라는 저서에서 제시하고 있는 빙산 모형을 보면 쉽게 이해할 수 있다(그림 3.2). 스펜서와 스펜서(2005)는 개발 가능성 정도에 따라 역량을 다섯 가지 유형으로 구분하였다. 이들 중 눈에 잘 띄지 않고 파악하기 어려운 내면적인 역량으로는 특질과 동기, 자아 개념이 있다. **특질**(trait)은 신체적인 특성이나 상황, 정보에 대한 일관적인 반응이고, **동기**(motive)는 행동을 할 수 있게 하는 가장 근본적인 요인이며, **자아 개념**은 개인의 태도와 가치 또는 자아상을 의미하는 것이다. 심층 역량은 비교적 장기적인 교육과 훈련이 필요하다.

어떤 일을 해낼 수 있는 힘, 특정한 일을 하는 데 필요한 기능, 어떤 일을 효율적으로 할 수 있는 능력이 역량이다.

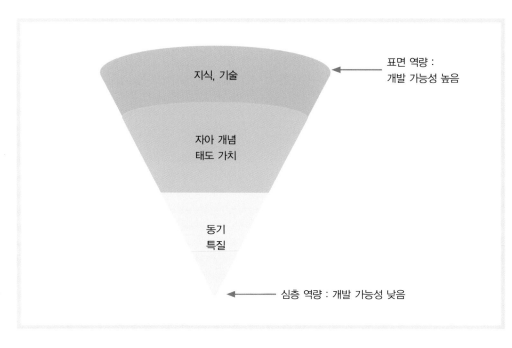

그림 3.2
심층 역량과 표면 역량

이 밖에 표면적인 역량으로는 쉽게 개발이 가능한 지식 역량과 기술 역량이 있다. 특정 부분에 개인이 보유하고 있는 정보를 의미하는 지식 역량과 특정한 물리적·정신적인 과제를 해낼 수 있는 능력인 기술 역량으로 제시되고 있다. 지식 역량과 기술 역량은 눈으로 확인이 가능한 역량으로 다른 역량보다 표면적인 측면에 위치하며 교육과 훈련을 통해 개발될 가능성이 크다(한승록, 2008).

최근 들어 OECD 주요국들은 역량 기반 교육 개혁을 통해 '역량'을 용어를 교육 과정 개혁의 핵심 용어로 사용하고 있다(이화도, 2012). OECD는 개인의 성공적인 삶과 기능이 잘 되는 좋은 사회(well-functioning society)를 이룩하기 위해 필요한 시민 능력의 프레임을 제공하고자 한 DeSeCo(Defining and Selecting Key Competences) 프로젝트를 제시하였다. 이 프로젝트에서는 인간의 역량 중 미래 사회의 다양한 요구와 도전에 능동적으로 대처할 수 있는 능력을 '핵심 역량(key competences)'이라 명명하였다.

핵심 역량은 21세기 사회에서 성공적으로 살아가는 데 반드시 갖추어야 할 중요한 능력이며(이화도, 2012), 지적 도구를 상호적으로 활용하는 역량, 다양한 구성원들과 상호 작용하는 능력, 자율적으로 행동하는 역량 등, 세 가지 범주로 분류하였다(표 3.1).

OECD(경제협력개발기구) : 상호 정책 조정 및 정책 협력을 통해 회원 각국의 경제 사회 발전을 공동으로 모색하고 나아가 세계 경제 문제에 공동으로 대처하기 위한 정부 간 정책 연구 및 협력 기구이다.

핵심 역량이란 21세기 사회에서 성공적으로 살아가는 데 반드시 갖추어야 할 중요한 능력이다.

표 3.1 OECD가 제시한 핵심 역량(Rychen & Salaganik, 2003)

핵심 역량	하위 역량
지적 도구를 상호적으로 활용하는 역량	언어와 상징, 텍스트를 양방향적으로 활용하기
	지식과 정보를 양방향적으로 활용하기
	정보 기술을 양방향적으로 활용하기
사회적으로 이질적인 집단과 상호 작용하는 역량	타인과 관계 맺기
	팀 속에서 일하고 협동하기
	갈등을 관리하고 해결하기
자율적으로 행동하는 역량	장기적 전망 속에서 행동하기
	인생의 계획과 개인적 과제를 설정하고 수행하기
	권리와 관심, 한계, 필요를 주장하고 보호하기

2) 유아교육과 핵심 역량

핵심 역량은 지식 기반 사회에서 개인의 성공적인 삶을 영위하는 데 필요한 많은 역량 중 개인이 반드시 갖추어야 할 것으로 추출된 것이다. 네이버 백과사전(2011)에서는 핵심 역량을 조직 구성원들이 보유하고 있는 총체적인 기술, 지식, 문화 등, 기업의 핵심을 이루는 능력이라고 정의하고 있으며 가능한 역량 가운데 성공적인 삶을 위해 반드시 필요한 몇 가지 역량이라고 정의를 내리고 있다. 즉, 핵심 역량은 단순한 지식의 암기 차원만이 아닌 새로운 지식을 창조할 수 있고, 지식을 제대로 활용할 수 있는 보다 고차원적인 것이다.

유아교육학 분야에서는 핵심 역량을 유아 교사들이 교육을 실천하는 데 필요한 지식과 기술, 태도라고 정의를 내리고 있다(Chappel & Nye, 2007). 또한 일종의 핵심적인 직무 수행이라 정의하고 있으며, 유아 교사의 특성과 유아 교사로서 갖추어야 할 전문성, 유아 교사의 역할, 유아 교사로서의 자질 등이 포함된다고 하였다(배진오 외, 2014). 따라서 핵심 역량은 교사에게 가장 필요한 핵심적인 지식, 기술, 태도가 무엇인지를 제시하는 기준이 된다(Oklahoma Development of Human Services, 2008).

이와 같은 핵심 역량은 다양한 내용 영역에서 현직 유아 교사의 지식과 기술 수준을 평가할 수 있고, 장점과 단점을 파악하여 자신의 전문적인 발달을 계획할 수 있게 한다(Bellm, 2008; NCCIC, 2009). 한마디로 핵심 역량은 유아 교사에게 전문적인 성장과 발달을 위한 다양한 경로의 로드맵을 제공할 수 있는 것이다. 이

핵심 역량은 유아 교사에게 전문적인 성장과 발달을 위한 다양한 경로의 로드맵을 제공할 수 있다.

는 유아의 학습과 발달을 지도하는 교사의 전문적 기술과 역량을 향상시켜 결국 유아교육 프로그램의 질적 수준과 지도 능력이 향상될 수 있게 한다(West Virginia Training & Registry System, 2009). 성병창(2009)은 유아 교사의 핵심 역량을 교사의 성공적인 직무 수행에 필요한 기술 및 태도로 정의 내렸다. 또한 유아들에게 질 높은 환경과 경험을 제공하는 것으로 유아의 발달적 요구에 대한 충족과 우수한 교육 과정의 적용을 위해서 필요한 유아 교사의 자질과 역할이 포함되는 핵심적인 직무 수행 능력이라 했다.

좀 더 자세히 살펴보면 유아 교사인 핵심 역량 중 지식 역량은 유아들에게 질적 수준이 높은 경험을 제공할 때 필요한 지식에 대한 교사의 이해이고, 기술 역량은 유아교육 시 관찰 가능한 일련의 기술이며, 태도 역량은 유아와 가족, 동료에 대한 태도를 포함하여 교직과 전문적인 발전에 대한 흥미, 열정, 헌신, 직업 윤리 등을 말한다(문옥진, 2014).

유아 교사의 핵심 역량은 몇 가지 특성을 가지고 있다. 유아 교사의 핵심 역량 특성 중 한 가지는 맥락적인 특성이다. 핵심 기술이 통제되고 인위적인 상황에서 발생하는 것이라면 핵심 역량은 핵심 기술과 달리 많은 변인이 존재하는 실제 상황에 적용된다는 점에서 맥락적이다. 즉, 핵심 역량은 지식, 기술, 태도뿐 아니라 부가적으로 상황에 적용할 수 있는 맥락을 포함하고, 실천할 수 있는 실천 기능을 취하기 위해서 유용한 지식, 기술, 태도를 효과적인 방법으로 통합, 결합, 조직하여 포함한다. 그리고 유아 교사는 핵심 역량의 통합적인 특성과 지식적인 특성, 반성적인 특성도 갖고 있다. 핵심 역량은 교사가 맥락과 상황을 인식하고 행동을 할 때 발현되는 통합적 특성을 갖고, 일시적이거나 우연히 발생하는 것이 아니라 상황과 관계없이 지속적으로 실천할 수 있어야 한다는 지속성의 특성을 갖고 있다. 또한 핵심 역량은 교사의 수행과 수행에 대한 반성을 명확하게 하는 반성적 특성을 지닌다. 유아 교사의 핵심 역량의 반성적인 특성은 교사로서 교수 실천에 대한 자신의 반성과 반성할 수 있는 능력으로 전문적인 발전을 위해 반드시 필요한 것이다. 이 밖에 유아 교사의 핵심 역량의 특성으로는 단순한 것에서 복잡한 것으로의 진보가 있다. 이는 핵심 역량의 발달 수준이 인식에서부터 분석까지 지식의 위계 구조에 근거한 전문적 발달을 의미하는 것으로서 높은 단계에서는 더 깊고 폭넓은

핵심 역량의 특성은 맥락적인 특성, 반성적인 특성으로 제시된다.

지식과 적용을 포함한다. 즉, 낮은 수준은 기본적인 지식을 서술하고 입증하는 것을 요구하고, 높은 수준은 더욱 복잡한 지식의 적용을 요구한다(NCCIC, 2009).

3) 세계의 유아교육과 핵심 역량

최근 선진국에서는 유아 교사의 핵심 역량을 주(state)와 국가에서 주도하고 있다. 신은수 등(2011)에 의하면 미국에서는 약 80% 이상의 유아교육 교사의 전문적인 기초와 핵심 지식, 핵심 역량을 제공하고 있는 것으로 보고되고 있다. 특히 유아의 성장과 발달, 유아 관찰과 평가, 그리고 학습 환경과 교육 과정, 유아의 상호 작용, 가족과 지역 사회, 전원적 발달과 리더십, 건강, 안전, 영양, 프로그램 계획과 개발 등을 공통적인 핵심 역량 영역으로 구분하고 있다(NCCIC, 2009). NBPTS(National Board for Professional Teaching Standards, 2001)에서는 3~8세 유아를 위해 유아 교사들이 알고 있어야 하는 기준을 만들어 제공하고 있으며 NAEYC(2008)는 구체적인 핵심 역량 수준을 정책으로 제도화하고 지원하는 방안을 제안하기도 했다(표 3.2).

NCCIC : National Child Care Information Center

NBPTS : National Board for Professional Teaching Standards

NAEYC : National Association for the Educational Young Children

표 3.2 미국의 주별 유치원 교사 핵심 역량 영역과 특성(NCCIC, 2009; 신은수 외, 2011 재인용)

주	핵심 역량 영역	핵심 역량 특성
네바다 주 (Chappel Nye, 2007)	• 인간의 성장과 발달 • 관찰과 평가 • 환경과 교육 과정 • 긍정적 상호 작용과 지도 • 가족과 지역 사회 관계 • 리더십과 전문적 발달 • 건강, 영양, 안전 • 운영과 관리	• 유아교육 및 보육자의 경력 및 성장 로드맵 제공 • 예비 교사 교육 체제와 연결 • 네바다의 Pre-K content standards 와 연결
네브라스카 주 (Nebraska Department of Education, 2009)	• 유아의 성장과 발달 • 건강, 안전, 영양 • 학습 환경 • 계획, 경험, 교육 과정 • 유아와의 상호 작용과 안내 • 관찰, 평가, 기록 • 가족, 지역 사회 상호 작용 • 전문적 발달과 리더십 • 운영, 프로그램 계획과 개발	• 네브라스카 교사의 전문적 발달 기초 제공 • 훈련, 교육, 자기 평가를 통합한 교사 평가를 제공 • 핵심 역량은 자발적으로 활용됨 • 핵심 역량은 Early learning Guidelines와 연결

표 3.2 **미국의 주별 유치원 교사 핵심 역량 영역과 특성(NCCIC, 2009; 신은수 외, 2011 재인용)**(계속)

주	핵심 역량 영역	핵심 역량 특성
오클라호마 (Oklahoma, 2008)	• 유아 성장과 발달 • 건강, 안전, 영양 • 유아 관찰 및 평가 • 가족 및 지역 사회 참여 • 학습 환경과 교육 과정 • 유아와 상호 작용 • 프로그램 계획, 발달 및 평가 • 전문성과 리더십	• 유아교육 기준과 역량 연결 • 교사 기술 수준 평가, 발달 계획 • 원장, 운영자의 직업 교육, 교직원 발달 계획에 활용 • 훈련 조직의 교육기회 계획 • 교과목 개설 결정 • 정부 프로그램 방향 설정, 전문성 강화
오하이오 (Ohio, 2008)	• 유아의 성장과 발달 • 가족과 지역 사회 관계 • 건강, 안전, 영향 • 유아 관찰 및 평가 • 전문적 발달 • 학습 경험과 환경	• 여러 기관, 모든 유아교육자들에게 적용 • 지식 및 관찰 기술 제시 • 0~8세 유아의 발달, 보육 및 학습에 적용 • 특별한 요구의 유아 인식 • 문화적 민감성 및 존중 • 최근 지식에 근거 • 다양한 방법 제공
펜실베이니아 (Pennsylvanis, 2006)	• 유아의 성장과 발달 • 유아 평가 • 환경, 교육 과정, 교육 내용 • 상호 작용 • 사회에서의 가족 • 전문성과 리더십 • 건강, 안전, 영양 • 프로그램 조직과 관리	• 교원의 입문에서 숙련까지 발달 제공 • 모든 기관에 적용 • 긍정적인 관계, 사회 문화 맥락 강조 • 교육 방법, 교육 경험, 근무 환경, 미래 계획에 따른 경력 경로 제시 • CBK 심화, 확대 개발 • 유아교육 표준과의 연계
웨스트버지니아 (West Virginia STARS, 2009)	• 유아의 성장과 발달 • 유아 관찰과 평가 • 교육 과정 • 긍정적 상호 작용과 관계 • 가족과 지역 사회 • 전문성 • 건강, 안전, 영양 • 프로그램 운영	• 공통 지식, 기술 제공 • 역할과 기관별 사용 • 교직 준비 틀 제공 • 유아교육 표준 및 다른 기준과 연계 • 유아, 가족 지원

영국에서는 표 3.3과 같이 유치원 교사를 포함한 학교 교사 전체를 위한 전문적 핵심 역량을 구성하였다. 교사의 경력 5단계에 따른 전문적인 핵심 역량을 개발하여 전문적 지식과 이해, 전원적 기술, 전문적 태도 등 세 가지 영역으로 구성하였

표 3.3 **영국의 유치원 교사 핵심 역량 영역과 내용(박은혜 외, 2010 재인용)**

핵심 역량 영역	핵심 역량 내용
전문적 태도	• 유아와의 관계 • 윤리 • 의사소통 및 다른 사람들과의 관계 • 전문적 발달
전문적 지식과 이해	• 교수 학습 • 평가와 모니터링 • 교과 및 교육 과정 • 문해, 수, ICT • 성취와 다양성 • 건강과 행복
전문적 기술	• 계획 • 교수 • 평가, 모니터링, 피드백 • 교수와 학습 검토 • 학습 환경 • 공동 작업과 협력

출처 : Training and Development Agency. (2007). *Professional standards for teachers in england from September*. UK, London : Training and Development Agency.

다(박은혜, 2010).

캐나다의 온타리오 주는 유아와 유아의 학습에 대한 헌신, 전문적 지식, 전문적 실제, 리더십과 공동체, 지속적인 전문성 발달 등 유아 교사를 위한 핵심 역량을 다섯 가지 영역으로 구성하였고, 퀘벡 주는 기초 역량, 교수 행위, 사회·교육적 상황, 전문가로서의 정체성 등 네 가지 영역의 핵심 역량을 구성하였다(표 3.4).

뉴질랜드는 2010년부터 OECD의 DeSeCo 프로젝트에 근거한 새로운 핵심 역량을 반영한 교육 과정을 개발하여 적용하고 있다. 선정된 핵심 역량은 언어, 상징, 텍스트의 사용, 사고, 자기 관리, 대인 관계, 참여 및 공헌 등 일곱 가지이다. 호주에서는 교원의 핵심 역량을 주에 따라서 개발하고 있고, 뉴사우스웨일스 주에서는 핵심 역량을 세 가지 영역으로 구분하며, 일곱 가지 요소를 제시하고 있다(박은혜, 2010).

우리나라의 경우 2007년 국가적인 차원에서 유아교육의 중요성을 인식하고 유아교육의 질을 선진국 수준으로 향상시켜 삶과 학습의 조화와 국가 경쟁력을 강화

표 3.4 **퀘벡 주의 교사 핵심 역량 영역과 내용(Ontario Ministry of education, 2010; 신은수 외, 2011 재인용)**

핵심 역량 영역	핵심 역량 내용
기초 역량	• 아동들을 가르칠 때 지식과 문화에 대한 전문적인 후계자, 비평가, 해석가로 행동한다. • 다양한 교육 맥락에서 옳은 문법을 사용하여 말과 글로 정확하게 의사소통한다.
교수 행위	• 아동들이 관심을 갖는 적절한 교수 학습 상황과 프로그램에서 목표로 하는 역량을 개발시키는 교과 내용을 개발한다. • 교과 영역의 학습과 관련된 역량의 습득에 대한 아동들의 진보를 평가한다. • 아동들의 학습과 사회적 발달을 촉진하는 방법으로 학급을 계획하고, 조직하고, 감독한다.
사회·교육적 상황	• 학습 장애, 사회적 부적응, 특수 아동들의 요구와 특성에 교수 방법을 맞춘다. • 교수/학습 활동은 준비하고 전달하는 과정에서 그리고 교육적 운용과 전문적 발달 추구를 위해서 정보와 의사소통 전략을 통합한다. • 학교의 교육 목표를 달성하기 위해서 교직원, 부모, 동료와 협력한다. • 프로그램에서 목표로 하는 역량을 개발 및 평가하고, 관련 아동들을 고려하는 과업을 수행하는 교사 집단 구성원들과 협력한다.
전문가로서의 정체성	• 개인적으로 다른 사람과 함께 전문적 발전에 참여한다. • 임무 수행 시 윤리적이고 책임감 있고 전문적인 행동을 입증한다.

표 3.5 **호주의 유치원 교사 핵심 역량 영역과 요소(박은혜 외, 2010 재인용)**

핵심 역량 영역	핵심 역량 요소
전문적 지식	교과 내용 및 교수 지식 이해 유아 발달 및 학습 과정 이해
전문적 기술	효과적인 학습을 위한 계획, 평가와 보고 유아와의 의사소통 학급 운영 관리
전문성 계발	지속적인 자기 계발 교직 단체 및 공동체 활동에 참여

하기 위한 발전 5개년 계획안을 제시하였다(심성경 외, 2009). 또한 OECD의 핵심 역량을 근거로 2007년 대통령 자문교육혁신위원회가 창의력과 의사소통, 사회성, 예술적 감성 등과 같은 핵심 역량 중심의 교육 과제를 제안했다(이경언, 2011).

4) 동작교육지도자의 핵심 역량

동작교육지도자의 핵심 역량은 무엇일까? 유아를 대상으로 하는 동작교육지도자 역시 유아 교사로서 지도자에게 가장 필요한 지식과 기술, 태도 영역으로 구분되어 제시되고 있다. 동작교육지도자는 유아들에게 질적 수준이 높은 신체적 경험을 제공하는 교사로 유아들의 발달에 적합한 요구를 충족시켜 줄 수 있는 지식과 기술, 태도와 관련된 핵심 역량을 갖추어야만 전문성을 증진시킬 수 있다. 다시 말하면 동작교육지도자로서의 성공적인 삶을 이룩하기 위해서는 전문가로서 자신에

> 동작교육지도자는 핵심 역량을 갖추어야만 전문인이라고 할 수 있다.

표 3.6 **유치원 교사의 핵심 역량과 요소(박은혜, 2005)**

핵심 역량	요소
교직 인성 및 전문성 개발	교직에 대한 열정 창의성 반성적 자기 계발 교직 윤리
학습자에 대한 이해	유아의 보편적 발달 특성의 이해 유아의 개인적 · 사회 문화적 발달 특성의 이해
교육 과정 운영	유아교육 과정에 대한 이해 및 실행 교과 지식 이해 다학문적 지식 이해 및 활용 교수–학습 과정에 대한 이해 및 실행 평가의 이해 및 실행
대인 관계 및 의사소통	공동체 의식 및 태도 형성 공동체 형성 및 지원 의사소통 기술 형성
정보화 소양 개발	정보화 기술 이해 정보화 기술 활용
학급 운영	교실 문화 조성 문서 작성 및 관리

대한 확고한 인식과 함께 유능한 동작교육지도자가 되기 위해 필요한 지식, 기술,
태도에 대한 끊임없는 연구와 개발이 필요한 것이다.

우리나라는 유치원 교사의 핵심 역량을 미래 사회의 특성과 외국의 핵심 역량
내용의 분석을 기초로 하여 6개의 핵심 역량 영역과 18개의 요소로 구성한 유치원
교사 핵심 역량(안)을 제시하였다(박은혜 외, 2010). 유치원 교사의 핵심 역량 영역
과 각 영역에 해당하는 요소는 표 3.6과 같다.

이 밖에 성병창 등(2009)은 유아 교사의 핵심 역량을 지식과 기술, 태도 및 기본
소양으로 구분하고 있으며(표 3.7), 김은영(2007)은 다른 나라 유치원 교사의 핵심
역량과 우리나라 유치원 교사의 핵심 역량을 비교하였다(표 3.8).

표 3.7 유아 교사의 핵심 역량 영역 및 구성 요소(성병창 외, 2009 재인용)

핵심 역량 영역은 어떻게 구분되고 어떤 요소와 내용으로 구성되어 있는가?

영역	구성 요소	내용
지식 및 기술	유아 발달에 대한 이해	유아의 발달 특성에 대한 전문적 지식
	기초 학문에 대한 지식	심리학, 철학과 같은 기초 학문에 대한 지식
	교양 지식	다방면에 걸친 지식, 풍부한 일반 상식
	유아교육 과정에 대한 이해	유치원 교육 과정에 대한 전반적인 지식, 교육 계획 수립 능력
	유아 교수·학습에 대한 이해	교수·학습 방법 및 전략에 대한 전문적 지식 및 실천 능력
	유아교육학에 대한 기본 이해	현대 유아교육의 경향, 최신 유아교육 이론, 이슈에 대한 관심 및 지식
	유아 행동 문제 및 상담에 대한 이해	문제 상황의 대처 방안에 관한 지식, 생활 지도 능력
	유아 관찰 및 평가 능력	유아의 관찰 및 기록 평가에 대한 지식과 실천
	교재·교구의 제작 및 활용 능력	교재 및 교구 제작 및 활용, 환경 구성 능력
	유아 건강 및 안전 지도 능력	유아의 건강 및 안전 사고에 대한 대처 방법의 지식 및 실천, 상황 판단력
	기본 생활 습관 지도 능력	유아의 기본 생활 습관 지도에 관한 지식 및 실천
	부모 상담 능력	학부모와의 파트너십 형성을 위한 의사소통 능력
	교수 매체 활용 능력	악기, 컴퓨터 등 사용 능력
태도 및 기본 소양	유아에 대한 존중	유아 능력을 믿고 유아를 인격체로 대함
	유아에 대한 사랑	유아에 대한 애정과 배려, 편애하지 않음
	긍정적 태도	다양한 상황과 조건 등에 대한 열린 마음, 수용적 태도
	원만한 대인 관계	다른 사람을 배려하고, 더불어 살아가는 공동체 의식
	성실성	부지런하고 노력하는 자세
	봉사	봉사하고 헌신하는 자세
	자신감	자신에 대한 자긍심, 직업에 대한 자부심
	온정	부드럽고 따뜻한 마음, 자애로움, 따뜻한 보살핌
	인내	유아들의 반응이나 행동을 기다려 줄 수 있는 인내심, 참을성
	사명감	교사로서의 책임감, 윤리 의식, 교육에 대한 신념, 확고한 교육관
	도전 의식	새로운 것의 시도, 현장 개선에 대한 의지
	도덕성	도덕적·사회적으로 건전한 품성
	적극성	일을 추진하는 적극적 태도와 열정
	반성성	자기 발전을 위해 지속적으로 연구·노력하는 태도
	창의성	창의적, 비판적 개방적 사고
	합리성	상황에 대한 대처 능력, 침착성, 합리적인 의사 결정, 융통성
	공정성	공정하게 상황을 판단하여 유아를 안내하는 교사
	신체 건강	체력과 꾸준한 건강 관리

표 3.8 **유치원 교사의 핵심 역량 영역 구성 비교**(김은영, 2007)

다른 나라 유치원 교사의 핵심 역량 영역	우리나라 유치원 교사의 핵심 역량 영역 구성
유아의 성장과 발달	유아에 대한 이해
유아와의 상호 작용	
유아 관찰과 평가	평가의 이해 및 실행
학습 환경과 교육 과정	교육 과정 운영
학급 및 프로그램 운영	학급 운영
건강 · 영양 · 안전	건강 · 영양 · 안전 지도
가족과 지역 사회	대인 관계 및 의사소통 실천
전문성	교직 인성 및 전문성 개발

　　이정순(2012)이 제시한 유아 교사의 핵심 역량에 근거하여 동작교육지도자가 유아의 발달상 요구를 충족시키고 동작교육의 질적인 환경과 경험을 제공하기 위한 핵심 역량을 제시한다면 다음과 같다(표 3.9).

표 3.9 **동작교육지도자의 핵심 역량**

영역	내용
지식	• 동작교육지도자는 유아의 신체적, 정서적, 사회적, 인지적 발달 등의 특징에 대한 폭넓은 이해와 전문적인 지식을 갖고 있어야 한다. • 동작교육지도자는 유아교육 과정에 대한 전문 지식을 갖고 있어야 한다. • 동작교육지도자는 개인차를 이해할 수 있는 전문적인 지식을 갖고 있어야 한다. • 동작교육지도자는 유아−교사 간의 상호 작용 방법에 대한 전문적인 지식을 갖고 있어야 한다. • 동작교육지도자는 문제 발생에 대한 원인 파악 및 창의적인 문제 해결에 관한 지식을 갖고 있어야 한다. • 동작교육지도자는 유아의 문제 행동에 대한 지식을 갖고 있어야 하며 전문적인 해결 방법에 대한 지식을 갖고 있어야 한다. • 동작교육지도자는 유아의 행동을 관찰할 수 있는 지식과 효율적인 기록 방법 및 평가에 활용 가능한 전문적인 지식을 갖고 있어야 한다. • 동작교육지도자는 동작교육 활동에 적합한 환경 구성을 할 수 있는 지식을 갖추어야 한다. • 동작교육지도자는 유아교육뿐만 아니라 동작교육에 대한 기본적인 지식을 갖고 있어야 한다. • 동작교육지도자는 유아를 지도하는 지도자로서 교양과 상식에 대한 지식을 갖고 있어야 한다.
기술	• 동작교육지도자는 다양하고 효과적인 수업진행 능력을 갖추고 있어야 한다. • 동작교육지도자는 대인 관계 및 의사소통 능력을 갖추고 있어야 한다. • 동작교육지도자는 다양한 프로그램을 개발하고 효과적으로 운영·관리할 수 있는 능력을 갖추고 있어야 한다. • 동작교육지도자는 교재와 교구의 제작 및 활용 능력이 있어야 한다. • 동작교육지도자는 다양한 위험 요소로부터 유아를 보호하고 위급한 상황에 대처할 수 있는 능력을 갖고 있어야 한다. • 의사 표현을 적절하게 할 수 있는 유창하고 명료한 언어 사용 능력을 갖추고 있어야 한다.
태도	• 동작교육지도자는 유아를 존중하고 사랑하는 마음을 갖고 있어야 한다. • 동작교육지도자는 어려운 상황에서도 용기를 갖고 할 수 있는 자신감을 갖고 있어야 한다. • 동작교육지도자는 유아들이 어떤 행동을 해도 참고 기다릴 수 있어야 한다. • 동작교육지도자는 건전한 교육관과 유아 교사로서 확고한 신념 및 사명감을 갖고 있어야 한다. • 동작교육지도자는 적극적이며 열정적이어야 한다. • 동작교육지도자는 사회적 규범을 지키고 바른 예의를 갖추어야 한다. • 동작교육지도자는 어떤 유아든지 편견 없이 지도할 수 있어야 한다. • 동작교육지도자는 안정된 심리적 상태를 유지하여 자신의 기분에 동요되지 않고 침착한 상태로 수업을 진행해야 한다. • 동작교육지도자는 성실하고 최선을 다하는 자세와 봉사 정신을 갖고 있어야 한다.

동작교육지도자의 자질은 개인적인 자질과 전문적인 자질로 구분된다.

이와 같은 동작교육지도자가 갖추어야 할 역량 중 가장 중요하고 기본적인 것은 동작교육지도자 자신의 신체적 건강이다. 동작교육지도자는 대상이 유아이기 때문에 다른 연령의 지도 대상보다 신체적 · 정신적으로 많은 역량이 요구된다. 따라서 동작교육지도자에게는 신체적 · 정신적인 건강을 유지하고 향상시키는 노력이 매우 중요하다.

2 동작교육지도자의 자질

동작교육지도자의 자질은 동작교육 활동의 성패를 좌우할 수 있는 중요한 요인이다. 유능한 유아 동작교육지도자는 어떤 지도자인가? 유아 동작 활동 환경을 아무리 좋게 제공하더라도 동작교육지도자의 자질이 낮으면 최고의 지도 효과를 얻을 수 없다. 동작교육지도자의 자질은 다음과 같이 제시할 수 있다(곽은정, 2002).

- 유아 동작교육자는 유아를 진정으로 좋아하고 깊이 사랑하는 사람이어야 한다.
- 신체적으로 건강하고 정신적으로 안정되어 있는 사람이어야 한다.
- 다양하고 융통성 있는 지도로 유아의 호기심과 흥미를 유발해 낼 수 있어야 한다.
- 유아교육 과정 전반에 관한 풍부한 지식을 갖추고 있어야 한다.
- 교육 현장에서 유아에게 적합

한 방법으로 신체적 기술을 연구하여 효과적으로 지도할 수 있어야 한다.

- 오랜 경력을 통해 정확하고 책임 있는 시범을 보일 수 있는 사람이어야 한다.
- 동작교육 현장에서 유아들을 바르게 이해하고 많은 인내심으로 유아를 지도할 수 있어야 한다.

좀 더 구체적으로 동작교육지도자의 개인적 자질과 전문적 자질에 대해서 살펴보면 다음과 같다.

1) 동작교육지도자의 개인적 자질

유아 동작교육지도자의 개인적 자질은 유아를 대상으로 하는 동작교육지도자로서 반드시 지니고 있어야 할 자세와 태도들이다. 아직은 미숙한 유아를 좀 더 바람직한 인간으로 발달시키는 데 필요한 유아 동작교육지도자의 개인적 자질은 유아를 위한 동작교육을 진행하는 데 매우 중요한 요인이라 할 수 있다. 지금까지 많은 학자들이 유아 교사의 개인적인 자질에 대해 제시를 해 왔다 (표 3.10).

표 3.10 **유아 교사의 개인적 자질**

학자	개인적 자질 요소
이은화 외(1995)	유아에 대한 사랑 인간에 대한 사랑 성실성, 봉사성, 사려성, 자발성, 도덕성 원만한 인간 관계
이병래 외(2004)	영유아에 대한 사랑 원만한 인간 관계 적극성(자발성), 융통성, 자제력, 공정성 도덕성(정직성), 성실성, 사례성, 봉사성, 협동심, 신체적 건강 건전한 자아 존중감 긍정적인 인간관 정서적 안정

표 3.10 **유아 교사의 개인적 자질**(계속)

학자	개인적 자질 요소
김연진 외(2013)	신체 및 정신적 건강 온정적인 성품 인간과 생명에 대한 존엄성 성실하고 열성적인 태도
이정하 외(2010)	긍정적인 성격 인내심 공평함 유아를 사랑하는 마음 최선을 다하는 열정 신체적 건강
박은혜(2005)	1. 지혜로운 사람이어야 한다. 2. 다른 사람을 사랑하는 마음을 가진 사람이어야 한다. 3. 누구에게나 친절한 사람이어야 한다. 4. 인자한 성질을 가진 사람이어야 한다. 5. 협력할 줄 아는 사람이어야 한다. 6. 신뢰할 만한 사람이어야 한다. 7. 공평한 사람이어야 한다. 8. 성실하고 매사에 열성적인 태도를 가진 사람이어야 한다. 9. 정직한 사람이어야 한다. 10. 단정하고 정숙한 사람이어야 한다. 11. 인내심이 강한 사람이어야 한다. 12. 적극적인 사람이어야 한다. 13. 진보적인 생각을 가진 사람이어야 한다. 14. 신체가 건강한 사람이어야 한다. 15. 도덕심이 있는 사람이어야 한다. 16. 융통성이 있는 사람이어야 한다. 17. 창의력이 있는 사람이어야 한다.

    지금까지 나열한 여러 학자들이 제시하고 있는 유아 교사의 개인적 자질에 관한 내용을 근거로 성공적인 동작교육지도자가 될 수 있는 개인적 자질을 다음과 같이 제시할 수 있다(최지영, 2013).

● 동작교육지도자는 어떤 유아도 무조건 사랑할 수 있는 사람이어야 한다 유아에 대한 지도자의 사랑은 유아의 긍정적인 인격 형성에 도움이 된다. 유아를 사랑하는 마음은 유아에게 그대로 전달이 되어 안정적인 정서를 형성할 수 있게 해 준다. 동작교육지도자는 어떠한 상황에서도 유아를 사랑하는 마음으로 이해할 수 있어야 한다.

스킨십

동작교육지도자는 모든 유아들에게 차별 없이 공평하게 스킨십으로 사랑을 전달할 수 있어야 한다. 스킨십 방법은 손잡기, 손흔들기, 머리 쓰다듬기, 얼굴 쓰다듬기, 등 두드리기, 얼굴 비비기 등 다양하다. 유아에게 스킨십을 할 때는 아주 귀하고 소중한 것을 만지듯이 해야 한다. 주의해야 할 점은 입에 뽀뽀를 하거나(선생님 볼에 뽀뽀 유도) 엉덩이, 가슴 등을 만지지 않는 것과 양손이 다 보이는 상태를 유지하는 것이다. 동작교육지도자의 손길 한 번이 유아에게 많은 기쁨을 줄 수 있다는 것을 기억하고 다음과 같은 스킨십의 요령을 반드시 습득해야 한다.

■ 얼굴 쓰다듬기
  앉은 자세로 유아와 눈맞춤을 하고 웃는 표정을 유지하며 양손으로 살포시 유아의 얼굴을 쓰다듬는다.
■ 껴 안을 때
  앉은 자세로 유아와 눈맞춤을 하고 양팔을 벌려 유아를 맞이하며, 껴안고 살짝 좌우를 흔들어서 깊은 사랑을 표현한다.

- 신체적 · 정신적으로 건강한 사람이어야 한다 유아는 매우 활동적이고 충동적이기 때문에 유아를 지도할 때는 활기 넘치고 신체적으로 순발력 있는 지도자가 필요하다. 또한 동작교육지도자는 정신적으로 안정적인 상태이어야만 한다. 유아기는 발달적 측면에서 볼 때 정서적으로 매우 중요한 시기이기 때문에 지도자가 안정된 모습을 보이면 유아도 안정적이게 되고, 지도자가 불안정한 모습을 보이면 유아도 정서적으로 안정되지 않는다. 이는 유아의 성격 형성에 영향을 미칠 수 있다.

- 동작교육지도자는 명랑하고 활발한 성격이어야 한다 유아들은 동작교육지도자의 기분에 영향을 받게 된다. 지도자가 어두운 표정을 보이게 되거나 조용한 분위기로 수업을 진행하는 것은 유아들의 성격에 영향을 미치게 되어 있다. 유아들이 밝고 명랑하고 활발하게 성장하지 못하게 되는 것이다.

표정

- 동작교육지도자는 항상 밝은 표정으로 유아들을 대해야 한다.
- 밝은 표정을 만들기 위해서 미소 연습을 한다.
  거울을 보고 희, 노, 애, 락 표정을 연습한다.
  거울을 보고 아, 에, 이, 오, 우를 발음하며 입 주변 근육을 이완시킨다.
  거울을 보고 미소 연습을 한다.

  (예) 개구리 뒷다리~~ (끝 음을 3초간 끌어 보기)
  　　 개구리 뒷다리~~~~~~~~ (끝 음을 5초간 끌어 보기)
  　　 개구리 뒷다리~~~~~~~~~~~~ (끝 음을 10초간 끌어 보기)
  　　 개구리 뒷다리~~~~~~~~~~~~~~~ (끝 음을 10초간 끌어 보고 10초간 표정 정지)

- 주의력과 판단력이 풍부한 사람이어야 한다 유아 동작교육을 지도하는 환경에서는 순간적으로 발생하는 사건이 많기 때문에 어떤 상황에서도 냉철한 판단력과 주의력이 요구된다. 또한 어떤 환경에서도 민첩하고 올바른 상황 파악 및 처리 능력을 갖고 있어야 한다.

- 동작교육지도자는 지식이 풍부하고 교양이 높은 사람이어야 한다 동작교육지도자는 스펀지처럼 모든 것을 습득하는 시기의 유아를 지도하는 사람이며, 지도자

예절

1) 강의실 예절
- 강사는 유아들에게 등을 보이지 않는다.
- 유아들과 이야기할 때에는 눈높이를 맞추며 낮은 자세로 이야기한다.
- 유아에게 먼저 다가가 예의 바르게 인사한다.
- 강의 종료 후 유아들과 꼭 끝인사를 하며 오늘 했던 내용을 되짚어 본다.

2) 기관 예절
- 원장이 강사에게 무엇을 요구하였을 때 그 자리에서 단번에 거절하지 않는다.

  잘못된 (예) 원장 : 선생님~ 다음 주 토요일에 부모 참여 수업 가능할까요?

  　　　　　　강사 : 안 됩니다. 원장님, 다음 주 토요일에 불가합니다.

  올바른 (예) 원장 : 선생님~ 다음 주 토요일에 부모 참여 수업 가능할까요?

  　　　　　　강사 : 아, 네~ 원장님, 제가 스케줄 조절해 보고 내일 다시 연락 드리겠습니다. 일단 시간과 계획하신 일 정을 저에게 알려 주세요.
- 원장과 더불어 그 기관 담당 교사들과의 관계도 중요하다. 수업 담당 학급 선생님은 물론 다른 학급의 선생님들에게도 먼저 다가가 인사하는 습관은 무엇보다 중요한 예절이다.
- 기관과의 좋은 관계를 가지기 위해서는 원장에게 자주 연락을 하여 기관의 특이 사항들을 파악하고 도울 수 있는 부분들은 돕는 것도 한 가지 팁이 될 수 있다.

3) 대화 예절
- 올바른 호칭을 사용하여 상대방에 대한 예의를 갖추어야 한다.
- 아무리 원장과 친분이 있더라도 현장에서는 존대말을 사용해야 한다.
- 원장과 이야기를 할 때에는 밝은 표정과 자신감 넘치는 목소리로 이야기하는 것도 매우 중요하다.
- 정치나 종교 문제는 대화로 적절하지 않다.
- 외국어나 어려운 전문 용어는 가급적 피한다.
- 상대를 노려보듯 강한 눈빛으로 이야기하지 않는다.
- 상대방이 말하는 도중에 끼어들어 말을 가로막지 않는다.
- 찌푸린 표정으로 대화하지 않는다.

의 인격과 사랑이 유아의 인격 형성에 크게 영향을 미친다. 또한 지도자는 지도 현장에서 성장 발달에 대한 풍부한 지식을 갖고 있어야 지도자로서 존경을 받으며 안정된 지도 생활이 가능해진다.

● 동작교육지도자는 연구적인 태도와 실천력이 있는 사람이어야 한다 동작교육지도자는 최고의 지도를 위해서 유아에게 가장 적합한 지도 방법이 무엇인지에 대해 계속적으로 연구를 해야 한다.

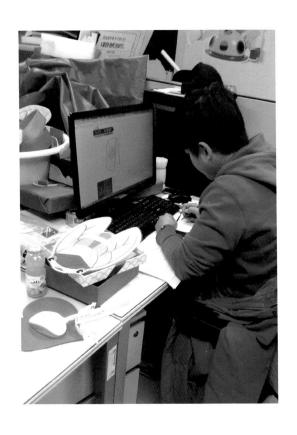

● 강한 실천력과 투철한 사명 의식을 가진 사람이어야 한다. 유아에 대한 국가적 관심과 가정적 관심이 매우 높은 우리나라 환경에서 동작교육지도자는 최근 급변하고 있는 유아교육 환경에 맞는 동작을 지도할 수 있어야 한다. 또한 유아 동작교육지도자는 처우 및 정체성이 부족한 현실 속에서 유아를 대상으로 교육 활동을 하는 사람으로서 소명감을 갖고 기계적 또는 사무적인 태도, 단순한 직업적 의무감으로 지도를 하는 것이 아닌, 몸과 마음을 모두 쏟아 성의를 다해야 한다.

● 동작교육지도자는 유아를 충분히 이해할 수 있는 사람이어야 한다 동작교육지도자는 유아에 대한 발달적 특징에 대해서 분명하게 알고 있어야만 유아들의 흥미나 욕구에 적합한 활동을 할 수 있다.

● 동작교육지도자는 용모가 단정한 사람이어야 한다 동작교육지도자의 머리 모양이나 복장은 유아들의 생활 교육에 영향을 미칠 수 있기 때문에 항상 신경 써야 한다. 동작교육지도자의 전문성은 복장이나 스타일에서도 평가받을 수 있다.

외모

■ 헤어 : 동작교육지도자는 앞머리를 기르지 않는다(눈썹을 넘지 않도록 한다). 귀를 덮는 스타일도 권하지 않는다. 체육 강사다운 깔끔함을 위해서 스포티한 스타일을 권장하고 있다.
  (예) 투블럭 컷, 모히칸 스타일, 댄디컷, 볼륨펌 등
■ 염색 : 동작교육지도자는 과한 탈색을 하지 않는다. 유아에게 오히려 거부감을 들게 할 수 있기 때문이다.
■ 손과 손톱 청결 : 강의실 안에서 핸드크림과 알코올 손 세정제를 항상 가지고 다니며 수업을 시작하기 전, 유아들과 스킨십을 하기 전, 또는 강의 중 틈틈이 세정제를 사용하여 위생을 관리한다. 손톱은 늘 깨끗하게 정리되어 있어야 하며, 수업이 끝나면 비누로 손을 닦는다.
■ 얼굴과 피부 관리 : 얼굴에는 눈곱이 없어야 하며, 코털이 나와 있는지 수업 전 거울을 보면서 확인해야 한다. 수업 시작 전에 면도가 깨끗하게 되어 있는지 확인해야 한다. 청결하지 못한 피부로 유아들과 스킨십을 하지 않도록 주의한다.

■ 입술 : 강사는 말을 많이 하는 직업군이기 때문에 립글로스나 립밤 같은 화장품을 이용하여 원장이나 유아들이 보기에 거부감이 들지 않도록 주의해야 한다.

복장

■ 모자 : 모자챙을 앞으로 쓰지 않는다(유아들이 다칠 수 있다). 모자챙이 앞에 있으면 얼굴을 가리기 때문에 유아들이 거부감을 가질 수 있다. 모자는 땀이 묻을 때 하얗게 땀자국이 나기 때문에 매일 세탁한다.

■ 수업복 : 원색의 수업복을 입으며, 강사당 최소 다섯 가지 색상의 유니폼을 가지고 있어야 한다. 수업복 안에는 이너웨어를 꼭 착용해서 혹시 발생할 수 있는 불쾌한 냄새를 미연에 방지한다. 여분의 수업복을 준비하는 것도 한 가지 방법이다. 수업 바지는 보풀이 자주 일어날 수 있기 때문에 항상 체크해서 관리하도록 한다.

색깔	상황
핑크	첫 수업
녹색	상상 놀이
노랑	사회성
주황	인지
파랑	집중력
빨강	플레잉 놀이

■ 운동화 : 최소 3~4개의 운동화를 가지고 다니며, 매일 돌려가며 신고, 신발 청결을 위해 자주 세탁한다. 신발의 색깔은 밝은색(흰색)을 권장한다. 밝은색 신발은 때가 탔을 때 눈에 잘 띄어 위생에 더 신경을 쓸 수 있기 때문이다.

액세서리

■ 반지 : 반지는 절대 착용하지 않는다. 유아들의 피부나 몸에 닿아서 상처를 줄 수 있기 때문이며 위생상 좋지 않다.

■ 목걸이, 귀고리 : 금속 재질의 목걸이와 귀고리는 절대 착용하지 않는다. 활동 도중 유아들의 팔에 걸리거나 신체에 부딪치게 되어 상처를 입힐 수도 있기 때문이다. 단, 스포츠 목걸이나 기능성 목걸이는 착용해도 무방하다.

■ 팔찌와 시계 : 금속 재질의 팔찌와 시계도 절대 착용하지 않는다. 단, 고무 재질은 착용 가능하다.

● 동작교육지도자는 음성이 부드럽고 발음이 명확한 사람이어야 한다 지도자의 음성은 지도 현장 분위기에 영향을 미친다. 목소리의 높낮이를 적절히 조절할 수 있어야 하며 발음은 명확해야 한다. 말의 속도 역시 적정한 속도를 유지할 수 있도록 해야 한다.

화술

강사의 화술에서 열정과 자신감이 느껴져야 한다. 효과적인 화술의 조건은 다음과 같다.

목소리의 울림 : 강사의 목소리는 성공적인 동작교육 지도 시 매우 중요한 역할을 한다. 듣기 좋은 목소리는 경청을 하는 데 도움이 된다. 목소리가 목의 깊숙한 곳으로부터 나오는지 혹은 가늘고 약하게 입에서만 나오는지를 스스로 체크해 보아야 한다. 자신의 성량이 부족하다고 판단이 되면 목소리를 배 속부터 끌어내어 소리 낼 수 있도록 연습해야 한다.

목소리의 높낮이 : 동작교육 지도 시 '솔' 음 중심으로 목소리를 내고 음의 고저를 다양하게 조절하여 지루하지 않게 해야 한다. 특히 문장 전체를 발음할 때는 적절한 높낮이로 생기 넘치는 수업이 되도록 해야 한다.

말의 속도 : 말의 속도에 따라서 지루해하기도 하고 못 알아들어 수업 진행이 제대로 되지 않을 수 있다. 그러므로 적당한 속도로 말을 하고 획일적인 속도보다는 유아들의 반응과 상태에 따라 강조하거나 주의 집중을 위해 말의 속도를 다양하게 해야 한다.

목소리의 성량 : 동작교육지도자는 강의실 크기와 강의 인원에 따라 성량에 차이를 두어야 한다. 그러나 소리를 크게 내기 위해 목을 조이는 소리를 내게 되면 유아들에게 위협감과 공포감을 조성할 수 있기 때문에 조심해야 한다. 특히 남자 선생님이 지속적으로 성량을 크게 하여 수업을 하면 자칫 군인처럼 비추어 질 수 있어 딱딱한 분위기 속에서 수업이 진행될 수 있다. 따라서 강의 내용에 따라 긴급하거나 강조할 점은 성량을 크게 하고 인간의 내적인 마음을 다루는 부분에서는 작고 차분하게 하는 등, 상황에 맞게 성량에도 변화를 주어야 한다.

발음 : 동작교육지도자의 정확한 발음은 강사의 신뢰도를 높여줄 수 있기 때문에 매우 중요하다. 부정확한 발음을 개선하는 방법으로는 강의 내용을 녹음하여 다른 사람이 점검하는 것이 있다. 불필요한 발음, 입안에서 '웅웅' 맴도는 소리 등이 있는지를 확인하고 개선해야 한다. 무엇을 말하고자 하는지도 분명하게 해야 한다. 중요한 단어나 키워드에서는 발음을 정확하게 하고 확신에 찬 목소리로 해야 한다. 그리고 불필요한 잡음을 없앤다. 강의 중에 "아~, 에~, 음~, 자~" 등을 반복한다면 강의 내용보다 강사의 습관적인 행동에 거슬림을 느끼게 된다.

미국의 스포츠 지도자 전문 양성 기관인 Michigan Youth Sports Institute에서는 지도자의 개인적인 자질에 대해서 다음과 같이 제시하고 있다(원영신, 윤용진, 2001).

- 유아들을 친구같이 대하고 그들의 이름을 가능한 한 빨리 외워야 한다.
- 모든 상황에 대한 준비를 해야 한다.
- 열과 성의를 보여야만 유아들에게 강한 동기 유발을 할 수 있다.
- 일관성 있는 지도를 해야 한다.

- 개인적으로 유아들의 행동을 주시하여 긍정적인 입장으로 적절한 지도를 해야 한다.
- 상황에 따라서는 상당한 인내를 필요로 할 수 있다.
- 창의적 접근을 가지고 지도해야 한다. 동기 유발을 고조시키기 위하여 흥미 있고 다양한 활동을 하도록 지도해야 한다.
- 모든 지시는 간단하고 명료하여야 하고 유아들에게 적합하게 제공되어야 한다.
- 성공적인 지도를 위하여 계획해야 한다.
- 유아들이 지루해하거나 주의를 집중하지 않을 때에는 활동에 변화를 주어야 한다.
- 항상 주어진 시간보다 많은 지도 분량을 계획해야 한다.
- 지도 시 적절한 유머를 활용해야 한다.
- 가능한 많은 유아들이 동시에 활동에 참여할 수 있게 계획해야 한다.
- 유아를 지도하는 자체를 즐기도록 해야 한다.

2) 동작교육지도자의 전문적 자질

동작교육지도자는 다른 어느 연령층의 지도자보다 더욱 전문화되어야 한다. 어느 영역의 교육이든지 교육의 성과는 교사의 자질과 교사로서 얼마나 많은 노력을 했는가에 따라서 크게 차이가 나타날 수 있다. 전문가로 인정을 받을 수 있는 동작교육지도자는 어떤 전문적인 능력을 갖고 있어야 하는가? 유아 동작교육지도자는 유아를 지도하기 전에 반드시 유아 동작교육지도자에 관한 전문적 자질에 대해서 확실하게 인식해야 한다.

동작교육지도자의 전문적 자질로 가장 중요한 것은 수업의 전문성이다. 동작교육 현장에서 수업을 잘해내는 지도자는 유능한 교사임이 틀림없다. 신체 활동의 수업 환경에서는 생각지 못한 일들이 발생되므로 어떤 상황에서도 수업을 성공적으로 해내는 전문적인 능력을 갖고 있어야 한다.

또 한 가지 중요한 동작교육지도자의 전문적 자질은 유아 발달에 적합한 프로그램을 구성하고 계획할 수 있는 능력이다. 유아라는 지도 대상은 개인차가 심하고, 의사소통이 어려우며, 발달적 측면에서 볼 때 아주 중요한 시기에 있다. 따라서 유아 동작교육지도자는 유아에게 적합한 활동, 지도 방법, 지도 환경 등을 제공할 수 있는 능력과 세심한 관찰 및 평가 능력을 갖고 있어야 한다. 유아를 대상으로 하는 수업의 전문성이 어떤 요소들로 구성되어야 하는지에 대해서 다니엘슨(Danielson,

> 동작교육지도자의 전문적 자질 중 가장 중요한 것은 수업의 전문성이다.

표 3.11 **유아 수업의 구성 요소(Danielson, 2003)**

영역	내용	구성 요소
계획과 준비	좋은 수업을 위해 교사가 계획하고 준비해야 할 내용	영유아에 대한 이해
		교육 목표 설정
		자원에 대한 준비
		일관된 교수 설계
		유아 학습 평가
학습 환경	좋은 수업을 위해 교사가 준비하고 조성해야 하는 학습 환경에 관한 내용	존중과 신뢰의 라포 형성
		학습 지향적 문화 형성
		학급 운영 관리
		유아 생활 지도
		물리적 공간 구성
수업	좋은 수업을 하기 위해 필요한 요소	명확하고 정확하게 의사소통하기
		다양한 학습 전략 사용하기
		유아를 주도적, 능동적으로 활동에 참여시키기
		유아를 위한 피드백 제공하기
		융통성 있게 교육 과정 운영하기
전문가 되기	유아 교사의 전문성에 관한 내용	수업에 대해 반성적으로 사고하기
		기록을 체계적으로 관리하기
		가족과 의사소통하기
		유아교육 기관과 지역 사회에 기여하기
		전문적인 성장과 실천하기
		전문가로서의 자질을 갖추기

2003)은 표 3.11에 제시하고 있다.

이기숙 등(1986)은 유아를 지도하는 교사의 전문적 자질을 교육 프로그램 계획 및 실천하는 능력과 부모, 전문가 그리고 여러 관계자들을 참여시키는 능력, 아동의 성장과 발달 촉진 능력, 고도의 지적인 전문성과 직업 윤리 및 지속적인 성장 등으로 제시하였다. 이은화 등(1995)은 유아를 지도하는 교사의 전문적 자질을 지식, 교수 기술, 교육관으로 구분하여 설명을 하고 있다. 유아를 지도할 때 필요한 지식 부분에서는 일반 교양 지식, 유치원 보육 과정에 대한 지식, 교수 방법 및 평가에 대한 지식, 유아에 대한 지식 등을, 교수 기술에서는 교육 과정 구성 기술, 의

사소통 기술, 부모 및 전문가 참여 기술, 창의성, 융통성, 교재 교구의 제작 및 활용기술의 내용을 포함하고 있다(지옥정 외, 2014).

여러 학자들이 제시하고 있는 것과 같이 유아를 지도하는 지도자에게 필요한 전문적 자질은 다양하다. 이는 유아가 아직 미성숙한 상태이기 때문에 현장에서 활동하는 동작교육지도자에게 개인적 자질뿐만 아니라 전문적인 자질도 매우 요구되고 있다는 것이다.

표 3.12 **유아 교사의 전문적 자질(박은혜, 2005 재구성)**

구성 요소	내용
유아에 대한 지식	각 발달 영역(신체, 정서, 사회, 인지, 언어)에 대한 지식
	3~5세의 연령에 따른 발달 특성에 대한 지식
	특수아의 발달 특성에 대한 지식
	사회 문화적 상황(지역 사회, 경제적 수준, 성, 가족 형태)에 따른 유아의 개인차에 대한 지식
	교육 목표, 개별, 유아, 가족, 지역 사회의 특성에 적합한 교육 계획 수립에 대한 지식
	국가 수준 유치원 교육 과정에 대한 지식
	새로운 이론 및 활동의 적용에 대한 지식
유치원 교육 과정에 대한 지식	학습 환경(물리적, 인적 환경)에 대한 지식
	각 교과 영역(영어, 수학, 사회, 과학, 음악, 미술, 영양, 건강, 안전 등)의 내용에 대한 지식
	각 교과 영역의 통합적 적용에 대한 지식
	연령별/능력별, 개별/소집단/대집단 구성 방법에 대한 지식
	유아-교사 간의 상호 작용 유형 및 방법에 대한 지식
	교재, 교구의 제작 및 활용 기술에 대한 지식
	학급 운영 및 관리에 대한 지식
	놀이에 대한 지식
가족 및 지역 사회와 현상에 대한 지식	가족의 다양한 구조, 역동성, 역할 및 관계에 대한 지식
	사회적 맥락 및 지역적 특성에 대한 지식
	역사 및 철학에 대한 일반 지식
	미래 지향적 사고 형성을 위한 기초 지식
평가에 대한 지식	유아의 발달과 학습의 관찰, 기록, 평가에 대한 지식
	평가 결과의 적용에 관한 지식
	교육 프로그램 평가에 관한 지식
	연령 수준에 따른 교육 프로그램에 대한 지식
유아교육 현장에 대한 지식	질적 수준이 다양한 유치원의 특성에 대한 지식
	이론과 실습의 관계에 대한 지식
	건강, 영양, 안전과 관련된 지식
	행정 업무에 관한 지식

표 3.12 유아 교사의 전문적 자질(박은혜, 2005 재구성)(계속)

구성 요소	내용
전문성 향상과 관련된 지식	교육에 대한 사명감과 헌신
	교사의 역할에 대한 지식
	유치원 교사의 전문성에 대한 지식
	반성적 사고 및 실천적 지식
의사소통 기술	유아와의 의사소통 기술
	부모와의 원만한 인간 관계 형성 기술
	동료 및 상급자와의 효율적인 의사소통 기술
	지역 사회 인적 자원과의 의사소통 기술

표 3.12에서 보는 바와 같이 박은혜(2005)는 유아 교사의 전문적 자질에 대해서 전문적 지식 7개의 구성 요소에 총 35개의 하위 내용을 제시하고 있다.

학습 정리

:: 학습 내용 중 반드시 기억해야 할 내용을 적으시오.

학습 정리

:: 학습 내용 중 반드시 기억해야 할 내용을 적으시오.

학습 과제 1

1. 동작교육지도자가 전문직으로 인식되기 위해 해야 할 일을 모두 적으시오.

평가	

2. 동작교육지도자로서 유아의 신체적 발달에 대해 아는 대로 적으시오.

평가	

3. 동작교육지도자로서 누리과정에 대해서 아는 대로 적으시오.

평가	

학습 과제 2

1. 동작교육지도자로서 유아의 정서적 발달에 대해 아는 대로 적으시오.	
평가	

2. 동작교육지도자의 개인적 자질 중 유아에게 가장 큰 영향을 미칠 수 있다고 생각되는 다섯 가지를 쓰고 이유를 적으시오.	
평가	

4 겔라휴의 동작교육

학습 목표 및 내용

01 겔라휴의 동작교육에 대해서 이해한다.

겔라휴의 동작교육은 무엇인가?

02 동작을 통한 학습에 대해 파악한다.

동작을 통해서 학습이 되는 것은 무엇인가?

03 동작을 위한 학습에 대해 파악한다.

동작을 위한 학습은 어떻게 해야 하는가?

아직은 미성숙한 유아들에게는 무엇이 발달에 도움을 줄 수 있을까? 유아들이 전인적인 발달을 하기 위해서 가장 좋은 방법은 무엇일까? 이 장에서는 동작 활동이 유아의 발달과 교육에 중요한 역할을 한다고 강조한 미국의 발달학자 겔라휴가 제시한 동작교육 방법에 대해서 소개하고자 한다. 겔라휴는 동작교육을 동작을 위한 학습과 동작을 통한 학습으로 구분하고 있다.

동작교육은 동작을 위한 학습과 동작을 통한 학습으로 구분된다.

1 동작을 통한 학습

동작을 통한 학습(learning through movement)이란 동작을 하면서 유아가 전인적인 발달을 할 수 있도록 다양한 동작 경험을 유도하는 것이다. 기본 동작 기술을 경험

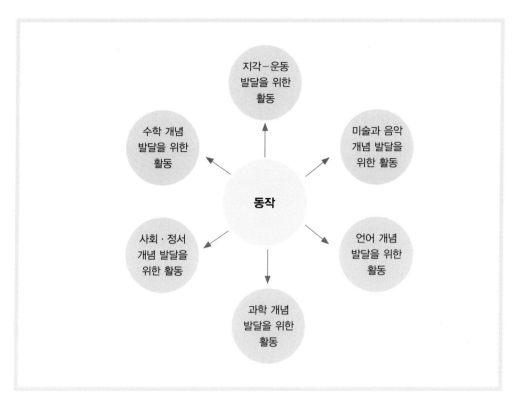

그림 4.1
동작을 통한 학습

하면서 인지적, 정서적, 사회적 발달뿐만 아니라 개념 학습과 지각, 언어, 창의성 등을 학습할 수 있다.

유아들은 동작을 하면서 깊이 지각이나 형태 지각이 가능해지고 신체 인식과 신체 부위 명칭을 알게 된다. 또한 유아들은 동작 활동을 하면서 공간과 방향에 대한 지식이 습득되고 언어적 개념, 수 개념, 과학적인 개념이 발달될 수 있다.

동작을 하면서 자신의 감정을 자연스럽게 표현할 수도 있게 되어 유아들의 정서적인 발달에도 도움이 될 수 있다. 또한 유아들은 동작을 하면서 수학적 개념과 과학적 개념을 스스로 익힐 수 있게 된다. 유아기는 피아제가 말하는 전 조작적 사고 단계로, 인지 발달의 중요한 시기이다. 이 시기에 직접 동작을 경험하면서 유아들의 인지 기능이 발달되고 기본적인 논리적 사고와 개념이 형성될 수 있는 계획적이고 다양한 프로그램이 제공되어야 한다. 한마디로 말해 유아교육의 모든 영역에서는 동작을 통한 학습이 가능하다고 할 수 있다.

1) 동작을 통한 지각—운동 발달

지각(perceptual)이란 감각 기관을 통해서 입력되는 자극을 해석하는 과정이다(송길연 외, 2006). 자극 해석 과정은 감각 과정과 지각 과정으로 구분된다. 감각 과정은 외부에서 보고, 듣고, 느낌으로 입력되는 감각 정보를 감각 수용기에서 탐지하여 뇌에 전달하는 과정이다. 자극이 두뇌에 전달되면 뇌에서는 경험과 기억 속에 있는 정보와 관련하여 감각을 선별, 분류, 이해, 통합하는 작업을 하는데, 이를 지각 과정이라 한다.

지각과 운동은 연결되어 작용하는 것으로 지각—운동이라는 용어로 사용된다. 지각—운동은 입력된 자극과 관련된 모든 신경 세포가 연합하여 동작과 관련된 정보를 통합, 해석, 제어하는 과정이다(김선진, 2013). 이는 지각—운동 발달을 위한 동작교육 프로그램이 유아의 신체 운동뿐만 아니라 뇌 기능 발달에 영향을 미친다는 근거가 될 수 있다. 공을 피해야 한다는 지각이 뇌에 전달되었을 때 운동할 수 있는 능력과 연결이 되지 않는다면 공을 피하지 못하고 다치게 되는 것이다.

지각 발달이 가장 빠르게 진행되는 결정적인 시기는 30~90개월까지이다. 그러

> 지각 과정이란 전달된 자극을 뇌에서 감각 선별, 분류, 이해, 통합하는 작업을 말한다.

> 지각과 운동은 연결되어 작용한다.

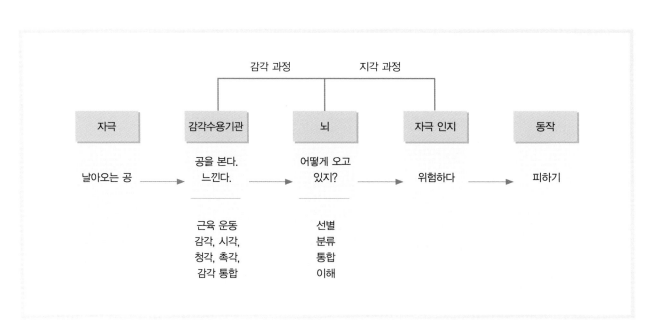

그림 4.2

감각 과정과 지각 과정

나 이 시기 유아는 지각-운동 구성 요소인 신체, 공간, 방향, 시간, 무게 등에 대한 지각이 완전히 되어 있지 않아 입력되는 정보 해석에 어려움을 겪는다. 따라서 지각 발달을 위한 운동 프로그램의 경험과 연습, 즉 학습이 필요하다. 지각-운동 발달 프로그램은 뇌 발달에 필요한 감각의 통합을 위해 전신 운동으로 구성되어야 한다. 유아기에 체계적인 전신 운동 프로그램으로 활동을 할 경우, 유아는 지각 능력이 향상되어 미세 근육 운동의 조절이 가능하게 되며 신체, 공간, 시간, 방향 등

표 4.1 **유아에게 적합한 지각-운동 관련 개념(Gallahue, 1975; 이영, 1995 재인용)**

예민성
환경 내의 청각적, 시각적 자극을 의미 있게 그리고 정확하게 받아들이고 분별할 수 있는 능력

균형
신체 위의 감각 그리고 자세나 위치를 유지하거나 회복시키는 능력

양측성
신체의 좌우측을 동시에 혹은 병행하여 움직이기

신체 이미지 혹은 신체 인식
자신의 신체에 대한 인식, 각 신체 부위의 이름, 동작, 기능, 위치를 아는 것, 신체의 한쪽이 다른 쪽과는 다르다는 내적인 감각을 갖는 것, 신체에 대한 인식을 타인으로부터 받는 피드백뿐만 아니라 내적인 신호로부터 받는 느낌도 포함

종결
행동이나 정신적 행위에서의 완성에 도달하는 과정, 상황을 안정시키거나 완성시키는 경향

배를 대고 기기
납작 엎드린 자세로 한 지점에서 다른 지점으로 움직이기

네 발로 기기
손이나 무릎을 바닥에 대고 한 지점에서 다른 지점으로 움직이기

교차, 형태
반대쪽 팔과 다리를 동시에 움직이는 동작

인출
감각 양식을 통해 들어온 자극 메시지를 받아들여 이해하고 해석하는 능력

깊이 지각
관찰자와 대상 사이의 거리에 대한 직접적인 인식을 다루는 시각적 측면

방향성
측향성의 인식과 이 인식을 공간(위, 아래, 오른쪽, 왼쪽, 앞, 뒤)으로 투사

난독증
읽기 혹은 읽기 이해에 있어서 부분적 무능력

뛰기 무능력
뛰어오르기 시도 중 신체를 공중으로 뜨게 하는 데 있어서의 무능력으로 균형이나 협응의 부족에 기인

부호화
말하기, 쓰기 혹은 행위를 통해서 자신을 표현하는 능력

눈-손의 협응
눈으로의 수용과 손으로의 생성을 지각적으로 함께 조직하는 능력

형태-배경
기형학적 도형들이 배경과 대조될 때 윤곽선을 가진 사물로 나타나며 형태 부분은 배경보다 약간 앞으로 튀어나와 보임

소근육 운동
신체의 소근육을 통제하는 능력, 우선 눈과 손이 학문적 과제의 성취에 필수적

고정
눈의 초점을 사물에 맞추는 능력

형태 지각
전체를 구성하는 요소들이나 부분들의 배열 혹은 패턴을 지각하는 능력, 이때 그 요소들은 서로 특별한 관계

성 동일시
유아가 자신에게 적절한 성과 동일시하는 것에 관련이 있으며, 자신의 적절한 성과 동일시하는 데 있어서 문제가 있는 유아는 학습 상황에서도 문제를 겪게 됨

대근육 운동
신체의 대근육, 특히 팔과 다리를 협응시킨 동작으로 사용하여 특정 과제를 성취하는 능력

과잉 활동성
과잉 에너지를 갖고 있어서 잠시라도 동작을 통제할 수 없는 지나친 활동성

과잉 산만성
배경 '소음'으로부터 최우선적 자극을 구별하지 못하는 무능력, 그 결과 유아는 환경의 여러 가지 청각적, 시각적, 촉각적 단서들에 의해 산만해짐

저활동성
활동성의 현저한 부족

운동 감각
각 신체 부위의 위치와 이전 경험에 비추어 그 신체 부위가 어떻게 움직이는가에 대한 내적 신경 근육상의 느낌

측향성
신체의 한쪽 측면이 다른 쪽 측면과 다르다는 내적 감각, 신체의 양측에 대한 완전한 운동 근육상의 인식

청취 기술
듣기의 신체적 능력, 들은 음향의 이해, 그에 대한 반응의 조합

기억
이전에 제시된 청각적, 시각적 및 운동 근육적 경험들을 정확히 회상하는 능력

안구 추적 운동
눈동자가 움직이는 목표물을 따라 움직이는 능력

지각-운동 연결
감각으로 받아들인 단서들을 신경 근육 체제의 반응과 통합시키는 과정

고착성
새로운 자극이나 변경된 자극에 대한 새로운 반응을 발달시키지 못하는 것, 습득된 특정 방식이 고착되어 이 방식이 적절하지 못한
상황에서도 그 방식으로 계속 반응하는 것

공간 위치
대상의 공간적 특성들을 특히 관찰자와 관련하여 인식하는 것, 특정 감각에 의해서 위치, 방향, 크기, 형태, 거리를 지각

수용-추진
자신에게로 움직여 오는 대상과의 접촉 활동, 그리고 반대로 대상에게로 접근하는 동작을 포함

서열화
앞서 제시된 청각적, 시각적, 촉각적 정보를 정확한 순서대로 회상하는 능력

공간 관계
공간에서 자신들의 상대적 위치와 사물들 간의 상호 관계를 이해하는 것, 둘 이상인 사물들의 모양, 크기 등의 유사성을 알아보는
능력

공간-시간 관계
공간에서의 동시적 관계를 시간에서의 연속적 관계로 전환시키는 능력 혹은 그 반대로의 전환 능력, 예를 들어 유아는 공간적 측면
에서는 사각형을 전체로 인식하지만, 시간적 측면에서는 일련의 선과 각들이 연속적으로 조직되어 생성되었다는 것을 인식

시각적-운동 근육 능력
생활에서 얻은 재료를 의미 있는 전체로 조합하고 시각화하는 능력, 기민하고 협응력 있게 보고 수행하는 능력, 신체나 손동작들을
시각과의 협응에 의해서 조정하는 능력

시각적 추적
움직이는 대상을 유연하고 지속적으로 따라가는 것으로 시야 중심에 그 대상을 놓고서 움직임과 지각적 변경 간의 직접적인 관계
를 인식하는 능력

의 지각을 잘할 수 있다(이영심, 1997).

유아기에 필요한 모든 개념이 동작교육 프로그램을 통해서 학습 가능하다고 주
장한 겔라휴 등은 유아들에게 적합한 지각-운동 발달 관련 개념들의 항목을 표
4.1과 같이 제시하였다(Gallahue et al., 1975). 그는 아이들이 다음 개념들 중 하
나 또는 둘 이상의 문제를 갖고 있을 수 있으며, 이를 해결해 주기 위해 연령보다
높은 기능적 수준에 도달할 수 있도록 미리 준비시켜 주어야 한다고 했다(이영,
1995).

2) 동작을 통한 언어 개념 발달

동작교육 프로그램을 지도할 때 신체와 물체에 관련된 시간적, 공간적 용어를 사
용하면 유아들의 시공간적인 어휘 능력이 향상될 수 있다. 또한 유아들은 동작 활

동을 하면서 동작에 사용되는 도구와 관련된 명칭과 동작을 알게 되고 활동 내용에 대한 언어적인 이해가 가능해진다. 이러한 동작 활동의 경험이 유아 언어 발달의 기초가 되며 표현 능력을 증진시켜 유아가 자신의 동작에 대해서 언어적인 표현을 할 수 있게 한다. 유아가 혼자서 언어를 학습할 수 없는 이유는 추상적인 상징이기 때문이다. 언어 발달은 성인과의 상호 작용이 되어야만 습득될 수 있다(Snow, 1983). 동작교육을 할 때 지도자가 되도록이면 정확한 발음으로 많은 언어적 표현을 반복해 주는 것이 유아들의 언어적 개념 발달에 도움이 된다.

> 동작교육지도자는 유아의 언어 발달을 위해 정확한 발음과 다양한 언어적 표현을 해 주어야 한다.

3) 동작을 통한 수학 개념 발달

유아들은 동작을 통해서 수와 수량에 대한 개념을 이해할 수 있다. 적은 양의 수와 많은 양의 수적인 개념을 습득할 수 있다. 동작을 통해 수학적 개념이 발달될 수 있는 프로그램은 다양하다. 공을 1개씩 던지며 수를 세는 동작 프로그램을 하면서 수 개념이 발달될 수 있고, 적은 양의 수와 많은 양의 수적인 개념도 습득할 수 있다.

이외에도 짝짓기 동작 프로그램을 하면서 집합 개념이 형성될 수 있으며 교구 모양에 따라 세모, 네모, 동그라미 등과 같은 도형에 관한 개념이 형성될 수 있다.

4) 동작을 통한 과학 개념 발달

동작을 통해서 동물 또는 식물, 기후의 변화를 표현하고 해, 달, 별 등에 대한 개념을 형성할 수 있다. 기차나 자동차와 같은 교통수단을 표현하는 동작을 하면서 추진력에 대한 개념이 발달되기도 한다. 공이나 네모 상자의 이동 활동을 통해 공은

굴려서 이동할 수 있음을 이해할 수 있게 되고, 네모 상자는 굴릴 수 없음에 대해서도 이해할 수 있게 된다.

유아들은 쌓기 동작을 하면서 도형에 따른 안정감에 대한 인식이 가능해지며 안정성 동작을 하면서 무게 중심에 따른 균형 잡기에 대한 개념이 발달할 수 있다.

또한 쌓기 동작은 유아에게 다양한 능력을 향상시켜 주는 동작으로 눈과 손, 양손의 협응력, 손과 손가락의 조작력을 발달시킨다(Cartwright, 1988). 블록을 운반하거나 쌓아올리는 과정에서는 대소근육이 발달되며 그 외에도 다음과 같은 효과를 기대할 수 있다(박선영, 2006; 이숙재, 1988; Cartwright, 1988; Leeb-Lundberg, 1996; Moffitt, 1996).

7단계(7세 이후) : 실제 구조물의 재현

6단계(4~6세) : 이름 붙이기 및 표상하기

5단계(4세) : 장식적인 패턴

4단계(3~4세) : 울타리 구성하기

3단계(3세) : 다리 만들기

2단계(2~3세) : 반복, 줄 짓기, 탑 쌓기

1단계(2세) : 블록 운반하기

그림 4.3

쌓기 동작 발달의 7단계(Johnson, 1974)

- 다양한 형태의 물체 길이, 높이, 부피, 수, 균형, 대칭, 전체와 부분을 경험함으로써 수학적 개념이 발달된다.
- 관찰, 비교, 예측, 해석, 분류 등 탐구 과정의 경험을 하면서 과학 학습이 가능하고 과학적 사고가 발달된다.
- 여러 모양의 블록 쌓기 경험을 통해 형태 인지, 형태 변별력이 발달되어 읽기, 쓰기, 학습 능력 발달된다.
- 단순한 형태, 복잡한 형태의 구조물 경험을 통해 대칭과 균형의 조형 능력과 입체 구성력이 발달된다.

또한 유아기는 기하 교육의 이상적인 시기로 상당한 정도의 기하에 관한 지식을 가지고 있고 이를 적용할 수 있다(김경희, 2006; Clements & Sarama, 2000). 연구 결과에 의하면 유아기의 쌓기 동작 정도와 고등학교 수학적 성취 간에 높은 긍정적 상관이 있음이 제시되고 있다(Wolfgang, Stannard, & Jones, 2001).

5) 동작을 통한 사회 · 정서 개념 발달

유아들은 동작을 통해서 혼자가 아닌 여럿이 함께 활동하는 방법을 습득할 수 있다. 동작 프로그램 활동을 하면서 협동과 경쟁에 관한 개념이 발달하고 자기 차례를 기다리는 방법을 경험하면서 질서에 대한 개념이 발달될 수 있다.

뿐만 아니라 동작을 통해서 참을성을 배우거나 동작 활동 중에 분노를 조절하는 경험을 하게 되고, 성취감을 통해 긍정적인 자아 개념이 형성되어 정서적인 안정감을 갖게 된다.

6) 동작을 통한 미술·음악 개념 발달

유아들은 음악과 함께 율동을 하면서 박자
감, 리듬감을 습득할 수 있다. 박수 치기,
두드리기, 스텝하기, 작은 점프하기, 돌기
등과 같은 동작을 하면서 음의 크기에 맞
추어 동작을 변화시킨다든지 율동을 하면
서 신체의 자연스러운 동작 표현을 경험할
수 있다. 또한 기본 동작을 학습할 때 옆에
서 흐르는 음악은 동작의 리듬감에 도움이
되어 동작을 유연하게 할 수 있도록 한다.

동작교육 프로그램을 통해서 미술에 관
련된 공간적, 시간적, 힘, 흐름과 같은 질적인 특성을 경험할 수 있으며, 꽃밭 만들
기, 페인팅 해 보기 등의 동작을 통해 미술적 감각이 발달될 수 있다.

2 동작을 위한 학습

동작을 위한 학습(learning to movement)은 유아들이 동작을 더 잘할 수 있도록, 즉
더 정확하고 빠르게 움직일 수 있도록 지도하는 것이다. 겔라휴는 유아들의 대근
육 운동에 대한 경험이 다른 영역과는 다르게 자발적이고 무계획적으로 이루어지
고 있음을 지적하면서 이와 같은 자연적인 경험을 교육으로 인식하는 것은 잘못된
것이라고 하였다(Gallahue, 1995 ; Payne & Rink, 1997).

아이들에게는 연령과 발달 정도, 동작 활동에 대한 사전 경험, 체력, 기술 수
준 등에 따른 적합한 동작교육 프로그램이 제공되어야 한다. COPEC(Council on
Physical Education for Children)에서는 3~5세 어린이를 위한 발달에 적합한 동작
교육 실제 지침서를 제공하고, 동작 활동의 발달적인 측면뿐만 아니라 교육적인
측면도 강조하고 있다.

겔라휴는 동작 능력에 따라 발달 단계를 반사적 동작 단계, 초보적인 동작 단
계, 기본적인 동작 단계, 전문화된 동작 단계 등 4단계로 구분하여 제시하였다

동작을 위한 학습은 동
작을 더 잘할 수 있도
록 지도하는 방법이다.

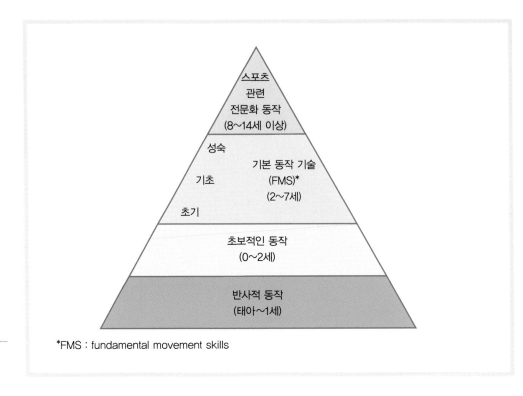

그림 4.4

동작 발달 단계
(Gallahue, 1982)

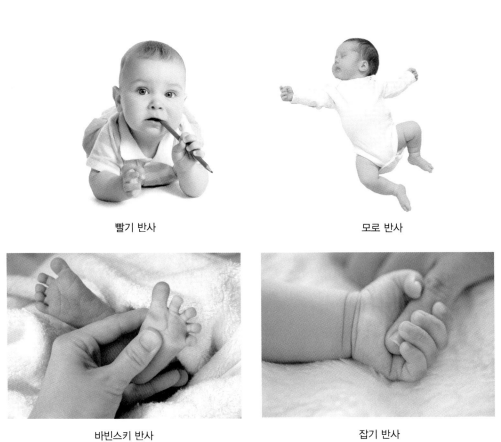

빨기 반사   모로 반사

바빈스키 반사   잡기 반사

(그림 4.4).

반사적 동작 단계(reflexive movement phase)는 태아 때부터 1세까지 나타나는 동작 단계이다. 반사는 외부 자극에 무의식적으로 반응하는 것으로서 이 시기에는 빨기 반사, 방향 반사, 바빈스키 반사, 모로 반사, 잡기 반사 등이 대표적으로 나타난다. 빨기 반사(sucking reflex)는 무엇인가 입술에 닿았을 때 아이가 무조건 빨기를 하는 반사이고, 방향 반사(direction reflex)는 손가락이 한쪽 볼에 닿으면 고개를 돌리는 반사이다. 바빈스키 반사(babinsky reflex)는 아이의 발바닥을 긁으면 발을 쫙 펼쳤다 오므리는 반응을 보이는 것이고, 모로 반사(moro reflex)는 자극적인 소리에 놀라서 팔다리를 쭉 편 후 손을 오므리는 반응을 보이는 것이다. 잡기 반사(grasping reflex)는 손바닥에 자극을 주면 손으로 잡으려는 반응을 보이는 것이다.

이러한 반사는 아이가 먹거나 생리적인 기능을 유지하고 신생아기 위험으로부터 자신을 보호하는 데 필요한 기능이다.

초보적인 동작 단계(rudimentary movement phase)는 출생한 이후부터 2세까지 계속되는 단계이다. 이 시기에는 반사적인 동작이 점차적으로 감소되고 의도적인 비이동 동작을 하기 시작한다. 머리, 목, 몸통 등을 조절하여 앉거나 서는 노력을 하며, 바닥에 배를 대고 기어가거나 팔과 다리를 이용해서 기어가는 동작과 걷기 등을 한다. 물체를 잡기 위해 손을 뻗기도 하며 물체를 잡았다 놓을 수 있는 조작적 동작도 가능해진다.

기본적인 동작 단계(fundamental movement phase)는 2~7세까지 지속되는 단계이다. 이 단계에서는 세분화되고 정확한 동작을 할 수는 없으나 자유롭게 이동할 수 있으며 물체를 다루는 능력이 발달된다. 만 2~3세 때는 시작 정도의 단계이고, 만 4-5세 때에 발전 단계가 되며, 만 6~7세가 되면 성숙 단계로 수영이나 태권도와 같은 스포츠의 기본 기술 학습을 시작할 수 있게 된다.

전문화된 동작 단계(specialized movement phase)는 7세부터 청소년기까지 지속되는 단계이다. 이 시기에는 스포츠와 관련된 동작들이 발달되며, 좀 더 정확하고 신속한 동작을 할 수 있다. 14세쯤 되면 전문적인 동작 기술이 발달될 수 있으며 경쟁적인 스포츠 활동도 할 수 있게 된다.

3 기본 동작 기술

기본 동작 기술은 유아기에 반드시 습득되어야 하는 동작을 말하며, 제자리 동작, 이동성 동작, 조작성 동작으로 구분된다.

기본 동작 기술(fundamental movement skills, FMS)은 유아기에 반드시 습득되어야 하는 중요한 동작들이다. 인간의 기본 동작 기술은 제자리(안정성) 동작, 이동성 동작, 조작성 동작 등 크게 세 가지로 구분할 수 있다(Gallahue, 1975).

제자리 동작(stability movement)은 지금까지 안정성 동작으로 사용되어 왔으나, 최근 누리과정에서 제자리라는 명칭으로 사용되고 있는 동작이다. 제자리 동작은 말 그대로 신체 이동 없이 그 자리에서 신체 중 다른 부분이 허공에 떠 있거나 다른 신체 부위에 있어도 흔들림 없이 균형을 유지할 수 있는 동작이다. 제자리 동작에는 균형을 유지해야 하는 동작과 다양한 평형 감각을 필요로 하는 중축성 동작들이 포함된다.

이동성 동작(locomotor movement)은 공간에서 신체의 위치를 변화시키는 동작이다. 바닥 표면에서 신체가 이동하는 동작으로 제자리 동작이 함께 발달되며 이동성 동작을 잘하기 위해서는 제자리 동작이 우선적으로 학습되어야 한다.

조작성 동작(manipulate movement)은 주로 소근육 협응력이 발달되는 동작으로 손이나 발을 이용한 동작들이다. 물체를 잡는다든지 던진다든지 하며 물체에 대한 힘을 주고받는 동작들이다. 조작성 동작은 제자리 동작이나 안정성 동작보다 습득 시간이 길다.

표 4.2 기본 동작 기술의 유형(Gallahue et al., 1975, p. 23)

안정성	이동	조작
1. 구부리기(bending)	1. 걷기(walking)	1. 던지기(throwing)
2. 뻗기(stretching)	2. 달리기(running)	2. 받기(catching)
3. 꼬기(twisting)	3. 두 발 모아 뛰기(jumping)	3. 차기(kicking)
4. 회전하기(turning)	4. 앵금질(hopping)	4. 튀긴 공 잡기(trapping)
5. 흔들거리기(swinging)	5. 스키핑(skipping)	5. 치기(striking)
6. 서 있기(standing)	6. 미끄러지기(sliding)	6. 공이 땅에 닿기 전에 되차기 (volleying)
7. 거꾸로 서기(inverted supports)	7. 뛰어넘기(leaping)	7. 튀기기(bouncing)
8. 구르기(body rolling)	8. 오르기(climbing)	8. 공 굴리기(ball rolling)
9. 착지하기(landing)	9. 말뛰기(galloping)	
10. 멈추기(stopping)		
11. 피하기(dodging)		

1) 제자리 동작

제자리 동작은 정적 동작으로 주로 한자리에서 수행하는 운동이다. 서서 하는 동작과 누워서 하는 동작, 무릎 꿇고 하는 동작, 앉아서 하는 동작들이 있다.

제자리 동작은 균형을 잡는 동작이 대부분이며 신체 전체 또는 일부분을 움직이는 동작으로 호흡을 중요시해야 한다. 신체적 유연성뿐만 아니라 균형을 유지하기 위한 정신 집중이 필요하므로 집중력이 향상될 수 있다.

제자리 동작은 안정성 동작을 말하는 것으로 최근 누리과정 지침서에서 사용하고 있다.

(1) 굽히기

굽히기(bending) 동작은 우리 몸의 길항 작용이 일어나는 동작으로 한쪽 근육은 이완되고 반대쪽 근육은 수축되어 근력이 강화된다. 굽히기 동작을 할 때는 우선 척추를 바르게 편 바른 자세에서 시작해야 하고, 골반을 바르게 잡아 주면서 신체가 균형을 유지할 수 있게 해야 한다. 굽히기 동작은 척추를 둘러싼 근과 인대가 강화되어 척추를 바르게 성장시키고, 신체의 지대나 내장의 보호, 조혈 운동 등에 긍정적인 영향을 미친다.

윗몸 굽히기 동작은 여자아이의 경우 8세까지 가속적으로 발달하고, 남자아이는 11세까지 급속한 발달을 보인다. 이후 18세까지 직선적인 발달을 보이고, 18세 이후부터 발달 속도가 감소한다(이강윤, 2000). 윗몸 뒤로 젖히기 동작은 10~11세경에는 남아가 여아보다 잘하지만 이후부터는 여아들의 동작 능력이 높다(오재국, 2003).

동작 효과	자세 교정에 도움이 되는 동작			
동작 구분	비이동성			
기본 동작 요소	신체	공간	노력	관계
내용	등, 척추의 움직임	위, 아래	시간(긴/짧은)	내 몸과 나

(2) 뻗기

뻗기(stretching) 동작은 동작 수행 능력을 강화하거나 부상의 위험을 감소시키기 위해 준비 운동으로 활용된다. 관절 끝 지점까지 최대한으로 움직이는 동작으로서 관절 자동 범위 증가 또는 극대화로 신체의 유연성을 향상시킬 수 있다.

뻗기 동작은 정적 스트레칭 동작이다. 한 자세를 유지하는 운동으로 일정 시간 동안 근육이 이완되도록 천천히 늘려 최대한 오랫동안 신장된 근육의 장력을 유지시키며 견디는 활동이다.

뻗기 동작을 할 때는 천천히 움직이도록 지도를 해야 하고 스스로 최대의 범위까지 동작을 할 수 있는 동기를 마련해 주어야 한다. 뻗기 동작은 몸이 따뜻한 상태에서 하는 것이 바람직하고 근육의 긴장을 최대한 적게 하여 보다 자유롭고 쉽게 움직여 편안한 상태에서 동작을 할 수 있도록 한다.

뻗기 동작은 근육통이나 상해의 예방에 효과적이며(Devries, 1962) 동작을 부드럽게 하는 유연성 개선에 매우 효과적인 수단이 된다(Salter, 1955). 다시 말하면 뻗기 동작은 근육의 긴장을 부드럽게 해 주어 보다 쉽게 이완될 수 있도록 도와주며 근육의 저항심을 증대시켜 운동으로 인한 상해를 예방시켜 준다(태양실, 2004).

뻗기 동작을 할 때는 한쪽만 할 경우 신체 기능의 불균형이 초래될 가능성이 있기 때문에 동작교육지도자는 유아가 반드시 양쪽 모두를 할 수 있도록 지도해야 한다.

동작 효과	유연성 증진과 상해 예방에 도움이 되는 동작			
동작 구분	비이동성			
기본 동작 요소	신체	공간	노력	관계
내용	신체 여러 부위	수직/수평	더 높게/더 멀리	내 손끝과 내 발끝

(3) 구르기

구르기(rolling) 동작은 신체를 앞, 뒤, 옆으로 옮기는 것으로서 공간적으로 위치가
뒤바뀌는 동작이다. 유아들은 앞 구르기 동작을 하면서 거꾸로 하는 동작을 처음

초기

기초

성숙

그림 4.5
구르기 발달 단계

으로 경험하게 된다. 동작교육지도자는 어린 유아가 구르기 초기 새로운 동작에 대해서 두려워할 수 있다는 것을 이해해야 한다.

이는 유아들의 체력 육성 프로그램에 사용되는 동작으로서 각종 스포츠의 신인 선수를 선발하거나 기초 체력 향상을 위한 훈련 프로그램으로 사용되는 중요한 기본 동작이다. 몸이 순간적으로 공간을 바꾸게 되는 동작이자 신체와 관련된 공간을 인식하고 균형이 발달되는 동작인 구르기는 체조에서도 응용되고 있다. 앞으로 구르기와 뒤로 구르기를 연속적으로 하는 몸통 앞뒤 굴리기 교정 행선이라 불리는 동작은 골반, 흉추, 경추, 요추가 교정되는 효과를 갖고 있다. 또 중추 신경계와 근육을 자극하여 전신의 균형을 유지해 주는 효과가 있고, 복근과 등 근육의 강화, 요통 해소 등의 효과를 기대할 수 있다(손준구, 1997).

구르기 초기 단계에서는 머리가 바닥에 닿은 채로 시작하고 두 손이 똑같은 힘을 주지 못한 상태에서 구르기를 하는 것이 특징이다. 마무리 동작에서는 몸이 거의 펴진 상태로 다리를 편 채 동작을 끝낸다. 기초 단계가 되면 앞 구르기를 할 때 몸은 마디별로 움직일 수 있게 되며 한 번의 구르기가 가능하다. 성숙 단계에서는 머리의 무게를 이용한 구르기가 가능하고 팔의 힘을 이용할 수 있으며 연속 구르기가 가능해진다.

동작교육지도자는 구르기 동작을 지도할 때 머리와 목 중심 부분을 지긋이 누르면서 보조하여 유아가 자연스럽게 구르기를 할 수 있도록 해야 한다. 어린 유아 또는 동작 능력이 부족한 유아는 마무리 동작이 될 때까지 보조를 하여 두 다리가 던져지는 모습이 되지 않도록 해야 한다.

　역학적인 측면에서 구르기는 동작 회전 감각이나 위치 감각, 평형 감각 등과 관련된 감각 인지 능력을 향상시켜 줄 수 있는 동작이다. 뿐만 아니라 다양한 스포츠에서 방향을 바꾸며 성공적인 수행이 가능하게 할 수 있는 동작이며, 위험한 상황에서 자신을 보호할 수 있고 안전 사고 예방에 도움이 되는 동작이다.

　트니트니 동작교육에서는 이와 같이 다양한 효과를 나타내는 구르기 동작을 수업 초기 단계에서 필수적으로 실행하는 프로그램으로 제시하고 있다.

동작 효과	균형 감각이 발달되는 동작			
동작 구분	비이동성			
기본 동작 요소	신체	공간	노력	관계
내용	전신의 움직임	앞/뒤	빠르게/느리게	내 몸과 사물

(4) 비틀기

비틀기(twisting) 동작은 신체의 한 부분을 고정시킨 상태에서 다른 부분을 돌리는 움직임이다. 태어나서 뒤집기를 할 때부터 시작되는 비틀기 동작은 조작적 동작의 던지기 또는 차기와 같은 동작의 기본이 된다. 비틀기 동작을 하면서 유아들이 신체 각 부분별 특징을 파악할 수 있도록 지도해야 한다.

동작 효과	신체 유연성이 좋아지는 동작			
동작 구분	비이동성			
기본 동작 요소	신체	공간	노력	관계
내용	전신	방향	힘(지속)	내 몸과 신체 부분, 신체 표면

(5) 회전하기

회전하기(turning)는 수평이나 수직 축을 중심으로 신체를 움직이는 것으로서 평형성이 향상되는 동작이다. 평형성은 정적이거나 동적인 상태에서 신체를 평형으로 유지하는 능력으로 일상생활 또는 무용, 스포츠 등 다양한 동작의 중요한 요인이 된다.

회전 동작을 할 때는 회전축과 회전 속도 그리고 축을 유지할 수 있는 근력에 대해서 알 수 있도록 하는 지도 프로그램이 필요하다.

회전 동작을 지도를 할 때는 양다리로 회전하는 동작을 먼저 경험하게 한 뒤, 한 다리로 회전하는 동작을 하도록 하고 회전축을 정확하고 일정하게 유지할 수 있도록 지도해야 한다.

동작 효과	평형 감각이 좋아지는 동작			
동작 구분	비이동성			
기본 동작 요소	신체	공간	노력	관계
내용	전신, 발끝의 움직임	방향, 범위 (크게/작게)	흐름(부드럽게/끊기게)과 시간(빠르게/느리게)	내 몸과 바닥

(6) 흔들거리기

흔들거리기(swinging)는 신체의 한 부분을 고정한 채 추 운동을 하듯이 다른 부분을 앞뒤, 또는 옆으로 포물선을 그리며 자유롭게 움직이는 동작이다. 흔들기 동작을 하면서 유아는 신체 리듬에 대해 알게 된다. 흔들기 동작을 할 때는 축으로 있는 신체 부분에 힘을 주어 중심을 잡고 있도록 지도해야 한다.

동작 효과	균형 감각이 좋아지는 동작			
동작 구분	비이동성			
기본 동작 요소	신체	공간	노력	관계
내용	손과 전신의 움직임	범위 (크게/작게)	힘(강하게/약하게)과 리듬(부드럽게/딱딱하게)	내 몸과 물체

2) 이동성 동작

이동성 동작(locomotor movement)은 공간 속에서 위치가 변하는 동작들로 걷기, 달리기, 점프하기, 호핑, 스키핑, 미끄러지기, 뛰어넘기, 오르기, 갤로핑 등과 같은 동작들이다. 이동성 동작은 안정성 동작과 동시에 이루어지는 경우가 많아서 안정성 동작이 습득되어 있어야 정확하게 이동성 동작을 할 수 있다. 이동성 동작은 동작의 요소 중 리듬 감각을 익히는 데 중요한 기본 동작으로서 다양한 경험이 제공되어야 한다.

(1) 걷기

걷기(walking) 동작은 신체를 앞으로, 뒤로, 좌우로 옮기는 것으로서 뒤꿈치와 발끝에 무게가 옮겨지면서 이동되는 동작이다. 초기 단계에서 걷기를 할 때는 다리를 보면서 동작을 하고 불안정한 자세로 이동을 한다. 기초 단계가 되면 평균대 걷기가 가능해지지만 많은 집중과 노력이 필요하다. 이 시기에는 평균대를 보면서 걷기를 할 수 있다. 성숙 단계는 발을 엇갈려 가면서 평균대를 걸을 수 있고, 양팔을 들고 시선은 앞을 보며 걸을 수 있게 된다.

유아기 걷기 패턴은 불안정한 걷기를 하는 영아기와는 달리 뒤꿈치가 바닥에 닿으면서 걸을 수 있으며 팔이 자연스럽게 몸 옆에서 흔들거리게 된다. 걷기 동작을 지도할 때는 머리를 세우고 시선은 앞을 보면서 발을 똑바로 놓을 수 있도록 해야 한다. 발의 보폭은 너무 넓지도 좁지도 않게 걷도록 지도하여 바른 자세를 유지할 수 있게 한다.

걷기 동작은 신체의 균형성 외에도 신체와 공간, 방향, 시간에 대한 지각이 발달될 수 있는 동작이다. 또한 걷기 동작은 리듬적 운동 능력과 다양한 걷기 활동을 통해 신체에 대한 긍정적인 인식으로 자아 존중감이 형성될 수 있다.

동작교육지도자는 유아들의 발바닥 찍기 동작을 통해서 발의 틀어진 정도를 파악할 수 있다. 안쪽으로 발이 틀어진 경우는 종아리, 무릎, 엉덩이를 휘게 할 수 있으며, 바깥쪽으로 틀어진 발은 발 질환의 원인과 비만의 원인이 될 수 있다는 것을 기억하여 심한 경우 부모님이나 원장에게 알릴 필요가 있다(왕곤, 2011; 전미숙, 2004; 염동삼, 1994; 차석환, 2009; 이정숙, 2013; 김동대 외, 2013; Gallahue et al., 1975).

걷기는 모든 동작의 기본이 되는 동작으로 근육을 단련시켜 주며 뼈마디의 기능을 촉진시켜 준다. 걷기 동작을 하는 동안 뇌 속에서 베타 엔돌핀 호르몬이 증가하여 스트레스를 감소시키고 기분을 좋게 해 준다. 버넷과 존슨(Burnett & Johnson, 1971)에 따르면 유아가 혼자 힘으로 걸을 수 있는 연령은 생후 7~17개월 사이이

며, 평균 연령은 12.5개월이다. 걷기 동작은 무릎 관절 외측 근육의 강화가 가능하고 (Bergfield et al., 1985) 심폐 기능 유지 및 향상에 효과가 있다(Williford et al., 1988).

표 4.3 **걷기 동작 발달**

연령	동작 능력
12개월	몸이 앞으로 쏠린 상태에서 걷기를 할 수 있으며 혼자 걸을 수 있다.
16~20개월	옆으로 걷기와 뒤로 걷기가 가능하다. 몸을 바르게 세워 걸을 수 있고 20개월 쯤에는 손을 잡아 주면 계단을 올라갈 수 있다.
24~25개월	계단을 올라갈 때와 내려갈 때 한 계단에 두 발을 모은 후 다음 계단으로 이동할 수 있다.
36~48개월	계단 이동 시 한 발씩 교대로 하여 이동할 수 있다.

동작 효과	자세 교정에 도움이 되는 동작			
동작 구분	비이동성			
기본 동작 요소	신체	공간	노력	관계
내용	팔, 다리의 움직임	방향, 바닥 모양	속도, 흐름	나와 내 몸

(2) 달리기

달리기(running)는 걷기의 연속적인 동작으로 몸의 무게가 한 발에서 다른 발로 옮겨지는 동안 순간적으로 몸이 공중에 뜨게 되는 동작이다. 초기 단계에서는 보폭이 짧고 다리가 뻣뻣한 상태로 동작을 한다. 기초 단계가 되면 보폭이 넓어지고 속도가 빨라진다. 이 시기에는 팔 동작의 리듬이 일정해진다. 성숙 단계에서는 공중을 나는 모습을 보일 수 있고 팔과 다리가 자연스럽게 반대로 움직이게 된다.

달리기는 모든 운동의 기본이며, 무엇보다도 가장 중요한 체력 요소이자 건강과 밀접한 관련이 있는 심폐 지구력을 향상시키는 데 가장 좋은 운동이다. 달리기 활동은 유아의 심장과 폐에 적절한 자극을 주어 심폐 기능을 향상시켜 주며 골격이 튼튼하게 성장할 수 있도록 도움을 준다(박길준 외, 1995).

유아교육 기관에서는 유아가 일상생활 속에서 꾸준하게 달리기를 함으로써 평생 건강의 기초를 확립하고 심폐 기능 및 뼈 강화, 근육 상태 향상, 혈중 지질의 양

초기

기초

성숙

그림 4.6

달리기 동작의 발달

표 4.4 **달리기 동작 발달**

연령	동작 능력
18개월	빠른 걸음으로 달리기 모습을 보여 준다.
24~36개월	팔을 편 채 뻣뻣한 자세로 달리기를 할 수 있으며 달리기 폭은 짧고 달리기를 할 때 무릎이 바깥을 향한 상태로 동작한다.
48~60개월	자연스럽게 달리기를 할 수 있으며 무릎을 높이 올리고 팔꿈치를 어깨까지 높이 들면서 달리기를 할 수 있다. 상체을 앞으로 약간 굽힌 상태로 달리기를 할 수 있고 속도가 증가한다.

동작 효과	심폐 기능을 향상시켜 주는 동작			
동작 구분	이동성			
기본 동작 요소	신체	공간	노력	관계
내용	팔, 다리의 움직임	방향, 속도, 거리	속도(빠르게/느리게)와 리듬(연속적/비연속적)	내 팔과 다리

상을 좋게 하는 등 신체 건강뿐만 아니라 긴장, 불안의 감소, 긍정적인 마음 상태 등 정신적으로도 건강한 아이로 자랄 수 있도록 건강 달리기 프로그램을 운영하고 있다(이숙희 외, 2012).

저명한 스포츠 과학자이자 달리기 선수인 녹스(Noakes, 2005)는 오랜 시간 연구를 통하여 어린 아이에게 있어 유산소성 또는 지구성 훈련의 중요성을 강조하며 10세 미만 아이들에게 적절한 달리기 거리로 8~10km 미만을 제시하고 있다.

그리고 맥두걸(McDougall, 2010)에 의하면 인간의 DNA에는 달리고자 하는 본능이 있기 때문에 땀 흘리며 심장이 콩콩 뛰는 달리기 행위를 통해 감격을 경험한다면 일생 동안 달리기를 포기하는 것이 불가능하다고 하였다. 녹스(2005)는 달리기로 인해 스트레스에 대한 저항력이 생겨 긍정적인 성격이 형성될 수 있다고 하였다.

(3) 두 발 모아 뛰기

두 발 모아 뛰기(jumping), 즉 점프 동작은 신체 무게 중심 이동에 대한 지각이 발달하는 동작으로 농구 리바운드, 점프슛, 배구의 블로킹과 축구의 헤딩 동작의 중요한 기초 동작이다. 유아들은 점프 동작을 통해 순발력과 하지 근력이 발달되고 발에 작용되는 힘에 대해서 지각할 수 있다. 우리의 발은 우리 몸 전체의 1/4에 해당되는 52개의 뼈와 60여 개의 관절, 214개의 인대, 38개의 근육으로 구성되어 있다. 점프 동작과 같이 발과 관련된 동작은 발 건강에 크게 영향을 미친다. 특히 도약과 착지 시 균형감이 발달됨은 물론이고 발목 고관절 주위 근육군이나 아킬레스건이 강화된다(이행선, 2007). 동작교육지도자는 점프 동작을 할 때 유아의 두 발이 동시에 뛸 수 있도록 지도해야 한다. 착지 시에는 두 발로 착지하지 않으면 발목을 다칠 수 있으므로 두 발이 모아진 상태로 착지할 수 있도록 지도를 해야 하고, 발목과 무릎, 엉덩이가 굽혀진 상태로 착지할 수 있도록 지도하는 것이 안전하다.

초기

기초

성숙

그림 4.7

점프 동작의 발달

초기 단계에서는 두 발로 뛰기가 어렵고 착지할 때 체중이 뒤로 쏠리게 된다. 기초 단계가 되면 점프 동작을 시작할 때 팔을 움직이면서 할 수 있고 두 발로 뛰기가 가능해진다. 공중에서는 균형을 잡기 위해 팔을 활용할 수 있게 된다. 성숙 단계가 되면 상체를 굽혀 점프 준비를 한다. 팔을 힘차게 흔들면서 균형과 힘을 조절할 수 있고 안정된 착지가 가능해진다.

동작 효과	순발력과 하지 근육 강화에 도움이 되는 동작			
동작 구분	이동성			
기본 동작 요소	신체	공간	노력	관계
내용	발과 다리의 움직임	높낮이	강하게/약하게	사물과 내 몸

(4) 호핑

호핑(hopping)은 한 발을 들고 다른 한 발로 뛰어가기를 하는 동작이다. 한 발로 몸의 균형을 유지하고 몸을 위로 밀면서 동작을 하며 리듬감을 익힐 수 있게 된다. 속도보다는 높이나 거리에 관심을 두게 할 수 있다.

초기에는 거의 선 자세로 동작을 하고 균형을 잡기가 어렵다. 제자리에서 뛰기 2회 정도만을 할 수 있으며, 팔꿈치가 굽혀진 상태로 팔을 옆으로 들면서 동작을 한다.

기초 단계에서는 상체를 앞으로 약간 굽힌 채 다리를 약 50도 정도 들고 동작을 한다. 팔을 위에서 아래로 흔들며 호핑을 하는데 연속적으로 하지는 못한다.

성숙 단계가 되면 다리를 90도 정도로 굽혀서 들고 리드미컬한 움직임으로 동작을 한다. 상체를 앞으로 굽힌 채 팔로 힘을 내기 위해 힘차게 흔들 수 있다.

초기

기초

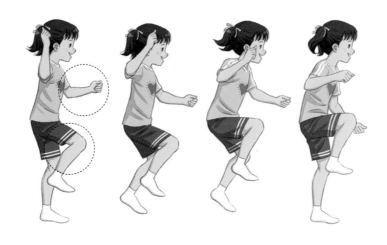

성숙

그림 4.8
호핑 동작의 발달

동작 효과	자세 교정에 도움이 되는 동작			
동작 구분	비이동성			
기본 동작 요소	신체	공간	노력	관계
내용	발, 다리의 움직임	높낮이	힘(강하게/약하게)	나와 내 몸

(5) 스키핑

스키핑(skipping)은 이동 동작 중 어려운 동작으로 가장 느리게 발달된다. 스텝과 호핑이 결합된 동작이며 한 번씩 번갈아 가면서 이루어지는 동작이다. 초기에는 스

초기

기초

성숙

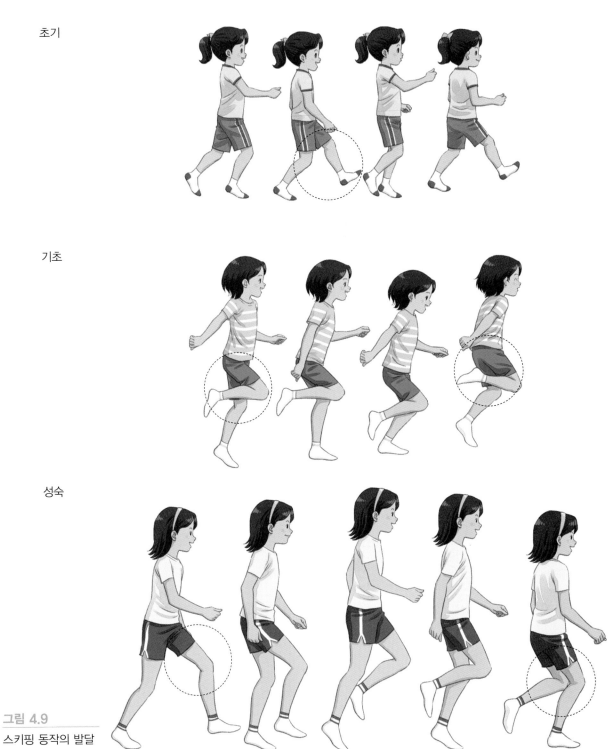

그림 4.9
스키핑 동작의 발달

텝-홉 정도의 동작이 가능하고 완벽한 스키핑 동작을 하기 위해서는 많은 연습이 필요하다.

초기 단계에서는 연속적으로 스키핑 동작을 할 수 없고 한 발로 스키핑을 할 수 있다. 의도적으로 스텝과 호핑 동작을 하게 된다. 기초 단계에서는 스텝과 호핑 동작이 조절되어 리드미컬하게 동작을 할 수 있다. 이 단계에서는 호핑 동작을 할 때 위로 높이 오르고 착지할 때 발바닥 전체로 한다. 성숙 단계에서는 팔을 이용하며 호핑할 때 높이 올라가지 않고 발끝으로 착지한다.

동작 효과	신체 리듬감이 향상되는 동작			
동작 구분	이동성			
기본 동작 요소	신체	공간	노력	관계
내용	발, 다리의 움직임	방향/거리	더 부드럽게	나와 내 몸

(6) 미끄러지기

미끄러지기(sliding)는 몸의 방향을 빠르고 정확하게 전환시키는 민첩성(Johnson et al., 1986)의 향상에 효과가 있으며, 민첩성은 운동 과정 중 신경 전달 속도에 의해 좌우된다(조근종, 1998). 미끄러지기 동작이 포함되는 스포츠 중 인라인스케이트는 미국에서 약 3,100만 명이 즐기고 있는 종목(1996년 기준 통계)으로(서혜경 외, 2004) 미끄러질 때 느낄 수 있는 여유로움과 강한 스피드를 동시에 즐길 수 있는 전신 운동이다. 미끄러지기는 유연성과 평형성, 근지구력 등 체력을 증진시킬 수 있는 효과를 기대할 수 있다(대한인라인롤러연맹, 2004)

동작 효과	민첩성 향상에 도움이 되는 동작			
동작 구분	이동성			
기본 동작 요소	신체	공간	노력	관계
내용	다리/몸통의 움직임	방향	속도(빠르게/느리게)	나와 물체

(7) 오르기

오르기(clibming)는 손과 손가락의 악력이 향상되는 동작으로서 저항 능력도 향상되고 눈과 손, 다리의 협응성이 발달되며 도전력과 강인한 정신력 등이 길러진다.

또한 상황 지구력이 발달되며 다차원적인 공간에서의 동작 및 중력에 저항한 동작 등을 통하여 민첩성이 향상될 수 있다(Gambetta, 2007).

오르기는 균형을 유지하기 위해 몸의 무게를 손과 발에 분산시켜야 하고, 오르기 동작을 하기 전에 미리 동작에 대한 계획을 갖고 있어야 하며, 조심스럽게 동작을 해야 하므로 집중력도 필요하다. 동작교육지도자는 유아가 사다리 오르기 등과 같은 동작을 할 때 좀 더 신중하게 동작을 할 수 있도록 지도해야 한다. 또한 유아가 자신감을 갖고 오르기 동작을 할 수 있도록 초기에는 낮은 높이의 오르기로 시작하여 차츰 높이를 조정해야 한다.

동작 효과	저항 능력과 집중력 향상에 도움이 되는 동작			
동작 구분	비이동성			
기본 동작 요소	신체	공간	노력	관계
내용	다리/몸통	방향/거리	리듬(빠르게/느리게)	나와 물체

3) 조작성 동작

조작성 동작(manuplative movement)은 물체와의 관계에서 일어나는 동작으로, 물체에 힘을 준다든지 물체로부터 힘을 받는 동작이다. 조작성 동작은 공간에서 물체의 움직임과 유아 자신의 관계를 탐색할 수 있는 동작이며 이동성과 제자리 동작이 결합된 동작이다. 이동성 동작과 안정성 동작이 발달되어야 제대로 조작적 동작을 할 수 있게 된다. 조작성 동작은 스스로 습득이 되는 것이 아니며 반드시 충분한 연습 과정이 있어야 성공적으로 동작을 할 수 있다.

(1) 던지기

던지기(throwing)는 눈과 팔의 협응성이 필요한 동작이다. 던지기 동작은 주로 성
숙에 의해서 발달되지만 기초 단계에서 성숙 단계로 발달되기 위해서는 충분한 연

초기

기초

성숙

그림 4.10
던지기 동작의 발달

습과 경험의 기회가 필요하다. 유아기에 던지기 동작의 경험과 연습을 하지 않게 된다면 성인이 되었을 때 던지기 동작의 향상을 기대할 수 없게 된다. 던지기 동작 초기에는 일관성 있는 모습을 보이기 어려우나 던지기 연습을 한 7세 아동은 멀리 던지기를 할 수 있다. 그러나 정확하게 던지기를 할 수는 없다(Yan et al., 2000). 지도자는 던지기 동작을 할 때 체중 이동의 중요성과 더 멀리 던지기를 할 수 있도록 팔의 젖힘에 대한 지도를 해야 한다.

던지기 동작은 거리 중심으로 지도를 하고 이후 속도와 정확성에 초점을 두어 지도하는 것이 효과적이다.

초기 단계에서는 밀어내는 듯이 팔꿈치로 던지기를 한다. 공을 던지고 난 뒤에는 손가락이 펴진 상태가 되며 발은 계속 고정된 상태로 있게 된다. 몸을 움직이지 않는 상태로 무게 중심을 뒤쪽에 두어 균형을 유지한다.

기초 단계가 되면 팔꿈치가 굽혀진 자세로 물체를 머리 뒤에 두고 던지기 동작을 한다. 몸이 앞으로 기울어진 상태로 동작을 하고 체중도 앞쪽으로 이동한다.

성숙 단계에서는 팔을 뒤쪽으로 흔들면서 준비 자세를 할 수 있고 반대 팔을 올리면서 균형을 잡게 된다. 준비 자세에서 무게 중심은 뒤쪽에 있고 던지기 동작을 하면서 앞쪽으로 이동한다.

동작 효과	공간 지각 능력이 발달되는 동작			
동작 구분	조작성			
기본 동작 요소	신체	공간	노력	관계
내용	손, 팔의 움직임	방향/거리	더 정확하게/ 더 멀리	물체와 나

(2) 받기

받기(catching)는 시공간적 정확성이 향상되는 동작으로(Gabbard, 2000) 생후 8~14개월 정도부터 발달하기 시작하여 전 아동기를 거쳐 발달하는 동작이다. 받기는

초기

기초

성숙

그림 4.11
받기 동작의 발달

손으로 움직이는 물체를 조절할 수 있는 기술로 시지각의 추적 능력이 필요한 동작이다. 유아들이 어려워하는 동작 중 하나이며 맞을 수도 있다는 공포심을 갖고 있기 때문에 물체의 재질이나 색상, 크기, 속도 등이 연령에 적합하게 고려되어야 한다. 처음 받기를 할 때는 크고 밝은 색상의 부드러운 재질로 사용하는 것이 효과적이다.

초기 단계에서는 팔을 뻗은 채 받으며 퍼올리는 모습으로 동작을 한다. 공을 바로 보지 못하고 눈을 감은 상태로 받거나 얼굴을 피한다. 기초 단계가 되면 손으로 받지는 못하고 손바닥이 마주치듯이 받기를 하며 손바닥으로 누르듯이 강하게 받는다. 성숙 단계에서는 시선이 공을 따라서 움직일 수 있고 팔을 뻗어 공을 빨아들이듯이 받는다.

동작 효과	시지각 추적 능력이 향상되는 동작			
동작 구분	조작성			
기본 동작 요소	신체	공간	노력	관계
내용	손과 팔의 움직임	방향/높낮이/크기	더 정확하게	물체와 나

(3) 차기

차기(kicking)는 발로 물체에 힘을 전달하는 동작이다. 차기는 눈과 발의 협응이 이루어져야 하며, 움직이는 물체와 정지된 상태의 물체에 힘을 가해 물체를 이동시키는 형태로 구분된다.

유아기에는 발등으로 차기를 할 수 있도록 지도하여 발가락이 아프지 않게 하고 흥미가 계속해서 유지될 수 있도록 한다.

차기 동작의 초기 단계에서는 상체가 세워진 상태에서 물체를 미는 듯이 차기를 한다. 이 단계에

초기

기초

성숙

그림 4.12

차기 동작의 발달

서는 굴러오는 공을 발로 잡거나 차는 동작을 할 수 없다.

기초 단계에서는 무릎이 완전하게 굽혀진 상태에서 차기를 하지는 못하고 차지 않는 다리를 앞쪽에 두지 않은 채 차기를 한다.

성숙 단계가 되면 상체를 앞으로 굽히고 팔과 발이 반대 방향으로 자연스럽게 움직여진다. 차지 않는 다리가 약간 굽혀진 채 다리를 쭉 뻗으면서 차기를 할 수 있게 된다. 이 단계에서는 달리면서 또는 물체와의 거리를 조절하여 차기를 할 수 있다.

동작 효과	시 · 공간적 정확성이 향상되는 동작			
동작 구분	조작성			
기본 동작 요소	신체	공간	노력	관계
내용	발, 다리의 움직임	방향	더 빠르게/ 더 정확하게	나와 물체

(4) 치기

치기(striking)는 도구를 사용하여 사물에 힘을 가하는 동작이다. 움직이는 물체를 때리거나 움직이지 않는 물체를 때리는 동작은 눈과 손의 협응이 이루어져야 하는 동작이며 유아기에는 도구의 크기 또는 길이가 발달에 적합하게 제공되어야 한다.

치기는 유아의 자발적 활동을 강하게 유도하는 동작으로 눈과 팔의 협응성이 향상되고 표적을 맞추어 치므로 집중력도 향상된다. 치기 동작의 대표적인 스포츠인 검도는 순간적인 동작과 격자에 대한 방향, 속도, 기회, 힘과 적정한 자세의 순간

조화 등을 이용해 죽도로 가까운 거리에서 상대의 머리, 손목, 허리 등을 얼마나 빠르고 정확하게 치거나 지르는가를 겨루는 경기이다. 검도는 공격과 방어를 수없이 반복해야 하는 스포츠이므로 집중력은 물론이고 순발력, 민첩성, 교치성 등 신경계통의 발달에도 큰 도움이 된다(서정란, 2006).

목표 달성 능력과 정확성이 증진되는 치기는 골프와 같이 거리를 많이 낼 수 있는 힘(power)과 원하는 목표 방향으로 볼을

초기

기초

성숙

그림 4.13

치기 발달

보내야 하는 정확성(accuracy)을 요구하는 스포츠에서 기본적인 동작이다. 지도자는 치기 동작 시 동작이 끝날 때까지 유아의 시선이 지속될 수 있도록 지도를 해야 한다.

초기 단계에서는 팔꿈치를 완전하게 굽히고 양발이 고정된 채 상체를 움직이지 않는 상태에서 치기 동작을 한다.

기초 단계가 되면 물체가 날아오는 방향을 예측하여 미리 상체를 돌리고 약간은 서툴게 체중을 앞으로 이동시켜 치기 준비 자세를 취할 수 있다. 이 단계에서는 팔꿈치를 초기 단계보다 작게 굽히고 상체와 엉덩이가 함께 회전을 하면서 치기 동작을 한다.

성숙 단계가 되면 공이 날아올 때 미리 상체를 돌리고 체중을 뒤로 이동시킨다. 물체를 때릴 때 체중이 앞으로 이동되며 수평 상태로 원형을 그리면서 치기 동작을 할 수 있게 된다.

동작 효과	동작의 정확성이 향상되는 동작			
동작 구분	조작성			
기본 동작 요소	신체	공간	노력	관계
어떤 내용을 경험하게 될까요?	손, 팔의 움직임	방향	더 정확하게/ 더멀리	물체와 나

(5) 굴리기

굴리기(rolling) 동작은 바닥에 물체를 굴려 멀리 보내는 것으로 볼링과 같은 스포츠의 기본 기술이 된다. 물체의 움직임에 대한 관찰과 지식의 습득으로 물체에 대한 개념이 형성되는데, 이를 근거로 유아는 논리−수학적 지식의 기초를 형성할 수 있게 된다. 동작교육지도자는 굴리기 동작 시 유아들이 스스로 관찰할 수 있도록 지도해야 한다.

초기 단계에서는 다리를 벌린 상태로 엉거주춤 앉아서 양손으로 공 굴리기를 한다. 시선은 공을 보고 허리를 많이 굽힌 상태에서 팔을 흔들어 공을 굴린다. 기초 단계에서는 다리를 벌리고 서서 체중을 앞쪽에 두고 팔을 뒤에서 앞으로 흔들어

초기

기초

성숙

그림 4.14
굴리기 동작의 발달

공 굴리기를 한다. 이때 시선은 공과 목표물을 한 번씩 보면서 굴린다. 성숙 단계에서는 상체를 충분히 굽힌 채 시선을 목표물에 고정시키고 굴리기 동작을 한다. 한 손으로 공을 들고 무릎을 굽힌 상태에서 무게 이동을 이용하여 공 굴리기를 할 수 있다.

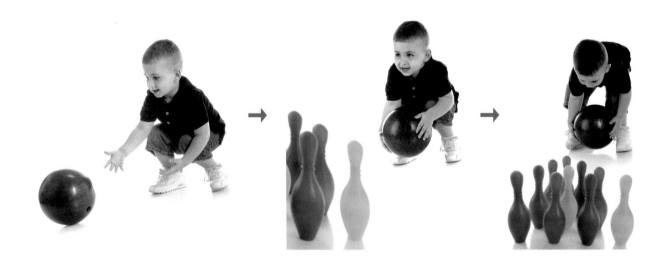

동작 효과	물체에 대한 개념이 형성되는 동작			
동작 구분	조작성			
기본 동작 요소	신체	공간	노력	관계
내용	손의 움직임	방향	더 강하게/더 멀리	나와 사물

학습 정리

:: 학습 내용 중 반드시 기억해야 할 내용을 적으시오.

학습 정리

:: 학습 내용 중 반드시 기억해야 할 내용을 적으시오.

학습 과제 1

:: 동작교육 활동 중 유아에게 제시할 수 있는 방법에 대해서 모두 쓰시오.

과제	동작교육 내용	평가
신체 인식하기		
공간 인식하기		
형태 지각하기		
깊이 지각하기		

:: 동작을 통해서 언어적 개념이 발달할 수 있는 프로그램을 제시하시오.

과제	동작교육 내용	평가
자동차와 관련된 언어적 개념이 발달되는 프로그램		
방향과 관련된 언어적 개념이 발달되는 프로그램		

CHAPTER **5** 동작교육
교수-학습 방법

학습 목표 및 내용

01 동작교육 교수 방법에 대해서 이해한다.
동작교육을 어떻게 가르쳐야 하는가?

02 동작교육 지도의 원리를 습득한다.
동작교육 지도의 원리는 무엇인가?

03 기본 동작 기술 지도 방법을 파악한다.
기본 동작 기술은 어떻게 지도해야 하는가?

1 누리과정의 이해

동작교육지도자는 지도 대상인 유아의 교육과정에 대해서 깊이 있게 이해해야 한다. 교육 과정은 지도 목적 및 목표와 교육 계획안을 수립할 때 기본적으로 필요한 정보이기 때문이다. 현재 우리나라 유아들에게 제공되는 교육 과정은 누리과정이다. 누리과정은 종래의 유치원 교육 과정이 2013년 2월 28일로 폐지되고 2013년

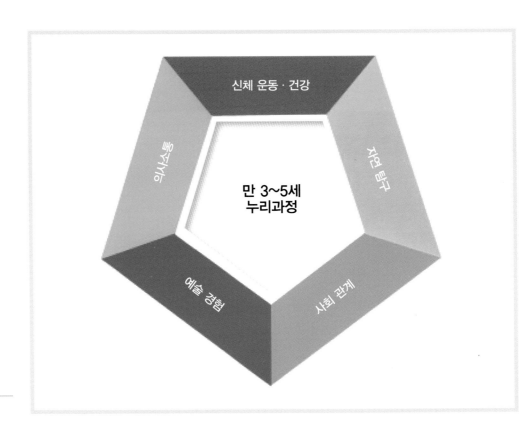

그림 5.1
누리과정 5개 영역

3월 1일부터 도입된 교육 과정이다.

만 3~5세를 위한 누리과정의 '누리'는 세상을 뜻하는 순우리말로, 누리과정은 유아의 심신의 건강과 조화로운 발달을 도와 민주 시민의 기초를 형성하는 데 목적을 두고 있다. 누리과정은 신체 운동 · 건강, 의사소통, 사회 관계, 예술 경험, 자연 탐구 등 5개 영역으로 구성되어 있다.

신체 운동 · 건강 영역은 유아가 자신의 신체를 긍정적으로 인식하고 신체 활동에 즐겁게 참여함으로써 유아기에 필요한 기본 운동 능력과 기초 체력, 건강하고 안전한 생활을 실천하는 능력과 태도를 기르기 위한 영역이다(교육과학기술부, 보건복지부, 2013). 신체 운동 · 건강 영역은 다음과 같은 내용으로 구성되어 있다 (표 5.1).

> 누리는 세상을 뜻하는 순우리말이다.

표 5.1 **신체 운동 · 건강 영역(교육과학기술부, 보건복지부, 2013)**

내용 범주	내용
신체 인식하기	감각 능력 기르고 활용하기
	신체를 인식하고 움직이기
신체 조절과 기본 운동하기	신체 조절하기
	기본 운동하기
신체 활동에 참여하기	자발적으로 신체 활동에 참여하기
	바깥에서 신체 활동하기
	기구를 이용하여 신체 활동하기
건강하게 생활하기	몸과 주변을 깨끗이 하기
	바른 식생활하기
	건강한 일상 생활하기
	질병 예방하기
안전하게 생활하기	안전하게 놀이하기
	교통 안전 규칙 지키기
	비상시 적절히 대처하기

1) 신체 인식하기

신체운동 건강 영역은 유아가 자신의 신체를 긍정적으로 인식하고 신체 활동에 즐겁게 참여함으로써 유아기에 필요한 기본 운동 능력과 기초 체력을 기르고, 건강하고 안전한 생활을 실천하는 능력과 태도를 기르기 위한 영역이다(교육과학기술부, 보건복지부, 2013).

(1) 신체운동 · 건강

기본 운동 능력과 건강하고 안전한 생활 습관을 기른다.

- 감각 능력을 기르고, 자신의 신체를 긍정적으로 인식한다.
- 신체를 조절하고 기본 운동 능력을 기른다.
- 신체 활동에 즐겁게 참여한다.
- 건강한 생활 습관을 기른다.
- 안전한 생활 습관을 기른다.

(2) 의사소통

일상생활에 필요한 의사소통 능력과 바른 언어 사용 습관을 기른다.

- 다른 사람의 말을 주의 깊게 듣는 태도와 이해하는 능력을 기른다.
- 자신의 생각과 느낌을 말하는 능력을 기른다.
- 글자와 책에 친숙해지는 경험을 통하여 글자 모양을 인식하고 읽기에 흥미를 가진다.
- 말과 글의 관계를 알고 자신의 생각, 느낌, 경험을 글로 표현하는 데 관심을 가진다.

(3) 사회관계

자신을 존중하고 다른 사람과 더불어 생활하는 능력과 태도를 기른다.

- 자신을 소중히 여기며 자율성을 기른다.
- 자신과 타인의 감정을 알고, 자신의 감정을 적절하게 표현하고 조절한다.
- 가족과 화목하게 지내며 서로 협력한다.
- 친구, 공동체 구성원들과 서로 돕고, 예의·규칙 등 사회적 가치를 알고 지킨다.
- 우리 동네, 우리나라, 다른 나라에 관심을 가진다.

(4) 예술경험

아름다움에 관심을 가지고 예술경험을 즐기며, 창의적으로 표현하는 능력을 기른다.

- 자연과 주변 환경에서 발견한 아름다움과 예술적 요소에 관심을 갖고 탐색한다.
- 자신의 생각과 느낌을 음악, 움직임과 춤, 미술, 극놀이를 통해 창의적으로 표현하는 것을 즐긴다.
- 자연과 다양한 예술 작품을 감상하며, 풍부한 감성과 심미적 태도를 기른다.

(5) 자연탐구

호기심을 가지고 주변 세계를 탐구하며, 일상생활에서 수학적·과학적으로 생각하는 능력과 태도를 기른다.

- 주변의 사물과 자연 세계에 대해 알고자 하는 호기심을 가지고 탐구하는 태도를 기른다.
- 생활 속의 여러 상황과 문제를 논리·수학적으로 이해하고 해결하기 위한 기초 능력을 기른다.
- 주변의 관심 있는 사물과 생명체 및 자연현상을 탐구하기 위한 기초능력을 기른다.

2) 누리과정의 영역별 내용

(1) 3세 누리과정

① 신체운동 · 건강

■ 세부 내용

내용 범주	내용	세부 내용
신체 인식하기	감각능력 기르고 활용하기	감각적 차이를 경험한다.
		감각기관을 인식하고, 활용해 본다.
	신체를 인식하고 움직이기	신체 각 부분의 명칭을 알고, 움직임에 관심을 갖는다.
		자신의 신체를 긍정적으로 인식하고 움직인다.
신체 조절과 기본 운동하기	신체 조절하기	신체균형을 유지해본다.
		공간, 힘, 시간 등의 움직임 요소를 경험한다.
		신체 각 부분의 움직임을 조절해 본다.
		눈과 손을 협응하여 소근육을 조절해 본다.
	기본 운동하기	걷기, 달리기 등 이동운동을 한다.
		제자리에서 몸을 움직여 본다.
신체 활동에 참여하기	자발적으로 신체 활동에 참여하기	신체 활동에 자발적으로 참여한다.
		다른 사람과 함께 하는 신체 활동에 참여한다.
	바깥에서 신체 활동하기	규칙적으로 바깥에서 신체 활동을 한다.
	기구를 이용하여 신체 활동하기	여러 가지 기구를 이용하여 신체 활동을 한다.
건강하게 생활하기	몸과 주변을 깨끗이 하기	손과 이를 깨끗이 하는 방법을 알고 실천한다.
		주변을 깨끗이 한다.
	바른 식생활하기	음식을 골고루 먹는다.
		몸에 좋은 음식에 관심을 갖는다.
		바른 태도로 식사한다.
	건강한 일상생활하기	규칙적으로 잠을 자고, 적당한 휴식을 취한다.
		하루 일과에 즐겁게 참여한다.
		스스로 화장실에서 배변한다.
	질병 예방하기	질병의 위험을 알고 주의한다.
		날씨에 맞게 옷을 입는다.

〈계속〉

안전하게 생활하기	안전하게 놀이하기	놀이기구나 놀잇감, 도구를 안전하게 사용한다.
		안전한 놀이장소를 안다.
		TV, 인터넷, 통신기기 등을 바르게 사용한다.
	교통안전 규칙 지키기	교통안전 규칙을 안다.
		교통수단을 안전하게 이용한다.
	비상 시 적절히 대처하기	학대, 성폭력, 실종, 유괴상황을 알고 도움을 요청한다.
		재난 및 사고 등 비상 시 적절하게 대처하는 방법을 안다.

② 의사소통

■ 세부 내용

내용 범주	내용	세부 내용
듣기	낱말과 문장 듣고 이해하기	낱말의 발음에 관심을 가지고 듣는다.
		일상생활과 관련된 낱말과 문장을 듣고 뜻을 이해한다.
	이야기 듣고 이해하기	다른 사람의 이야기를 관심 있게 듣는다.
	동요, 동시, 동화 듣고 이해하기	동요, 동시, 동화를 다양한 방법으로 듣고 즐긴다.
	바른 태도로 듣기	말하는 사람을 바라보며 듣는다.
말하기	낱말과 문장으로 말하기	친숙한 낱말을 발음해 본다.
		새로운 낱말에 관심을 가진다.
		일상생활에서 일어나는 일들을 간단한 문장으로 말한다.
	느낌, 생각, 경험 말하기	자신의 느낌, 생각, 경험을 말해본다.
	상황에 맞게 바른 태도로 말하기	상대방을 바라보며 말한다.
		바르고 고운 말을 사용한다.
읽기	읽기에 흥미 가지기	주변에서 친숙한 글자를 찾아본다.
		읽어 주는 글의 내용에 관심을 가진다.
	책 읽기에 관심 가지기	책에 흥미를 가진다.
		책의 그림을 단서로 내용을 추측해 본다.
쓰기	쓰기에 관심 가지기	말을 글로 나타내는 것에 관심을 보인다.
		자기 이름의 글자에 관심을 가진다.

③ 사회관계

■ 세부 내용

내용 범주	내용	세부 내용
나를 알고 존중하기	나를 알고, 소중히 여기기	나에 대해 관심을 갖는다.
		나와 다른 사람의 차이에 관심을 갖는다.
		나를 소중하게 여긴다.
	나의 일 스스로 하기	내가 할 수 있는 일을 알아본다.
		내가 하고 싶은 일을 선택해 본다.
나와 다른 사람의 감정 알고 조절하기	나와 다른 사람의 감정 알고 표현하기	자신에게 여러 가지 감정이 있음을 안다.
		다른 사람의 감정에 관심을 갖는다.
	나의 감정 조절하기	자신의 감정을 조절해 본다.
가족을 소중히 여기기	가족과 화목하게 지내기	가족의 소중함을 안다.
	가족과 협력하기	가족 구성원을 알아본다.
		가족을 위하여 내가 할 수 있는 일을 알아본다.
다른 사람과 더불어 생활하기	친구와 사이좋게 지내기	친구와 함께 놀이한다.
		나와 친구의 의견에 차이가 있음을 안다.
	공동체에서 화목하게 지내기	교사 및 주변 사람과 화목하게 지낸다.
	사회적 가치를 알고 지키기	다른 사람의 소유물을 존중한다.
		약속과 규칙을 지켜야 함을 안다.
사회에 관심 갖기	지역사회에 관심 갖고 이해하기	우리 동네의 이름을 안다.
		우리 동네 사람들에게 관심을 갖는다.
	우리나라에 관심 갖고 이해하기	우리나라를 상징하는 것에 관심을 가진다.
		우리나라의 전통놀이와 풍습에 관심을 갖는다.

④ 예술경험

■ 세부 내용

내용 범주	내용	세부 내용
아름다움 찾아보기	음악적 요소 탐색하기	다양한 소리, 음악의 셈여림, 빠르기, 리듬 등에 관심을 갖는다.
	움직임과 춤 요소 탐색하기	움직임과 춤의 모양, 힘, 빠르기 등에 관심을 갖는다.
	미술적 요소 탐색 하기	자연과 사물의 색, 모양, 질감 등에 관심을 갖는다.
예술적 표현하기	음악으로 표현하기	간단한 노래를 듣고 따라 부른다.
		전래동요를 즐겨 부른다.
		리듬악기로 간단한 리듬을 표현해 본다.
		간단한 리듬과 노래를 즉흥적으로 만들어 본다.
	움직임과 춤으로 표현하기	신체를 이용하여 주변의 움직임을 자유롭게 표현한다.
		움직임과 춤으로 자신의 생각과 느낌을 표현한다.
		도구를 활용하여 다양한 움직임으로 표현한다.
	미술 활동으로 표 현하기	다양한 미술활동을 경험해 본다.
		미술활동에 필요한 재료와 도구에 관심을 가지고 사용한다.
	극놀이로 표현하기	일상생활의 경험을 극놀이로 표현한다.
	통합적으로 표현하기	예술 활동에 참여하여 표현과정을 즐긴다.
예술 감상하기	다양한 예술 감상하기	다양한 음악, 춤, 미술작품, 극놀이 등을 듣거나 본다.
	전통예술 감상하기	나와 다른 사람의 예술 표현을 소중히 여긴다.
		우리나라의 전통예술에 관심을 갖는다.

⑤ 자연탐구

■ 세부 내용

내용 범주	내용	세부 내용
탐구하는 태도 기르기	호기심을 유지하고 확장하기	주변 사물과 자연세계에 대해 호기심을 갖는다.
	탐구과정 즐기기	궁금한 점을 알아보는 과정에 흥미를 갖는다.
수학적 탐구하기	수와 연산의 기초개념 알아보기	생활 속에서 수에 관심을 갖는다.
		구체물 수량의 많고 적음을 비교한다.
		5개가량의 구체물을 세어보고 수량에 관심을 갖는다.
	공간과 도형의 기초개념 알아보기	나를 중심으로 앞, 뒤, 옆, 위, 아래를 알아본다.
		물체의 모양에 관심을 갖는다.
	기초적인 측정하기	두 물체의 길이, 크기를 비교해 본다.
	규칙성 이해하기	생활 주변에서 반복되는 규칙성에 관심을 갖는다.
	기초적인 자료 수집과 결과 나타내기	같은 것끼리 짝을 짓는다.
과학적 탐구하기	물체와 물질 알아보기	친숙한 물체와 물질의 특성에 관심을 갖는다.
	생명체와 자연환경 알아보기	나의 출생과 성장에 대해 관심을 갖는다.
		주변의 동식물에 관심을 가진다.
		생명체를 소중히 여기는 마음을 갖는다.
	자연현상 알아보기	돌, 물, 흙 등 자연물에 관심을 갖는다.
		날씨에 관심을 갖는다.
	간단한 도구와 기계 활용하기	생활 속에서 간단한 도구와 기계에 관심을 갖는다.
		도구와 기계의 편리함에 관심을 갖는다.

(2) 4세 누리과정

① 신체운동 · 건강

■ 세부 내용

내용 범주	내용	세부 내용
신체 인식하기	감각능력 기르고 활용하기	감각적 차이를 구분한다.
		여러 감각기관을 협응하여 활용한다.
	신체를 인식하고 움직이기	신체 각 부분의 특성을 이해하고 활용하여 움직인다.
		자신의 신체를 긍정적으로 인식하고 움직인다.
신체 조절과 기본 운동하기	신체 조절하기	다양한 자세와 움직임에서 신체균형을 유지한다.
		공간, 힘, 시간 등의 움직임 요소를 활용하여 움직인다.
		신체 각 부분을 협응하여 움직임을 조절한다.
		눈과 손을 협응하여 소근육을 조절해 본다.
	기본 운동하기	걷기, 달리기, 뛰기 등 다양한 이동운동을 한다.
		제자리에서 몸을 다양하게 움직인다.
신체 활동에 참여하기	자발적으로 신체 활동에 참여하기	신체 활동에 자발적이고 지속적으로 참여한다.
		다른 사람과 함께 하는 신체 활동에 참여한다.
		자신과 다른 사람의 운동능력의 차이에 관심을 갖는다.
	바깥에서 신체 활 동하기	규칙적으로 바깥에서 신체 활동을 한다.
	기구를 이용하여 신체 활동하기	여러 가지 기구를 이용하여 신체 활동을 한다.
건강하게 생활하기	몸과 주변을 깨끗이 하기	손과 이를 깨끗이 하는 방법을 알고 실천한다.
		주변을 깨끗이 하는 습관을 기른다.
	바른 식생활하기	음식을 골고루 먹는다.
		몸에 좋은 음식을 알아본다.
		음식을 소중히 여기고 식사예절을 지킨다.
	건강한 일상생활하기	규칙적으로 잠을 자고, 적당한 휴식을 취한다.
		하루 일과에 즐겁게 참여한다.
		바른 배변습관을 가진다.
	질병 예방하기	질병을 예방하는 방법을 알고 실천한다.
		날씨와 상황에 알맞게 옷을 입는다.
안전하게 생활하기	안전하게 놀이하기	놀이기구나 놀잇감, 도구를 안전하게 사용한다.
		안전한 장소를 알고 안전하게 놀이한다.
		TV, 인터넷, 통신기기 등의 위해성을 알고, 바르게 사용한다.

〈계속〉

안전하게 생활하기	교통안전 규칙 지키기	교통안전 규칙을 알고 지킨다.
		교통수단을 안전하게 이용한다.
	비상시 적절히 대처하기	학대, 성폭력, 실종, 유괴상황 시 도움을 요청하는 방법을 알고 행동한다.
		재난 및 사고 등 비상시 적절하게 대처하는 방법을 알고 행동한다.

② 의사소통

■ 세부 내용

내용 범주	내용	세부 내용
듣기	낱말과 문장 듣고 이해하기	낱말의 발음에 관심을 가지고 듣는다.
		일상생활과 관련된 낱말과 문장을 듣고 뜻을 이해한다.
	이야기 듣고 이해 하기	다른 사람의 이야기를 듣고 이해한다.
		이야기를 듣고 궁금한 것에 대해 질문한다.
	동요, 동시, 동화 듣고 이해하기	동요, 동시, 동화를 다양한 방법으로 듣고 즐긴다.
		전래 동요, 동시, 동화를 듣고 우리말의 재미를 느낀다.
	바른 태도로 듣기	다른 사람의 이야기를 주의 깊게 듣는다.
말하기	낱말과 문장으로 말하기	친숙한 낱말을 정확하게 발음해 본다.
		다양한 낱말을 사용하여 말한다.
		일상생활에서 일어나는 일들을 간단한 문장으로 말한다.
	느낌, 생각, 경험 말하기	자신의 느낌, 생각, 경험을 말한다.
		주제를 정하여 함께 이야기를 나눈다.
		이야기를 지어 말한다.
	상황에 맞게 바른 태도로 말하기	듣는 사람의 생각과 느낌을 고려하여 말한다.
		차례를 지켜 말한다.
		바르고 고운 말을 사용한다.
읽기	읽기에 흥미 가지기	주변에서 친숙한 글자를 찾아본다.
		읽어 주는 글의 내용에 관심을 가진다.
	책 읽기에 관심 가지기	책 보는 것을 즐기고 소중하게 다룬다.
		책의 그림을 단서로 내용을 이해한다.
		궁금한 것을 책에서 찾아본다.
쓰기	쓰기에 관심 가지기	말이나 생각을 글로 나타낼 수 있음을 안다.
		자기 이름을 써 본다.
		자신의 느낌, 생각, 경험을 글자와 비슷한 형태로 표현한다.
	쓰기 도구 사용하기	쓰기 도구에 관심을 가지고 사용해 본다.

③ 사회관계

■ 세부 내용

내용 범주	내용	세부 내용
나를 알고 존중하기	나를 알고, 소중히 여기기	나에 대해 알아본다.
		나와 다른 사람의 차이점을 알아본다.
		나에 대해 긍정적으로 생각하고 나를 소중하게 여긴다.
	나의 일 스스로 하기	내가 할 수 있는 일을 해 본다.
		하고 싶은 일을 계획하고 해 본다.
나와 다른 사람의 감정 알고 조절하기	나와 다른 사람의 감정 알고 표현하기	자신의 감정을 알고 표현한다.
		다른 사람의 감정을 안다.
	나의 감정 조절하기	자신의 감정을 조절해 본다.
가족을 소중히 여기기	가족과 화목하게 지내기	가족의 소중함을 안다.
	가족과 협력하기	가족 구성원의 역할에 대해 알아본다.
		가족을 위하여 내가 할 수 있는 일을 알아보고 실천한다.
다른 사람과 더불어 생활하기	친구와 사이좋게 지내기	친구와 협동하며 놀이한다.
		친구와의 갈등을 긍정적인 방법으로 해결한다.
	공동체에서 화목하게 지내기	도움이 필요할 때 다른 사람과 도움을 주고받는다.
		교사 및 주변 사람과 화목하게 지낸다.
	사회적 가치를 알고 지키기	정직하게 말하고 행동한다.
		다른 사람의 생각, 행동을 존중한다.
		친구와 어른께 예의 바르게 행동한다.
		다른 사람과 한 약속이나 공공규칙을 지킨다.
		자연과 자원을 아끼는 습관을 기른다.
사회에 관심 갖기	지역사회에 관심 갖고 이해하기	우리 동네에 대해 알아본다.
		우리 동네 사람들이 하는 일에 관심을 갖는다.
		물건을 살 때 돈이 필요함을 안다.
	우리나라에 관심 갖고 이해하기	우리나라를 상징하는 것을 안다.
		우리나라의 전통놀이와 풍습에 관심을 갖는다.
		우리나라에 대해 자부심을 갖는다.
	세계와 여러 문화에 관심 가지기	세계 여러 나라에 대해 관심을 갖는다.
		다양한 인종과 문화에 관심을 갖는다.

④ 예술경험

■ 세부 내용

내용 범주	내용	세부 내용
아름다움 찾아보기	음악적 요소 탐색하기	다양한 소리, 음악의 셈여림, 빠르기, 리듬 등에 관심을 갖는다.
	움직임과 춤 요소 탐색하기	움직임과 춤의 모양, 힘, 빠르기 등에 관심을 갖는다.
	미술적 요소 탐색하기	자연과 사물의 색, 모양, 질감 등에 관심을 갖는다.
예술적 표현하기	음악으로 표현하기	노래로 자신의 생각과 느낌을 표현한다.
		전래동요를 즐겨 부른다.
		리듬악기를 연주해 본다.
		간단한 리듬과 노래를 즉흥적으로 만들어 본다.
	움직임과 춤으로 표현하기	신체를 이용하여 주변의 움직임을 자유롭게 표현한다.
		움직임과 춤으로 자신의 생각과 느낌을 표현한다.
		도구를 활용하여 다양한 움직임으로 표현한다.
	미술 활동으로 표현하기	다양한 미술활동으로 자신의 생각과 느낌을 표현한다.
		협동적인 미술활동에 참여한다.
		미술활동에 필요한 재료와 도구를 다양하게 사용한다.
	극놀이로 표현하기	일상생활의 경험이나 간단한 이야기를 극놀이로 표현한다.
		소품, 배경, 의상 등을 사용하여 협동적으로 극놀이를 한다.
	통합적으로 표현하기	음악, 움직임과 춤, 미술, 극놀이 등을 통합하여 표현한다.
		예술활동에 참여하여 표현과정을 즐긴다.
예술 감상하기	다양한 예술 감상하기	다양한 음악, 춤, 미술작품, 극놀이 등을 듣거나 보고 즐긴다.
		나와 다른 사람의 예술 표현을 소중히 여긴다.
	전통예술 감상하기	우리나라의 전통예술에 관심을 갖는다.

⑤ 자연탐구

■ 세부 내용

내용 범주	내용	세부 내용
탐구하는 태도 기르기	호기심을 유지하고 확장하기	주변 사물과 자연세계에 대해 지속적으로 호기심을 갖는다.
	탐구과정 즐기기	궁금한 점을 알아보는 탐구과정에 관심을 가지고 참여한다.
	탐구기술 활용하기	일생생활의 문제를 해결하는 과정에서 탐색, 관찰 등의 방법을 활용해 본다.
수학적 탐구하기	수와 연산의 기초개념 알아보기	생활 속에서 사용되는 수의 여러 가지 의미를 안다.
		구체물 수량에서 '같다.', '더 많다.', '더 적다.'의 관계를 안다.
		10개가량의 구체물을 세어보고 수량을 알아본다.
	공간과 도형의 기초 개념 알아보기	위치와 방향을 여러 가지 방법으로 나타내 본다.
		기본 도형의 특성을 인식한다.
		기본 도형을 사용하여 여러 가지 모양을 구성해 본다.
	기초적인 측정하기	일상생활에서 길이, 크기, 무게 등을 비교해 본다.
	규칙성 이해하기	생활주변에서 반복되는 규칙성을 알아본다.
		반복되는 규칙성을 인식하고 모방한다.
	기초적인 자료 수집과 결과 나타내기	필요한 정보나 자료를 수집한다.
		한 가지 기준으로 자료를 분류해 본다.
과학적 탐구하기	물체와 물질 알아보기	친숙한 물체와 물질의 특성을 알아본다.
		물체와 물질을 여러 가지 방법으로 변화시켜 본다.
	생명체와 자연환경 알아보기	나의 출생과 성장에 대해 관심을 갖는다.
		관심 있는 동식물의 특성을 알아본다.
		생명체를 소중히 여기는 마음을 갖는다.
		생명체가 살기 좋은 환경에 대해 관심을 갖는다.
	자연현상 알아보기	돌, 물, 흙 등 자연물의 특성과 변화를 알아본다.
		날씨와 기후변화에 관심을 갖는다.
	간단한 도구와 기계 활용하기	생활 속에서 간단한 도구와 기계를 활용한다.
		도구와 기계의 편리함에 관심을 갖는다.

(3) 5세 누리과정

① 신체운동 · 건강

■ 세부 내용

내용 범주	내용	세부 내용
신체 인식하기	감각능력 기르고 활용하기	감각으로 대상이나 사물의 특성과 차이를 구분한다.
		여러 감각기관을 협응하여 활용한다.
	신체를 인식하고 움직이기	신체 각 부분의 특성을 이해하고 활용하여 움직인다.
		자신의 신체를 긍정적으로 인식하고 움직인다.
신체 조절과 기본 운동하기	신체 조절하기	다양한 자세와 움직임에서 신체균형을 유지한다.
		공간, 힘, 시간 등의 움직임 요소를 활용하여 움직인다.
		신체 각 부분을 협응하여 움직임을 조절한다.
		눈과 손을 협응하여 소근육을 조절해 본다.
		도구를 활용하여 여러 가지 조작운동을 한다.
	기본 운동하기	걷기, 달리기, 뛰기 등 다양한 이동운동을 한다.
		제자리에서 몸을 다양하게 움직인다.
신체 활동에 참여하기	자발적으로 신체 활동에 참여하기	신체 활동에 자발적이고 지속적으로 참여한다.
		다른 사람과 함께 하는 신체 활동에 참여한다.
		자신과 다른 사람의 운동능력의 차이를 이해한다.
	바깥에서 신체 활동하기	규칙적으로 바깥에서 신체 활동을 한다.
	기구를 이용하여 신체 활동하기	여러 가지 기구를 이용하여 신체 활동을 한다.
건강하게 생활하기	몸과 주변을 깨끗이 하기	스스로 몸을 깨끗이 하는 습관을 기른다.
		주변을 깨끗이 하는 습관을 기른다.
	바른 식생활하기	적당량의 음식을 골고루 먹는다.
		몸에 좋은 음식을 선택할 수 있다.
		음식을 소중히 여기고 식사예절을 지킨다.
	건강한 일상생활하기	규칙적으로 잠을 자고, 적당한 휴식을 취한다.
		하루 일과에 즐겁게 참여한다.
		규칙적인 배변습관을 가진다.
	질병 예방하기	질병을 예방하는 방법을 알고 실천한다.
		날씨와 상황에 알맞게 옷을 입는다.
안전하게 생활하기	안전하게 놀이하기	놀이기구나 놀잇감, 도구의 바른 사용법을 알고 안전하게 사용한다.
		안전한 장소를 알고 안전하게 놀이한다.
		TV, 인터넷, 통신기기 등의 위해성을 알고, 바르게 사용한다.

〈계속〉

	교통안전 규칙 지키기	교통안전 규칙을 알고 지킨다.
		교통수단을 안전하게 이용한다.
	비상 시 적절히 대처하기	학대, 성폭력, 실종, 유괴상황 시 도움을 요청하는 방법을 알고 행동한다.
		재난 및 사고 등 비상시 적절하게 대처하는 방법을 알고 행동한다.

② 의사소통

■ 세부 내용

내용 범주	내용	세부 내용
듣기	낱말과 문장 듣고 이해하기	낱말의 발음에 관심을 가지고 비슷한 발음을 듣고 구별한다.
		다양한 낱말과 문장을 듣고 뜻을 이해한다.
	이야기 듣고 이해하기	다른 사람의 이야기를 듣고 이해한다.
		이야기를 듣고 궁금한 것에 대해 질문한다.
	동요, 동시, 동화 듣고 이해하기	동요, 동시, 동화를 다양한 방법으로 듣고 이해한다.
		전래 동요, 동시, 동화를 듣고 우리말의 재미를 느낀다.
	바른 태도로 듣기	다른 사람의 이야기를 끝까지 주의 깊게 듣는다.
말하기	낱말과 문장으로 말하기	정확한 발음으로 말한다.
		다양한 낱말을 사용하여 상황에 맞게 말한다.
		일상생활에서 일어나는 일들을 다양한 문장으로 말한다.
	느낌, 생각, 경험 말하기	자신의 느낌, 생각, 경험을 적절한 낱말과 문장으로 말한다.
		주제를 정하여 함께 이야기를 나눈다.
		이야기 지어 말하기를 즐긴다.
	상황에 맞게 바른 태도로 말하기	듣는 사람의 생각과 느낌을 고려하여 말한다.
		때와 장소, 대상에 알맞게 말한다.
		바르고 고운 말을 사용한다.
읽기	읽기에 흥미 가지기	주변에서 친숙한 글자를 찾아 읽어 본다.
		읽어 주는 글의 내용에 관심을 가지고 읽어 본다.
	책 읽기에 관심 가지기	책 보는 것을 즐기고 소중하게 다룬다.
		책의 그림을 단서로 내용을 이해한다.
		궁금한 것을 책에서 찾아본다.
쓰기	쓰기에 관심 가지기	말이나 생각을 글로 나타낼 수 있음을 안다.
		자신의 이름과 주변의 친숙한 글자를 써 본다.
		자신의 느낌, 생각, 경험을 글자와 비슷한 형태나 글자로 표현한다.
	쓰기 도구 사용하기	쓰기 도구의 바른 사용법을 알고 사용한다.

③ 사회관계

■ 세부 내용

내용 범주	내용	세부 내용
나를 알고 존중하기	나를 알고 소중히 여기기	나에 대해 알아본다.
		나와 다른 사람의 신체적, 사회적, 문화적 차이를 존중한다.
		나에 대해 긍정적으로 생각하고 나를 소중하게 여긴다.
	나의 일 스스로 하기	내가 할 수 있는 일을 스스로 한다.
		하고 싶은 일을 계획하고 해 본다.
나와 다른 사람의 감정 알고 조절하기	나와 다른 사람의 감정 알고 표현하기	자신의 감정을 알고 표현한다.
		다른 사람의 감정을 알고 공감한다.
	나의 감정 조절하기	자신의 감정을 상황에 맞게 조절한다.
가족을 소중히 여기기	가족과 화목하게 지내기	가족의 의미와 소중함을 안다.
		가족과 화목하게 지낸다.
	가족과 협력하기	다양한 가족구조에 대해 알아본다.
		가족은 서로 도와야 함을 알고 실천한다.
다른 사람과 더불어 생활하기	친구와 사이좋게 지내기	친구와 협동하며 놀이한다.
		친구와의 갈등을 긍정적인 방법으로 해결한다.
	공동체에서 화목하게 지내기	다른 사람과 도움을 주고받고, 서로 협력한다.
		교사 및 주변 사람과 화목하게 지낸다.
	사회적 가치를 알고 지키기	정직하게 말하고 행동한다.
		다른 사람을 배려하여 행동한다.
		친구와 어른께 예의 바르게 행동한다.
		다른 사람과 한 약속이나 공공규칙을 지킨다.
		자연과 자원을 아끼는 습관을 기른다.
사회에 관심 갖기	지역사회에 관심 갖고 이해하기	우리 동네에 대해 알아본다.
		다양한 직업에 관심을 갖는다.
		일상생활에서 돈의 쓰임에 대해 안다.
	우리나라에 관심 갖고 이해하기	우리나라를 상징하는 것을 알고 예절을 지킨다.
		우리나라의 전통, 역사, 문화에 관심을 갖는다.
		우리나라에 대해 자부심을 갖는다.
	세계와 여러 문화에 관심 가지기	세계 여러 나라에 대해 관심을 갖고, 서로 협력해야 함을 안다.
		다양한 인종과 문화를 알아보고 존중한다.

④ 예술경험

■ 세부 내용

내용 범주	내용	세부 내용
아름다움 찾아보기	음악적 요소 탐색하기	다양한 소리, 악기 등으로 음악의 셈여림, 빠르기, 리듬 등을 탐색한다.
	움직임과 춤 요소 탐색하기	움직임과 춤의 모양, 힘, 빠르기, 흐름 등을 탐색한다.
	미술적 요소 탐색하기	자연과 사물에서 색, 모양, 질감, 공간 등을 탐색한다.
예술적 표현하기	음악으로 표현하기	노래로 자신의 생각과 느낌을 표현한다.
		전래동요를 즐겨 부른다.
		리듬악기를 연주해 본다.
		리듬과 노래 등을 즉흥적으로 만들어 본다.
	움직임과 춤으로 표현하기	신체를 이용하여 주변의 움직임을 다양하게 표현하며 즐긴다.
		움직임과 춤으로 자신의 생각과 느낌을 표현한다.
		다양한 도구를 활용하여 창의적으로 움직인다.
	미술활동으로 표현하기	다양한 미술활동으로 자신의 생각과 느낌을 표현한다.
		협동적인 미술활동에 참여하여 즐긴다.
		미술활동에 필요한 재료와 도구를 다양하게 사용한다.
	극놀이로 표현하기	경험이나 이야기를 극놀이로 표현한다.
		소품, 배경, 의상 등을 사용하여 협동적으로 극놀이를 한다.
	통합적으로 표현하기	음악, 움직임과 춤, 미술, 극놀이 등을 통합하여 표현한다.
		예술 활동에 참여하여 창의적으로 표현하는 과정을 즐긴다.
예술 감상하기	다양한 예술 감상하기	다양한 음악, 춤, 미술작품, 극놀이 등을 듣거나 보고 즐긴다.
		나와 다른 사람의 예술 표현을 소중히 여긴다.
	전통예술 감상하기	우리나라의 전통예술에 관심을 갖고 친숙해진다.

⑤ **자연탐구**

■ **세부 내용**

내용 범주	내용	세부 내용
탐구하는 태도 기르기	호기심을 유지하 고 확장하기	주변 사물과 자연세계에 대해 지속적으로 호기심을 갖고 알고자 한다.
	탐구과정 즐기기	궁금한 점을 알아보는 탐구과정에 참여하고 즐긴다.
		탐구과정에서 서로 다른 생각에 관심을 갖는다.
	탐구기술 활용하기	일상생활의 문제를 해결하는 과정에서 탐색, 관찰, 비교, 예측 등의 탐구기술을 활용해 본다.
수학적 탐구하기	수와 연산의 기 초개념 알아보기	생활 속에서 사용되는 수의 여러 가지 의미를 안다.
		구체물 수량의 부분과 전체 관계를 알아본다.
		20개가량의 구체물을 세어보고 수량을 알아본다.
		구체물을 가지고 더하고 빼는 경험을 해 본다.
	공간과 도형의 기초개념 알아보기	위치와 방향을 여러 가지 방법으로 나타내 본다.
		여러 방향에서 물체를 보고 그 차이점을 비교해 본다.
		기본 도형의 공통점과 차이점을 알아본다.
		기본 도형을 사용하여 여러 가지 모양을 구성해 본다.
	기초적인 측정하기	일상생활에서 길이, 크기, 무게, 들이 등의 속성을 비교하고, 순서를 지 어 본다.
		임의 측정 단위를 사용하여 길이, 면적, 들이, 무게 등을 재 본다.
	규칙성 이해하기	생활주변에서 반복되는 규칙성을 알고 다음에 올 것을 예측해 본다.
		스스로 규칙성을 만들어 본다.
	기초적인 자료 수집과 결과 나타내기	필요한 정보나 자료를 수집한다.
		한 가지 기준으로 분류한 자료를 다른 기준으로 재분류해 본다.
		그림, 사진, 기호나 숫자를 사용해 그래프로 나타내 본다.
과학적 탐구하기	물체와 물질 알아보기	주변의 여러 가지 물체와 물질의 기본 특성을 알아본다.
		물체와 물질을 여러 가지 방법으로 변화시켜 본다.
	생명체와 자연환 경 알아보기	나와 다른 사람의 출생과 성장에 대해 알아본다.
		관심 있는 동식물의 특성과 성장 과정을 알아본다.
		생명체를 소중히 여기는 마음을 갖는다.
		생명체가 살기 좋은 환경과 녹색환경에 대해 알아본다.
	자연현상 알아보기	돌, 물, 흙 등 자연물의 특성과 변화를 알아본다.
		낮과 밤, 계절의 변화와 규칙성을 알아본다.
		날씨와 기후변화 등 자연현상에 대해 관심을 갖는다.
	간단한 도구와 기계 활용하기	생활 속에서 간단한 도구와 기계를 활용한다.
		변화하는 새로운 도구와 기계에 관심을 갖고 장단점을 안다.

2 동작교육 지도의 원리

유능한 동작교육지도자가 되기 위해서는 무엇을 준비해야 하는가? 지도자가 어떤 마음으로 지도할 것인가에 따라 유아를 교수-학습할 때 학습의 질적 수준이 달라진다. 또한 동작교육지도자가 유아에 대해서 얼마나 이해하고 있느냐에 따라서도 달라질 것이다. 따라서 동작교육지도자에게는 우선적으로 유아 교수-학습의 원리에 대한 이해가 필요하다. 동작교육 교수-학습의 원리는 놀이 학습의 원리, 개별화의 원리, 다감각 활용의 원리, 탐구 학습의 원리 등으로 제시할 수 있다(이영 외, 2008).

> 동작 지도의 원리는 놀이 학습의 원리, 개별화의 원리, 다감각 활용의 원리, 탐구 학습의 원리 등이다.

1) 놀이 학습의 원리

놀이 학습의 원리는 유아에게 그 어떤 좋은 교육 내용을 제공한다 해도 유아가 흥미를 갖지 않게 되면 소용이 없다. 동작교육을 지도할 때는 유아가 동작 활동에 자발적으로 참여할 수 있을 정도의 흥미가 반드시 포함되어야 한다. 즉, 동작교육은 유아가 놀이를 하듯 스스로 동작을 해 보게 하고, 즐기면서 참여할 수 있도록 해야 한다. 어떻게 하면 유아가 동작 학습을 효과적으로 할 수 있을까?

유아는 어떤 환경에서든지 흥미를 갖게 되지 않으면 자발적인 활동을 하지 않으며 흥미가 지속적으로 유지가 되어야만 활동을 계속한다. 성공적인 동작교육 교수-학습을 위해 동작교육지도자에게는 유아의 흥미에 관한 끊임없는 관찰과 프로그램 운영에 대한 융통성이 필요하다.

2) 개별화의 원리

유아는 모두 다르다. 다른 유아와 차이 나게 동작을 하고 정확하게 하지 못하는 것도 그 유아의 특징이다. 동작교육 프로그램 교수−학습 시에는 유아에게 동일한 수준의 동작을 기대하지 않는 것이 바람직하다. 개인차는 성별, 연령별, 흥미 정도, 건강 상태, 성격, 지능, 생활 수준에 따라서도 다르다. 그러므로 동작교육지도자는 유아의 상태를 빠르고 정확하게 파악하여 개인차를 고려한 다양한 지도를 할 수 있어야 한다.

다시 말해 효과적으로 동작교육을 지도하기 위해서는 교구나 학습 방법, 학습 환경, 지도 방법 등을 유아의 발달에 적합하게 그리고 다양하고 융통성 있게 제공해야 한다는 것이다. 지도자가 유아의 상황을 고려하지 않고 계획된 프로그램을 진행하는 것에만 집중하게 되면 역효과가 나타날 수 있다.

동작이 유아의 발달 수준에 적합하지 않을 경우 유아는 동작 활동에 대한 흥미를 잃어 버리게 되고, 동작 활동에 참여하지 않으려 하거나 활동을 하기 싫다는 반응으로 울음을 보이게 된다. 이는 다른 유아들에게 영향을 미칠 수 있어 성공적인 동작교육을 기대할 수 없게 한다. 그러므로 동작교육지도자는 지도 상황에 맞추어 다양성과 융통성의 원리하에 지혜롭게 대처할 수 있어야 한다.

3) 다감각 활용의 원리

다감각 활용의 원리는 유아가 직접 관찰, 경험, 체험할 수 있도록 실제적이고 구체적인 자료를 통해 학습해야 한다는 것이다.

다감각 활용의 원리는 유아가 지식을 습득할 때 추상적인 사물이나 원리보다 실제적이고 구체적인 자료를 통해서 학습해야 한다는 것을 말한다. 즉, 동작교육 시 되도록이면 구체적인 자료, 유아가 직접 관찰 및 경험, 체험할 수 있는 프로그램과 환경을 제공해야 한다는 것이다. 예를 들면 큰 공과 작은 공을 제시하고 큰 공을 들어 올릴 때와 작은 공을 들어 올릴 때 자세가 다르다는 것을 체험하여 공의 크기에 따른 차이를 알게 하는 것이 유아기에 적합한 지도 방법인 것이다.

4) 탐구 학습의 원리

탐구 학습의 원리는 동작교육을 할 때 동작의 기본 요소인 신체, 공간, 노력, 관계 등을 관찰하고 탐색할 수 있도록 해야 한다는 것이다. 유아들은 동작을 하면서 자신의 신체적 능력을 스스로 발견하기도 하며 어려운 동작에 대한 도전을 통해 자신의 한계를 극복하는 방법에 대해서도 익힐 수 있다. 이런 동작교육을 통해서 유아들은 성취감과 도전심이 향상되는 기회를 갖는다.

3 동작교육 교수-학습 방법

1) 동작교육 교수 방법

동작교육의 교수 방법은 그림 5.2에서 보는 바와 같이 직접적 교수 방법, 간접적 교수 방법, 통합적 교수 방법 등 크게 세 가지로 구분된다(이영심, 2012).

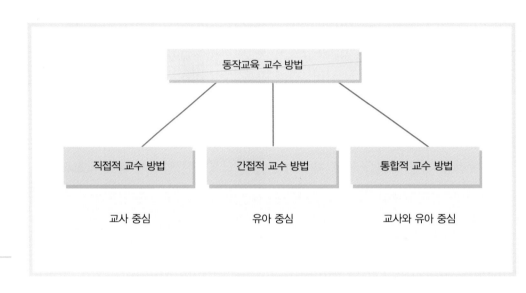

그림 5.2
동작교육 교수 방법

(1) 직접적 교수 방법

직접적 교수 방법은 교사 중심으로 지도하는 방법이다.

직접적 교수 방법(direct teaching method)은 교사 중심으로 지도하는 방법이다. 동작교육을 할 때 학습해야 할 주제와 방법을 교사가 결정하고, 유아에게 학습해야 할 기술을 직접적으로 설명해 주거나 시범을 보여 주는 방법이다. 이 방법으로 교수할 때 유아는 주로 지도자를 모방하는 방법으로 학습을 하게 된다. 유아의 학습 과정보다는 동작 기술 습득에 중점을 두고 있는 이 방법은 율동이나 댄스 체조 등과 같이 동시에 많은 유아가 함께 동작을 할 때 효과적인 방법이다(Berk, 1994).

직접적 교수 방법으로 지도를 할 때는 교육 목표, 교육 내용을 계획해서 효과적으로 동작을 지도해야 한다. 이 방법은 유아의 지도 결과가 즉각적으로 나타나며, 지도자의 시범 동작을 유아가 모방하는 것이기 때문에 시간이 적게 소요된다는 장점이 있다. 그러나 유아에게 창의력이나 자연스러운 표현을 할 수 있는 학습 환경을 제공하지 못한다는 점과 개인차를 고려하지 못한다는 단점이 있다.

이 방법으로 동작 기술을 지도할 때는 유아의 연령을 반드시 고려해야 한다. 연령이 어린 유아들에게는 동작을 구체적으로 설명해 주거나 시범을 보여 줘야 하며 동작교육 초기에는 지도자가 함께 연습을 하지만 점차적으로 유아 스스로 연습할 수 있도록 지도해야 한다.

(2) 간접적 교수 방법

간접적 교수 방법(indirect teaching method)은 유아의 흥미에 초점을 둔 유아 중심적인 접근 방법이다. 간접적 교수 방법으로는 동작의 기본 요소를 중심으로 동작을 탐색하고 경험해 보는 신체적 접근 방법과 창의적인 표현을 강조하는 극적인 접근 방법이 대표적이다.

간접적 교수 방법은 유아 중심으로 지도하는 방법이다.

① 신체적 접근 방법

신체적 접근 방법(physical approach method)은 신체 중심 교수 방법으로서 동작의

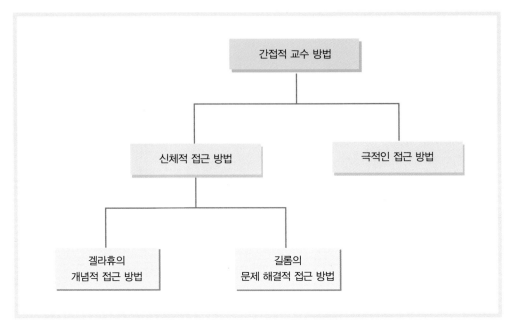

그림 5.3
동작교육의 간접적 교수 방법

기본 요소를 중심으로 탐색하는 방법이다. 이 방법은 신체적인 발달 및 동작 능력의 증진에 목적을 두고 있으며, 상상력 없이 기본 동작과 신체 능력을 탐색해 보고 실험 및 경험을 통해 동작 요소를 습득할 수 있다.

신체적 접근 방법은 자신의 신체를 자유롭게 통제할 수 없고 신체의 능력을 알지 못하는 유아에게 적합한 방법으로서 겔라휴의 개념적 접근 방법과 길롬 (Gilliom)의 문제 해결적 접근 방법 등이 있다(이영, 1995).

동작의 학습을 탐색, 발견, 조합, 선택, 경쟁적 수행 계열로 경험할 수 있다.

● **겔라휴의 개념적 접근 방법** 겔라휴의 개념적 접근 방법은 기본 동작 기술을 좀 더 세련된 동작 수준으로 발달시키기 위한 교육 방법이다. 겔라휴 등(1975)은 동작 능력의 습득이 단순한 동작에서 복잡한 동작, 일반적인 동작에서 특수한 동작의 순서대로 진행된다는 발달의 원리를 근거로 다섯 가지 계열적인 학습 경험 유형을 제시하였다.

즉, 동작의 학습 경험은 탐색(exploration), 발견(discovery), 조합(combination), 선택(selection), 경쟁적 수행(competitive performance) 계열로서 할 수 있으며, 유아들은 발달에 적합한 동작교육을 위해 주로 탐색과 발견, 조합의 학습 경험을 하는 것이 바람직하다(전인옥 외, 2008). 왜냐하면 아직은 유아들이 선택을 할 수 있는 충분한 정보를 갖고 있지 않기 때문에 어려운 학습 경험이 될

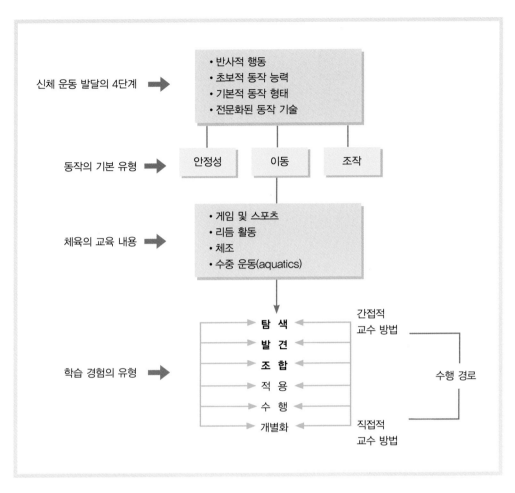

겔라휴의 개념적
체육 교육에 관한 모델
(Gallahue et al., 1975)

수 있고, 경쟁적 수행은 유아들의 성격 형성에 부정적인 영향을 미칠 수 있기 때문이다. 겔라휴의 개념적 접근 방법에 근거한 유아체육활동은 그림 5.4와 같이 제시할 수 있다.

● **길롬의 문제 해결적 접근 방법** 문제 해결적 접근 방법은 동작을 지도할 때 유아가 문제를 직접 해결하도록 하는 방법이다. 길롬(1970)은 동작 활동을 할 때 동작 요소 중심으로 탐색할 수 있도록 지도자가 유아에게 '~해 보자.'라고 문제를 제시하면 유아들이 직접 동작을 하면서 학습하는 방법을 제시하였다.

문제 해결적 방법에서 지도자는 유아가 동작의 요소를 이해할 수 있는 문제를 제시해야 하고 상상력이나 추리력보다는 탐색하는 데 중점을 두어야 한다. 유아가 동작을 할 때 특정한 방법을 알려 주지 않고 스스로 동작하는 방법을 찾도록 해야 한다. 유아는 탐색 과정에서 스스로 문제를 해결했을 때, 또는

문제해결적 접근 방법은 신체, 공간, 노력, 관계 등의 동작 요소 중심으로 유아 스스로 탐색할 수 있게 하는 방법이다.

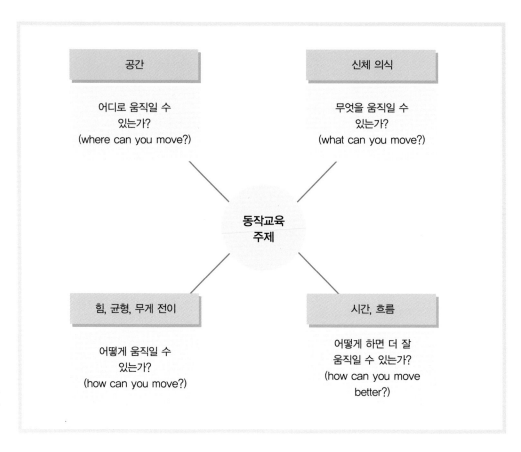

그림 5.5
길롬의 기본 동작교육
주제(Gilliom, 1970)

자신의 신체적 능력을 발견했을 때에 보다 큰 성취감을 갖게 되고 더 많은 동
작 활동에 도전하고 싶게 된다. 문제 해결을 통한 자기 발견적 동작교육 프로
그램은 네 가지 단원으로 구성된다(Gilliom, 1970).

② 극적인 접근 방법

극적인 접근 방법(dramatic approach)은 유아의 상상력을 중심으로 이루어지는 방법
이다. 단순히 감각적인 동작을 경험하기보다는 '~하는 척해 보기', '~이 되어 보
기' 등 상상의 세계를 유도하는 창의적인 표현에 초점을 두고 있는 방법이다(김은
심, 2011). 교사는 유아가 단순히 동물이나 식물 등의 흉내 내기가 아닌 더 많은 관
찰과 상상을 할 수 있도록 과제를 제공하여 창의적인 사고와 표현을 할 수 있게 해
주어야 한다.

　극적인 접근 방법은 유아교육 현장에서 창작 율동, 교육 무용, 창의적 신체 표현
활동 등의 용어로 제공되는 방법이며 기본 동작 기술을 습득한 뒤 리듬이나 음악
을 활용하여 동작을 창작해 낼 수 있도록 지도하는 것이 좋다(류경화, 2012). 교사

극적인 접근 방법은 창
작 율동, 교육 무용, 창
의적 신체 표현 활동 등
과 같은 내용으로 소개
되고 있다.

는 또한 유아가 자신의 상상대로 표현해 놓은 것에 대해서도 크게 격려해 주어야한다.

(3) 통합적 교수 방법

통합적 교수 방법(integrated teaching method)은 유아와 교사가 함께 주도하는 방법이다(Gabbard, 1988; Slater, 1993). 슬레이터(1993)는 동작의 기본 요소와 기본 동작을 신체 표현이나 게임, 체조와 같은 응용 영역과 통합하여 지도 내용으로 구성하고 유아와 교사가 함께 하는 통합적 교수 방법을 제시하였다. 이 방법은 유아의 발달과 관련된 내용이나 동작 관련 내용을 통합적으로 경험할 수 있는 방법으로서, 한 영역의 발달을 위한 동작 활동이 다른 영역의 발달에도 도움이 될 수 있다(이영심, 2012). 즉, 유아교육의 생활 주제를 중심으로 동작 활동과 통합된 창의적 표현 활동의 수업 모형(Slater, 1993) 제공이 가능한 방법이다.

이 방법에서는 생활 주제와 관련된 표현 활동을

하기 위해 우선적으로 기본 동작이 습득되어야 더욱 효과적인 동작교육 활동을 할 수 있다(Dodds, 1978).

유아가 탐색하면서 생각하고 느낀 것을 즉흥적이고 독특하게 표현하는 창의적인 표현 활동(Mayesky, 1995) 시 좀 더 정확하고 어려운 동작을 할 때는 아이 혼자 하기보다 교사가 도움을 주는 것이 필요하다(Gabbard, 1988).

2) 동작교육 학습 방법

유아가 동작교육을 할 때는 탐구하기, 문제 해결하기, 자기 표현하기, 활용하기 등의 방법으로 가능하다(교육과학기술부, 2008).

동작교육은 탐구하기, 문제 해결하기, 자기 표현하기, 활용하기 등의 방법으로 가능하다.

탐구하기는 유아 스스로 무언가를 인식하고 탐색하면서 추론할 수 있도록 하는 과정이다. 유아기는 호기심이 강한 시기로 오감각을 통해 다양한 경험을 할 수 있고, 사건이나 사물, 현상, 사람 등에 대한 경험을 기초로 하여 새로운 사실과 방법에 대한 이해력이 향상된다.

문제 해결하기는 새롭게 제시되는 상황에서 유아가 스스로 원인과 해결 방법을 찾도록 하는 방법이다. 지도자는 유아 스스로 문제를 해결할 수 있을 때까지 기다려 주어야 하고 유아가 문제를 해결하는 과정에서 필요한 정보를 다양하게 제공해 주어야 한다.

자기 표현하기는 유아가 발달이나 학습 과정에서 얻어진 느낌과 생각을 표현할 수 있도록 하는 것이다. 역할 놀이, 게임, 신체 표현 등을 통해 행동적으로 표현을 할 수 있으며 만들기를 한다거나 전시를 통한 조형적 표현을 통해서 자기 표현이 가능하다. 그리고 말로 표현하거나 대화를 통한 언어적인 표현으로 자기 표현을 할 수 있다.

활용하기는 유아가 지니고 있는 지식과 정보, 느낌이나 방법 등을 활용할 수 있는 방법이다. 이러한 활용을 통해 유아는 또 다른 상황에서 더 많은 정보와 느낌, 방법들을 습득 및 활용할 수 있게 된다.

4 동작교육지도자의 역할

동작교육지도자가 무엇을 어떻게 하면 유아가 동작교육을 효과적으로 학습할 수 있을까? 동작교육 교수-학습 시 지도자의 역할은 다음과 같다(김지영 외, 2014).

> 동작교육지도자의 역할은 프로그램 계획, 동기 부여, 적극적인 참여, 관찰 등이다.

1) 동작교육지도자의 역할은 동작교육 프로그램 계획이다

동작교육지도자는 유아에게 적합한 프로그램을 계획하여 동작의 다양한 경험을 할 수 있도록 해야 한다. 유아가 해 보지 않았던 동작들과 해 보고 싶은 동작들, 할 수 있는 동작들에 대한 분석을 통해 동작교육지도자는 구체적인 활동을 선정하고 적합한 도구를 제공해야 한다.

동작교육 프로그램 계획 시 유아들이 성공할 수 있는 범위와 유아가 자신의 능력에 대한 새로운 발견을 하면서 성취감을 가질 수 있는 수준의 프로그램으로 구성을 해야 한다. 그리고 프로그램 계획 시 한 동작이 습득되기 위해서 필요한 항목을 선정하여 양질의 프로그램을 계획해야 한다. 아이의 동작 기능 수준 정도뿐만 아니라 유아에 대한 발달 정도, 생활 환경, 문화적 배경 등 전반적인 지식을 기초로 프로그램을 작성해야 한다. 동작교육프로그램 계획 시 고려해야 하는 항목은 그림 5.6과 같

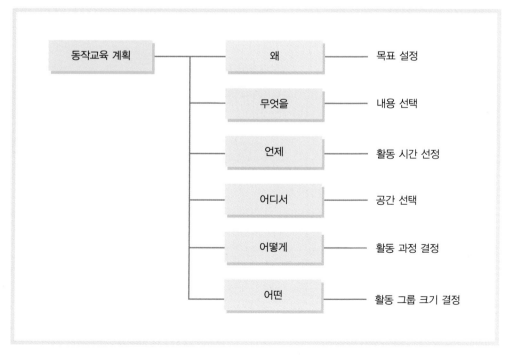

그림 5.6

동작교육 프로그램 항목(김두범 외, 2012 재구성)

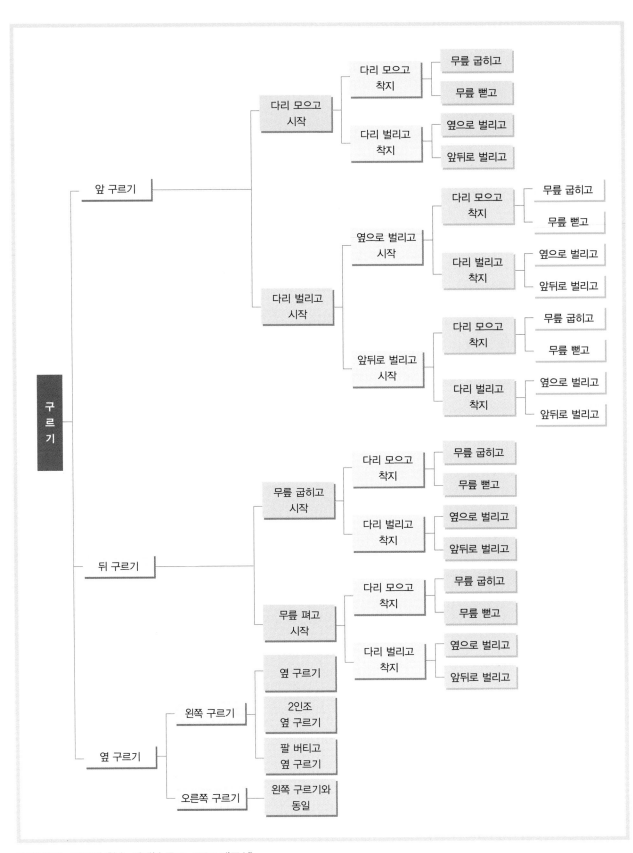

그림 5.7 구르기 학습 체계(손준구, 1997 재구성)

으며(김두범 외, 2012), 그림 5.7은 구르기 동작교육 프로그램 작성에 필요한 학습 체계이다.

2) 동작교육지도자의 역할은 동기 부여이다

동작교육 시 유아에게 흥미와 관심이 생길 수 있도록 동작교육지도자가 동기 부여를 해 주어야 한다. 동작교육지도자는 목소리 조절 또는 유아 수준에 맞는 언어 사용 등으로 유아에게 동기 부여를 해 주어야 하며, 자유롭게 탐색하고 발견 및 조합하는 활동이 지속될 수 있도록 편안한 환경을 마련해 주어야 한다.

3) 동작교육지도자의 역할은 적극적인 참여이다

동작교육 시 동작교육지도자는 학습자인 유아들보다 더욱 적극적으로 활동에 참여해야 한다. 동작교육지도자는 유아들과의 동작 활동을 하는 것에 커다란 흥미를 가져야 한다. 유아들은 동작교육지도자의 열정적인 활동을 보면서 스스로 동작에 대한 참여 의지를 높이게 된다.

4) 동작교육지도자의 역할은 관찰이다

동작교육지도자는 동작 활동을 하는 동안 유아가 어느 정도로 적극적인 참여를 하고 있는지 관찰해야 한다. 적극적인 동작 활동을 하지 않는 유아의 무엇이 문제인지를 파악하고, 유아가 좀 더 자발적으로 창의적인 활동을 할 수 있도록 도움을 주어야 한다.

5) 동작교육지도자의 역할은 평가이다

동작교육지도자는 동작 활동이 끝난 뒤 유아의 동작 변화에 대한 결과를 평가해야 한다. 만일 동작교육 평가가 부정적으로 나타났다면 동작 교수–학습 방법에 대한 반성적 사고를 해야 한다. 또한 문제점에 대한 해결 방법을 고안해 낼 수 있도록 해야 한다. 평가 내용은 기본 동작 기술과 동작교육 활동에 대한 평가 및 지도

표 5.2 **동작교육 평가(Purcell, 1994)**

평가 항목	평가 내용
프로그램	• 동작교육의 목표는 어느 정도 달성했는가? • 동작교육이 발달에 적합한 것이었는가? • 유아의 신체적 운동 능력에 영향을 미쳤는가? • 동작 구성 요소의 학습이 이루어졌는가? • 도입 단계에서 유아들이 동작에 대한 흥미를 갖게 되었는가? • 도입 단계 활동이 전개 단계 활동에 영향을 주었는가? • 유아들이 흥미를 갖고 즐거운 동작 활동을 하였는가? • 교구가 동작교육 목표에 적합하게 배치되었는가? • 지도자와 유아들 간의 언어적 상호 작용이 활동 확장에 도움이 되었는가? • 동작교육 프로그램에 수정해야 할 것이 있는가?
유아의 동작	• 동작 활동에 즐겁게 참여했는가? • 두 가지 이상의 기본 동작 기술을 연결했는가? • 동작 활동을 또래와 함께 했는가? • 유아가 스스로 동작을 잘 터득했는가? • 지도자의 지도를 따라 활동했는가? • 동작을 할 때 동작의 기본 요소를 이용했는가? • 다른 친구들의 동작을 관찰했는가? • 자신감을 갖고 적극적으로 활동했는가? • 지도자의 언어적 상호 작용에 대한 반응이 적합했는가?

방법의 적절성, 유아의 동작 활동 성취 정도 등이다. 평가한 결과는 다음 동작교육 지도 계획을 위한 귀중한 자료가 된다.

퍼셀(Purcell, 1994)이 제시한 프로그램 평가 문항과 영유아에 대한 평가 문항을 근거로 기본 동작 기술 활동의 평가 내용을 소개하면 표 5.2와 같다.

학습 정리

:: 학습 내용 중 반드시 기억해야 할 내용을 적으시오.

: : 공 굴리기 동작의 학습 체계를 제시하시오.

:: 기본 동작 기술 중 4세 남아의 이동성 동작 능력에 대한 평가 기준을 제시하시오.

이동성 동작	이동 능력	이동 형태
걷기		
달리기		
호핑		
스키핑		
갤로핑		

유아의 발달

CHAPTER

6 발달의 개념과 원리

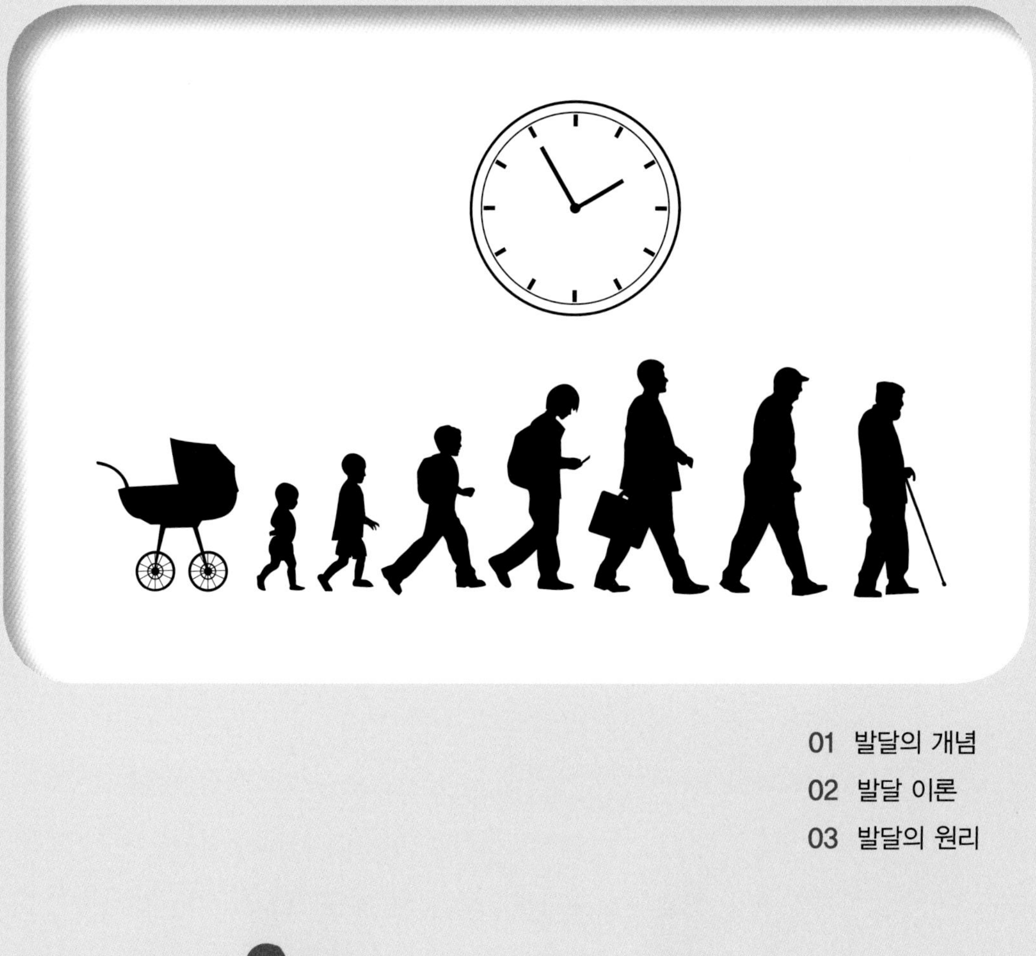

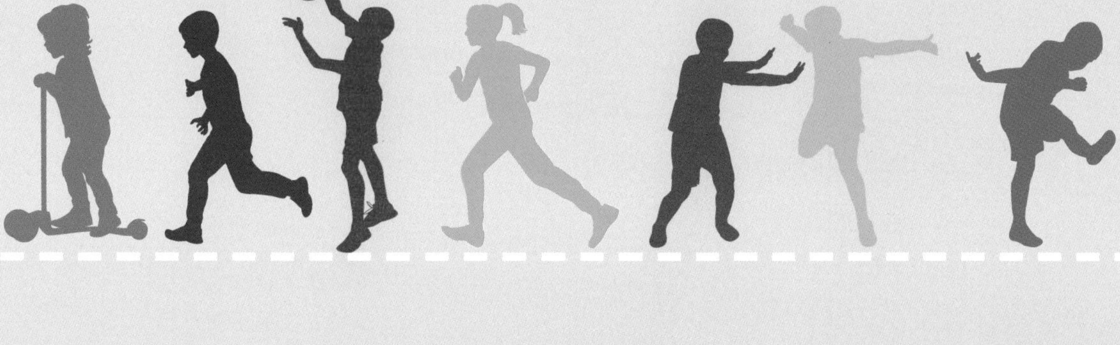

1 발달의 개념

1) 발달의 정의

발달이란 전 생애를 통해 성장, 성숙, 학습 과정이 공존하면서 진행되는 연속적인 변화를 말한다.

발달(development)이란 전 생애를 통해 연속적으로 이루어지는 변화이다. 발달은 일생 동안 성장, 성숙, 학습 과정이 서로 공존하면서 이루어지는 변화로(정옥분, 2013) 인간의 생명이 시작되는 수정의 순간부터 죽음에 이르기까지 진행되는 과정이다. 또한 인간의 신체적 · 심리적 · 사회적 요인들이 상호 작용하며 질서 정연하게 그리고 안정적 · 체계적으로 변화하는 과정이다. 다시 말해 발달이란 신체뿐만 아니라 심리적인 측면과 사회적인 측면에서의 변화를 모두 포함한 양적인 확대, 질적인 향상, 퇴행 등 모든 변화를 의미하는 것이다(김동배 외, 1998). 발달이 무엇인가에 대해서 좀 더 깊이 있게 이해하기 위해서는 성숙과 학습에 대한 이해가 필요하다.

성숙(maturation)이란 본래 타고난 것으로 부모로부터 전해지는 유전적 요인에 의해 발달적 변화를 통제하는 것이다. 환경에 의해서 영향을 받지 않는 것으로 영아기의 빠른 성장과 사춘기의 2차 성징, 영구치 등과 같은 변화들이 대표적이다. 성숙은 신체적, 생리적 변화인 성장을 바탕으로 나타나는 질적인 변화이기도 하다(최지영, 2013).

이와 유사한 개념인 성장(growth)은 양적인 변화를 말한다. 환경에 영향을 받지 않고 일정한 시간이 지나면 변화하는 것으로서 신장이나 체중, 치아 변화 등이 대표적이다.

학습(learning)은 경험의 결과로 행동이 변화하는 것을 말한다(Berk, 2007). 학습은 직접 또는 간접 경험의 산물이며 훈련이나 연습에 의해 변화하는 것이다. 따라서 유아들의 학습 결과는 차이가 나타날 수 있다. 예를 들면 아주 어린 나이에 수영을 배우고 연습과 경험을 충분하게 한 아이는 6세쯤이 되면 혼자서 자유롭게 수영을 할 수 있지만, 수영을 하기엔 어리다는 생각으로 수영의 경험을 하지 못한 아이는 6세가 되어도 물속에 들어가기를 두려워할 수 있다. 또 다른 예를 들어 보자. 두발자전거를 배울 수 있는 연령에 자전거 타기를 경험하고 연습을 한 아이는 혼자서 자전거 타는 것을 어려워하지 않을 수 있으나, 위험할 수 있다는 생각으로 자전거를 경험해 보지 않은 아이는 자전거를 탈 수 없게 된다. 특히 어린 시기의 동작 학습은 다른 영역의 학습을 위해서 기본적으로 습득되어야 하는 것이며, 다양한 동작의 경험은 유아의 운동 능력뿐만 아니라 지적 능력에도 영향을 미칠 수 있다.

경험(experience)은 성숙과 서로 상호 작용을 하며 발달 과정에서 핵심적인 역할을 하는 환경적 요인으로서 유아들의 행동 패턴이 시작되는 시기에 영향을 미치게 된다(Gallahue et al., 1995).

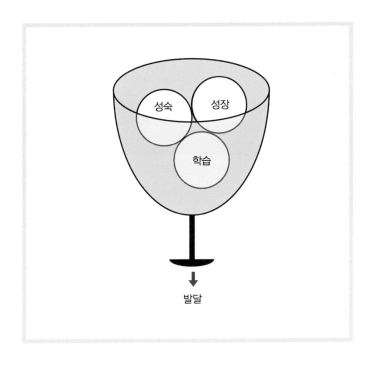

그림 6.1
발달

2) 유아의 발달 단계와 특성

발달 단계의 연령 구분은 학자마다 약간의 차이가 있다. 버크(Berk, 2007)는 아동기를 초기와 중기로 구분하고 성인기를 초기, 중기, 후기로 구분하여 인간 발달의 주요 시기를 표 6.1과 같이 제시하고 있다. 버크는 아동기를 11세까지로 보았는데, 유아기에 해당되는 초기 아동기를 운동 기술이 좀 더 정교화되고 사고와 언어가 급격하게 늘며 도덕성이 발달하고 또래와의 관계 형성이 되는 시기라고 하였다(송길연 외, 2006).

표 6.1 **인간 발달(Berk, 2007 재구성)**

시기	연령
태아기	수정~출생
영아기와 걸음마기	출생~2세
초기 아동기	2~6세
중기 아동기	6~11세
청년기	11~18세
초기 성인기	18~40세
중기 성인기	40~65세
후기 성인기	65세~사망

그림 6.2

인간 발달 과정

　　김연진 등(2013)은 버크의 인간 발달 단계와는 다르게 초기 아동기를 유아기로, 성인기의 연령을 20세부터로 구분하였다. 성인 중기는 중년기라 하고, 성인 후기 연령을 60세부터 구분하여 노년기라고 하였다.

　　인간 발달의 단계는 삶의 주기에 따라 표 6.3과 같이 구분되기도 한다(송길연 외, 2009). 생애 주기 중 유아기를 2~6세까지의 연령으로 하여 학령 전기로 구분하고

표 6.2 인간 발달(김연진 외, 2013 재구성)

시기	연령	특징
태아기	수정~출생	태아의 신체 조직이 구성되고 발달하는 시기
영아기	0~24개월	심리적, 신체적 활동을 주로 성인에게 의존하는 시기이며 태어난 지 1개월 동안은 신생아라 한다.
유아기	2~6세	언어가 급격히 발달하고 사고의 범위가 넓어지며 언어 소통과 또래와의 만남으로 기본적인 사회화가 시작되는 시기
아동기	6~12세	초등학교에 다니는 시기로 인지적 사고 능력이 높아지고, 학교에서 넓은 세상과 문화를 접하는 시기
청년기	12~20세	신체적 발달이 급속하게 이루어지는 시기로 자아 정체를 인식하게 되며 독립적인 성인의 삶을 위한 정신과 신체를 준비하는 시기
성인 전기	20~35세	부모로부터 독립하여 새로운 가정을 형성하고 배우자 선택, 자녀 양육, 독립된 직업인으로서의 성장 등 매우 변화가 많은 시기
성인 중기	35~60세	직장인으로서 책임이 무거운 시기로 자녀가 책임감 있고 행복한 성인으로 자라도록 도와주고 생리적 변화에 적응해야 하는 시기
성인 후기	60세~사망	신체적 능력이나 건강이 쇠약해지는 것을 경험하고, 직장에서의 은퇴로 인해 감소된 수입에 적응해야 하는 시기

있다.

또 다른 전 생애 연령 구분은 다음과 같다. 수정에서 출생까지를 태아기, 출생에서 1개월까지를 신생아기, 1개월 이후부터 24개월까지를 영아기, 2~6세까지를 유아기, 7~12세까지를 아동기, 12~20세까지를 청소년기, 20~40세까지를 성인 전기, 40~65세까지를 성인 중기, 65세 이후를 노년기로 구분한다(신명희 외, 2013).

유아의 발달 단계 연령은 학자마다 약간씩 차이가 있다.

아동 발달 단계와 특성을 표 6.4와 같이 제시하고 있는 정옥분(2013)은 아동 발

표 6.3 인간 발달 생애의 연대적 조망(송길연 외, 2009 재인용)

생애 주기	연령 범위
태아기	수정~출생
영아기와 걸음마기	생의 처음 2년간
학령 전기	2~6세
아동기 중기	6~12세 혹은 그 즈음(사춘기 시작 전까지)
청소년기	12~20세
성인 초기	20~40세
중년기	40~65세
노년기	65세 이상

달 단계를 태아기, 영아기, 유아기, 아동기로 구분하고 있다. 태아기는 임신 기간으로 약 9개월 정도의 기간이다. 정자와 난자가 결합된 세포가 생명체로 성장하는 시기로서 기본적인 신체 구조나 기관이 형성되는 시기이다.

영아기는 태어나서 2세까지의 기간이며 급성장이 이루어진다. 신체 발달이 빠르게 진행되어 달리기와 언어적 발달로 인한 의사소통이 가능해지는 시기이다. 이 시기에는 인지 발달의 촉진을 위한 다양한 감각적 자극이 매우 필요하다.

유아기는 2세부터 초등학생이 되기 전까지의 기간으로 상상력과 호기심이 풍부해지고 활동이 많아지는 시기이다. 또한 습득되는 어휘량이 많아지면서 활발한 의사소통이 가능해진다.

아동기는 초등학교 시기로 가정 생활보다는 학교 생활이 중요한 시기이다. 또래

표 6.4 **아동기의 발달 단계와 특성(정옥분, 2013 재구성)**

단계	연령	발달 특성
태아기	임신~출산	• 기본적인 신체 구조 및 기관 형성 시기 • 신체의 급성장 • 태내 환경 영향이 큰 시기
영아기	0~2세	• 신생아기는 의존적이나 나름대로의 능력이 많은 시기 • 출생 시 모든 감각 작용 • 급격한 신체 성장과 발달 • 학습 능력과 기억력 형성 • 2세쯤 자아 형성 시작 • 1세쯤 애착 형성 • 다른 아동에 대한 관심 증가
유아기	2~6세	• 운동 능력 향상 • 자기 중심적 • 인지적 미성숙으로 인해 세상을 비논리적으로 보는 시기 • 놀이, 창의력, 상상력이 풍부 • 자율성과 자기 통제력의 향상 • 친구보다 가족 중심 생활
아동기	6~11세	• 신체 성장 속도 감소 • 체력과 운동 기술 습득이 빠름 • 자기 중심성이 없어짐 • 기억력과 언어능력이 향상 • 자아 개념의 발달 • 친구가 생활의 중심이 됨

관계 형성이 중요한 시기이다.

3) 유아의 연령

유아는 출생에서 초등학교 취학 전까지의 연령을 의미한다. 그러나 국내 법률에 의한 유아의 연령은 조금씩 차이가 난다(표 6.5).

표 6.5 **유아의 연령(법제처)**

유아교육법	만 3세부터 취학 전 어린이
영유아교육법	6세 미만의 취학 전 아동

유아교육법은 유치원 관련법이고 영유아교육법은 어린이집과 유치원에 관련된 법으로 우리나라에서는 어린이집을 만 6세 미만의 취학 전 아동이 이용할 수 있으며 유치원은 만 3세부터 취학 전 어린이가 이용할 수 있다.

최근 우리나라 유아교육 기관에서는 만 3~5세를 유아라 지칭한다(지옥정, 2008). 유아교육의 중요성과 유아기의 효과를 검증하는 연구 또는 유아교육이 제대로 되기 위해 포함되어야 할 기관에서는 유아교육의 시작 시기를 점차 하향화시키고 있다. 유아교육이 효과적으로 이루어지기 위해 0~8세 동안 연속적으로 이루어져야 함을 주장하고 있다(Morrison, 1997). 유아교육이 발달된 미국의 경우 3, 4세 아이를 위한 유아교육 기관을 유아원(nursery school)이라 하고, 만 3세부터 초등학교 취학 전까지의 아이를 위한 교육 기관을 유치원(kindergarten)이라 한다(지옥정 외, 2014). 표 6.6은 국내 유아교육 기관의 유형과 특성을 정리해 놓은 것이다.

표 6.6 **유아교육기관의 유형과 특성(지옥정 외, 2014 재구성)**

	유치원(국립, 공립, 사립)	**어린이집**(국·공립, 사회복지법인, 법인 단체, 직장, 가정, 부모 협동, 민간)
취원연령	만 3~5세	0세~만 5세 초등 방과 후
관련법령	유아교육법	영유아교육법
교육일수	연간 180일 이상, 단 종일제는 예외	공휴일을 제외한 연중 운영을 원칙으로 함
교육과정	3~5세 연령별 누리과정	표준교육과정(0~2세), 3~5세 연령별 누리과정
소관부처	교육과학기술부	보건복지부(직장 어린이집 : 보건복지부 및 고용노동부)

유아교육법의 정의

- '유아'란 만 3세부터 초등학교 취학 전까지의 어린이를 말한다.
- '유치원'이란 유아의 교육을 위하여 이 법에 따라 설립 · 운영되는 학교를 말한다.
- '방과후 과정'이란 제13조 제1항에 따른 교육 과정 이후에 이루어지는 그 밖의 교육 활동과 돌봄 활동을 말한다.

영유아보육법의 정의

- '영유아'란 6세 미만의 취학 전 아동을 말한다.
- '보육'이란 영유아를 건강하고 안전하게 보호 · 양육하고 영유아의 발달 특성에 맞는 교육을 제공 하는 어린이집 및 가정 양육 지원에 관한 사회 복지 서비스를 말한다.
- '어린이집'이란 보호자의 위탁을 받아 영유아를 보육하는 기관을 말한다.

2 발달 이론

인간의 발달이 어떻게 이루어지는가를 설명하는 방법은 인간의 본질은 무엇으로 볼 것인가에 따라 다르다. 유아의 발달적 특성을 이해하기 위해서는 발달의 이론 적 근거에 대한 이해가 필요하다. 대표적인 발달 이론으로는 성숙주의 이론, 행동 주의 이론, 인지주의 이론, 정신 분석 이론 등이 있다(정옥분, 2013).

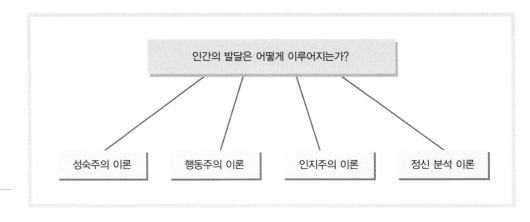

그림 6.3

인간 발달 이론

1) 성숙주의 이론

성숙주의 이론은 아동의 발달이 성숙에 의해서 이루어진다고 주장하는 이론이다. 미국의 아동심리학자 게젤(Gesell)은 생물학적인 요소에 초점을 두고 인간의 발달을 설명하고자 하였다. 그는 성숙을 발달 및 발달 기제의 방향을 조정하는 내적 조정 기능으로 보았으며 성숙이 아동의 발달에 영향을 미친다고 주장하였다. 성숙주의 이론에서는 타고난 성장 과정을 강조하며 연령에 따른 성장 표준치가 성숙의 과정을 정확하게 나타내는 것이라 하였다.

2) 행동주의 이론

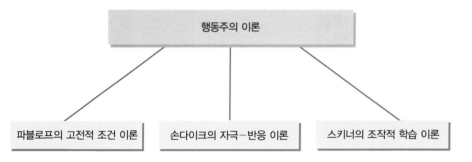

행동주의 이론에는 파블로프(Pavlov)의 이론과 손다이크(Thorndike)의 이론, 스키너(Skinner)의 이론 등이 있다.

러시아의 생리학자인 파블로프는 고전적 조건 이론을 제시하였다. 현대 학습 이론의 아버지라 불리는 그는 개에게 음식을 줄 때마다 종을 치는 실험을 하였는데, 개에게 음식을 주지 않고 종소리만 들려 줘도 침을 흘리는 모습을 보고 조건 자극에 조건 반응을 나타낸다는 것을 발견하였다. 이와 같은 연구 결과를 통해 고전적 조건 이론에서는 환경이 행동 결정의 중요한 요인이며 학습에는 생물학적인 요인보다 환경적인 요인이 중요하다는 주장을 하였다. 이 이론은 유아 동작의 발달을 촉진하기 위해 적절한 동작 프로그램과 경험할 수 있는 환경이 왜 필요한가에 대한 이론적인 근거가 될 수 있을 것이다.

행동주의의 또 다른 이론으로는 우리에게 친숙한 손다이크의 자극-반응 이론이 있다. 그는 시행과 착오의 과정을 통해 특정한 자극과 특정한 반응이 결합되면서 학습이 이루어진다고 주장한다. 즉, 시행착오적 반응으로 발달이 이루어진다는 것이다.

스키너는 조작적 조건 이론을 제시하였다. 조작적 조건 이론은 자극에 반응하는 결과를 강조하며 결과적으로 나타난 행동의 빈도를 높이기 위해 자극 요인을 조건

파블로프는 현대 학습 이론의 아버지이다.

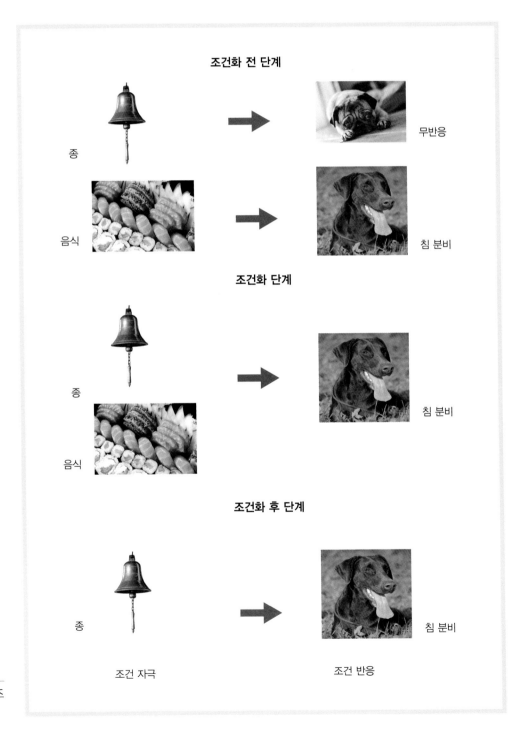

그림 6.4

파블로프의 고전적 조건 형성

화한다는 것이다. 조건화는 정적인 강화와 부적인 강화로 가능하다. 정적인 강화
요인은 칭찬이나 격려, 물질 보상 등으로 가능하며 부적인 강화는 혐오적인 자극
을 제거하는 것으로 가능하다.

3) 인지주의 이론

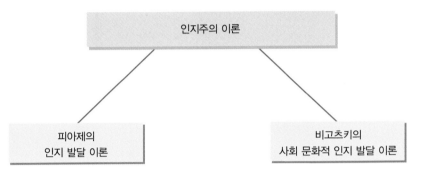

인지주의 이론은 피아제의 인지 발달 이론과 비고츠키의 사회 문화적 인지 발달
이론 등이 대표적이다(지옥정 외, 2014).

인지 발달 이론의 대표적인 학자인 피아제는 환경에 대한 적응 능력으로 동화와
조절의 메커니즘에 의해서 인지 발달이 이루어진다고 주장하며, 인지 구조의 질적
인 변화 과정을 감각 운동기, 전 조작기, 구체적 조작기, 형식적 조작기 등 4단계로
구분하였다. 그는 발달이 교육보다 먼저 이루어지는 것이므로 교육이 발달을 촉진
할 수는 없음을 제시하면서 발달에 적합한 교육이 이루어져야 함을 강조하였다.

비고츠키의 사회 문화적 인지 발달 이론은 사회 문화적 요인이 인지 발달에 중
요한 역할을 한다고 주장하는 이론이다. 아동 발달의 결정적인 요인이 문화라고
주장하는 그는 함께하는 성인이나 성숙한 또래와의 상호 작용이 발달에 영향을 미
친다고 하였다. 이 이론에서는 유아들이 스스로 지능을 구성한다는 피아제의 인지
발달 이론에 동의하면서 사회의 가치나 신념 및 관습과 같은 사회 문화적 특성에
도 영향을 받을 수 있다고 주장하고 있다.

비고츠키는 사회 문화
적 인지 발달 이론에서
인지 발달에 사회 문화
적 요인이 중요한 역할
을 한다고 주장했다.

4) 정신 분석 이론

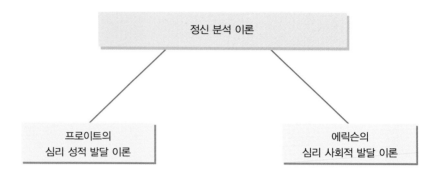

정신 분석 이론은 모든 인간 행동의 기초가 정신이라고 주장하는 것으로, 프로이트의 심리 성적 발달 이론과 에릭슨의 심리 사회적 발달 이론이 있다.

프로이트는 오스트리아의 신경학자로서 인간 발달의 무의식적인 영역을 처음으로 소개한 정신 분석 이론의 창시자이다. 그는 유아기의 경험이 성격 발달에 미치는 영향에 대한 연구를 통해 인간의 성격이 원초아(id), 자아(ego), 초자아(super ego) 등의 세 가지 구조로 구성되어 있으며, 인간의 행동은 세 가지 요소의 상호 작

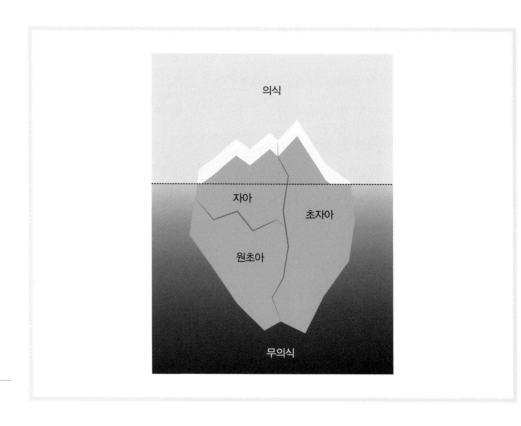

그림 6.5

성격의 구조

용으로 결정된다고 주장하였다.

프로이트는 연령에 따라 변화하는 성감대로 성격 발달 단계를 구분하였다. 구강기, 항문기, 남근기, 잠복기, 생식기 등 다섯 가지 단계로 구분되는 성격 발달 단계는 각 단계마다 성적 욕구가 만족되어야 다음 단계로 발달된다. 그래서 각 단계별로 욕구가 충족이 되지 않으면 고착 현상이 일어나고, 이는 무의식속에서 부정적인 정서로 잠재되어 바람직한 성격 형성에 부정적인 영향을 미친다고 하였다(강문희 외, 2007).

> 프로이트는 성감대 발달에 따라 성격 발달 단계를 구분하였다.

표 6.7 프로이트의 성격 발달 단계(강문희 외, 2007 재인용)

단계	연령	내용	고착 현상
구강기	0~1세	구강 주위의 자극을 통해 쾌감을 느끼는 시기	손가락 빨기, 과식, 흡연
항문기	1~3세	배설물을 보유하고 있다가 방출할 때 쾌감을 느끼는 시기	인색하고 완고하거나 난폭한 성격
남근기	3~6세	성기의 자극으로부터 쾌감을 느끼는 시기	과시적, 공격적이거나 자기 주장이 강한 성격
잠복기	6~12세	성적 에너지가 무의식 속에 잠복하는 시기	이성과의 성관계가 어려움
생식기	12~18세	남근기의 성적 관심이 다시 나타나 이성에 대한 성적 관심이 높아지는 시기	자살, 비행, 심각한 정신 이상

오이디푸스 콤플렉스(Oedipus complex)

남아에게 나타나는 것으로 동성 부모인 아버지가 자신의 성기를 거세할 것이라는 불안감을 없애기 위해 아버지에 대한 적대적인 감정을 억압하는 과정으로 승화시켜 초자아를 형성하는 것이다. 또한 어머니에게 성적인 매력을 느끼면서 아버지를 애정의 경쟁자로 생각하고, 어머니가 인정하는 아버지와 동일화하려는 행동을 하면서 초자아를 형성하는 것을 말한다.

엘렉트라 콤플렉스(Electra complex)

여아가 남근을 갖고 싶어 하는 현상으로 아버지에게 성적 매력을 느껴 어머니를 경쟁 상대로 보고 적대시하는 현상이다. 이러한 감정을 억제하는 과정에서 초자아를 형성하는 것이다.

표 6.8 에릭슨의 심리 사회적 단계와 내용(전남련 외, 2014 재구성)

심리 사회적 단계	연령	내용
기본적 신뢰감 대 불신감	0~1세	온정적이고 민감한 반응으로서 영아로 하여금 세상에 대한 신뢰와 확신을 갖게 한다.
자율성 대 수치심과 회의감	1~3세	새로운 정신 및 운동 기술을 사용하면서 유아들 스스로 선택하고 결정한다.
주도성 대 죄책감	3~6세	가상 놀이를 통해 유아들은 그들이 될 수 있는 사람들을 경험한다.
근면성 대 열등감	6~11세	학교에서 일하는 능력과 협동심을 계발한다.
정체감 대 정체감 혼미	청소년기	나는 누구인가, 사회에서 나의 위치는 무엇인가 등의 질문에 대한 답을 찾으려 한다.
친밀감 대 고립감	청년기	정체감의 탐색이 계속되면서 다른 이들과 친밀한 관계를 확립하기 위해 노력한다.
생산성 대 침체성	성인기	생산성은 자녀의 양육이나 다른 사람을 돌보는 것으로 생산적인 말을 통해 다음 세대에서 전수하는 것을 의미한다.
자아 통정감 대 절망감	노년기	자아 통정감은 가치 있는 삶이었다고 느끼는 결과이다. 삶에 불만족스런 노인들은 죽음을 두려워한다.

에릭슨은 자아가 원초아의 충동과 초자아의 요구 사이를 꼭 중재하는 것만은 아니며, 자아는 각 단계에서 능동적이고 사회에 공헌하는 개인을 만들기 위한 태도와 기술을 요구한다고 보았다. 그는 심리 사회적 단계와 내용을 다음과 같이 제시하였다(표 6.8).

3 발달의 원리

인간의 발달은 일정하게 진행된다. 동작교육지도자는 아동의 일반적인 발달 원리(development principle)에 대한 이해를 충분히 해야 효과적인 지도를 할 수 있다. 일반적인 발달의 원리는 다음과 같다(정옥분, 2009).

발달의 원리 : ① 일정한 순서가 있다. ② 일정한 방향으로 진행된다. ③ 연속적이나 속도는 일정하지 않다. ④ 개인차가 있다. ⑤ 민감기가 있다. ⑥ 분화 통합으로 이루어진다. ⑦ 연속적이며 점진적이다.

1) 발달에는 일정한 순서가 있다

발달은 일정한 순서에 따라서 매우 규칙적으로 발달하기 때문에 예측이 가능하다. 개인별 발달 속도의 차이는 있을 수 있으나 어느 한 단계도 빼놓지 않고 단계별로 성장한다는 것을 기억해야 한다. 아이들은 뒤집고 기어가고 앉고 서는 등의 순서로 발달이 진행된다. 각각의 동작 시기는 개인적으로 차이가 있지만 순서상의 변화는 없다.

2) 발달은 일정한 방향으로 진행된다

발달이 되는 방향에는 세 가지 원칙이 있다. 두미 발달 원칙, 근원 발달 원칙, 세분화 발달 원칙 등이다.

두미(cephalocaudal) 발달 원칙은 발달이 머리에서 발끝 방향으로 발달되는 것을 말한다. 아이들은 목을 조절하는 힘이 발달된 후 앉기가 가능해지며 이후에 걷기를 할 수 있게 된다는 것이다.

근원(proximodistal) 발달 원칙은 발달이 중심 부분에서 말초 방향으로 진행되며 말초 신경보다 신체 중심부가 먼저 발달한다는 것이다. 아이는 다리를 움직일 수 있게 된 다음 발목을 움직이게 되고 이후 발과 발가락을 움직일 수 있다.

세분화(general to specific) 발달 원칙은 전체 활동에서 세분화된 활동으로 발달이 진행된다는 것을 말한다. 즉, 아이들은 초기에 미분화된 상태의 몸 전체로 활동을 하지만 이후 세분화되고 정밀한 활동을 하게 된다는 것이다. 아이는 인형 놀이를 할 때 인형을 양팔로 잡기 시작하고, 발달하면서 손이나 손가락으로 인형을 잡을 수 있게 된다.

3) 발달은 연속적이지만 속도는 일정하지 않다

인간의 발달은 지속적으로 계속되지만 생식 기관의 발달, 뇌 발달, 언어 발달 등의 속도는 일정하지 않다. 신장과 체중의 발달은 출생 후부터 1세 때까지 크게 증가하지만 생식 기관은 사춘기가 되어야 발달이 급격해진다. 유아기가 되면 언어 발달이 촉진되면서 어휘력이 풍부해진다.

4) 발달에는 개인차가 있다

인간은 일정한 순서에 따라 발달하지만 발달 속도와 양상에 개인마다 차이가 있다. 특히 사춘기에 신장의 차이를 보면 개인차를 확연히 볼 수 있다.

5) 발달에는 민감기가 있다

발달은 일생 동안 계속 진행되는 것이지만 발달에는 최적기인 민감기가 있다. 이 시기에 제대로 발달되지 못하면 발달 과정에 부정적인 영향을 미치게 된다. 운동 능력 역시 민감기를 놓치게 되면 제대로 발달이 안 되거나 습득하는 데 더 많은 시간이 필요하게 된다.

6) 발달은 분화 · 통합으로 이루어진다

인간의 발달은 서로 유기적으로 연결되어 있기 때문에 한 영역의 발달 촉진이나 지연은 다른 영역에 영향을 미칠 수 있다. 유아가 쌓기 동작을 하기 위해서는 시각적인 발달이 이루어져야 하고, 블록을 쌓기 위한 손과 눈의 협응력, 도형에 대한 인지 능력이 필요하다. 이와 같이 미분화된 초기 동작은 전체적인 행동을 보이지만 특수한 또는 부분적인 동작으로 분화되어 동작을 이루게 된다. 또한 한 동작을 완성하기 위해 신체, 인지, 언어, 사회 등 각 영역이 서로 영향을 미치며 통합적으로 이루어지기 때문에 발달은 균형적인 프로그램에 의해서 지도되어야 한다.

7) 발달은 연속적이며 점진적이다

발달은 과거의 행동, 현재의 행동, 미래의 행동이라는 연속적이고 점진적인 과정으로 형성된다. 걷기를 할 수 있다는 것은 앉기가 가능했기 때문이며 잡고 서기 과정을 바탕으로 가능해진 것이다. 이처럼 발달은 한 가지 동작이 획득되고 이를 근거로 다음 단계의 동작을 획득하는 것으로 전 생애를 거쳐 지속적으로 이루어지는 것이다.

알고 있으면 도움되는 한 줄 상식

사랑을 듬뿍 받고 자란 아이가 머리도 똑똑하다(김혜선, 2015).

아이의 가능성은 환경이 결정한다(장유경, 2012).

최적의 환경과 기회가 지능발달을 유도한다(윤옥인, 2014).

지금 행복한 아이가 어른이 되어서도 행복하다(엄윤희, 2015).

올바른 수면습관이 아이의 뇌를 발달시킨다(김붕년, 2012).

음식에 따라 아이의 뇌가 달라진다(김붕년, 2012).

아이의 두뇌가 똑똑하게 자라는 민감기(김남미, 2012).

똑똑한 뇌는 만들어진다(노혜숙 역, 2010).

음악은 우뇌와 좌뇌의 원활한 소통을 돕는다(노혜숙 역, 2010).

아이 뇌는 자란다(노혜숙 역, 2010).

아이에게는 잠이 보약이다(김붕년, 2012).

유아기의 경험, 재능을 100퍼센트 발휘하게 한다(김혜선, 2015).

아낌없이 칭찬하고 끊임없이 격려하라(송연희, 2015).

세 살 버릇, 정말 여든까지 간다(KBS 읽기혁명 제작팀, 2010).

학습 정리

:: 학습 내용 중 반드시 기억해야 할 내용을 적으시오.

학습 정리

:: 학습 내용 중 반드시 기억해야 할 내용을 적으시오.

1. 발달의 원리 중 개인차의 실례를 제시하시오.

2. 발달의 원리 중 민감기의 실례를 제시하시오.

학습 과제 2

:: 발달의 원칙에 따른 실례를 제시하시오.

발달 방향	실례
두미 발달	
근원 발달	
세분화 발달	

CHAPTER 7 신체적 발달

학습 목표 및 내용

01 유아의 성장에 대해서 이해한다.
유아기에는 신체적으로 어떻게 변화하는가?

02 유아의 골격과 근육에 대해서 파악한다.
유아의 골격과 근육은 성인과 어떤 차이가 있는가?

03 유아의 신장 촉진 방법에 대해서 습득한다.
유아의 키 성장을 위해 무엇을 해야 하는가?

1 유아의 성장

유아기의 성장은 영아기와는 달리 완만한 속도로 꾸준하게 지속된다. 그림 7.1은 출생에서 20세가 될 때까지의 성장을 나타낸 곡선이다. 성장 속도는 신체 부위에 따라 다르다. 신체가 급속도로 성장하는 유아기에는 두뇌가 6세까지 급성장을 하며, 생식 기관의 경우 12세 이후부터 급성장한다. 2~8세의 신체적 성장에 대한 작은 지식은 유아를 이해하는 데 도움이 된다(Berk, 1989).

유아기는 6세까지 두뇌가 급성장한다.

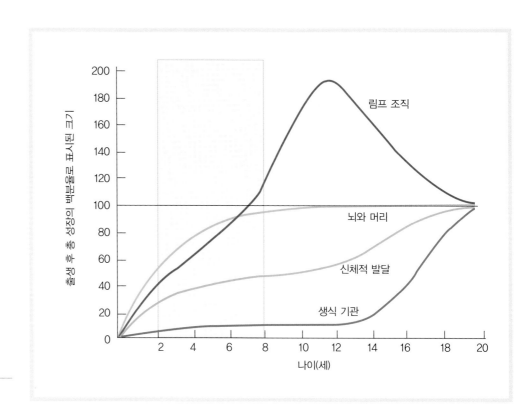

그림 7.1

성장 곡선

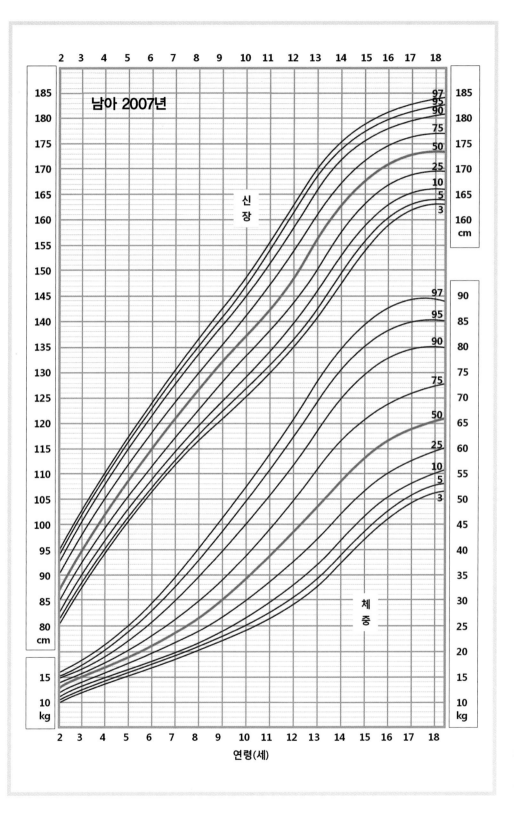

그림 7.2

남아 표준 성장 도표
(질병관리본부, 2007)

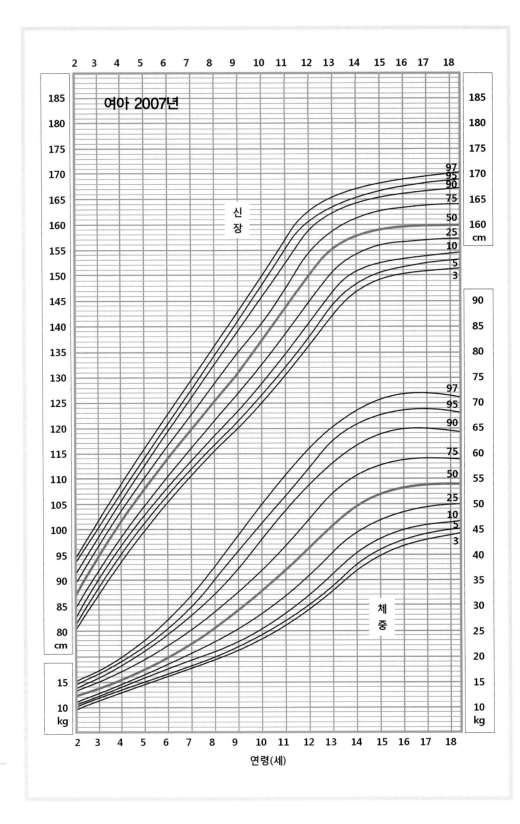

그림 7.3

여아 표준 성장 도표
(질병관리본부, 2007)

2 유아의 뇌

뇌는 그림 7.1의 성장 곡선에서 보는 바와 같이 신장이나 체중보다 빨리 성장한다. 4세가 되면 머리 둘레는 거의 완성되고 5세쯤에 뇌의 무게는 성인의 90% 정도가 된다.

유아의 머리 둘레는 4세 쯤 되면 거의 완성이 된다.

　뇌 크기의 성장은 수초화와 시냅스 밀도가 증가한 것이다. 신경 세포의 자극을 전달하는 시냅스는 출생 후 2세까지 급격하게 증가하고 7세쯤 되면 성인과 같은 수준이 된다. 수초화는 정보 전달 속도와 관련된 것으로서 수초화가 많아지면 정보 속도가 빨라진다. 눈과 손의 협응과 관련되어 있는 수초화는 4세 이전에는 완성되지 않기 때문에 조작적인 활동을 완벽하게 할 수 없다.

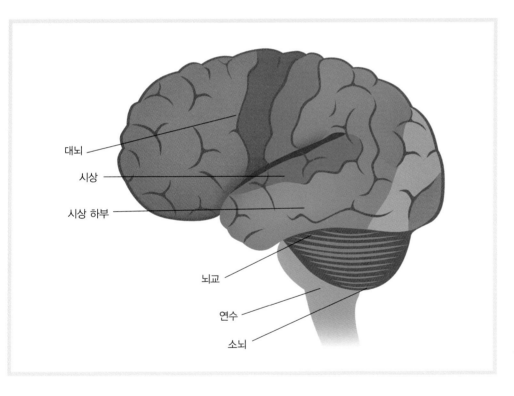

대뇌

시상

시상 하부

뇌교

연수

소뇌

그림 7.4
뇌의 구조

　뇌는 우반구와 좌반구로 나누어져 있고 6개의 부분으로 구분된다. 대뇌, 간뇌, 중뇌, 소뇌, 뇌교, 연수 등이며 이 중 동작을 조절하는 것이 소뇌이다. 두뇌에 있는 뉴런이 대부분 소뇌에 있으며 감각 정보를 처리하여 운동 수행을 할 수 있게 한다.

　운동과 뇌는 그림 7.5와 같은 계획과 시작, 시행 과정을 거치면서 조절된다. 감

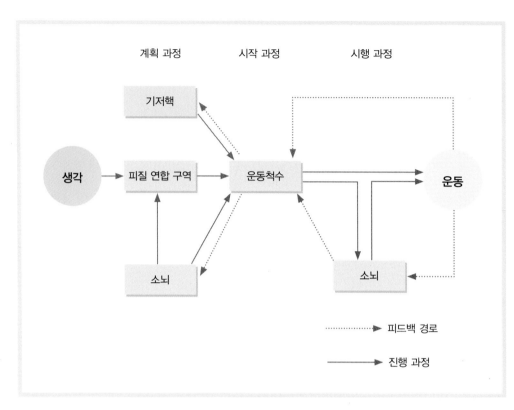

계획 과정　　시작 과정　　시행 과정

기저핵

생각 → 피질 연합 구역 → 운동척수 → 운동

소뇌

소뇌

· · · · · · · ▶ 피드백 경로

──────▶ 진행 과정

그림 7.5
운동과 뇌(고영규 외, 2006)

각 피드백은 계획된 운동과 실제로 하는 운동과의 차이를 수정하는 데 도움이 된다. 그리고 뇌는 연령에 따라 발달하는 부위가 다르므로 뇌 발달에 적합한 학습 내용과 수준의 동작교육을 한다면 유아의 뇌 발달을 촉진할 수 있을 것이다. 뇌의 성장이 급증하는 2~4세쯤에는 조작성 동작교육이 뇌 발달에 도움이 되며, 4~6세쯤에는 동작을 통한 학습이나 음악과 함께 하는 동작활동 등이 효과적이다(김경철 외, 2006).

> 뇌가 급성장하는 2~4세쯤에는 조작성 동작교육이 뇌 발달에 도움이 된다.

3　유아의 골격

인간의 몸을 지지해 주는 것은 **골격**(skeleton)이다. 유아가 제대로 서 있지 못하거나 균형을 잡지 못하는 이유는 뼈가 아주 작고 유연하기 때문이다. 유아의 뼈는 출생 시 약 270개이지만 성인이 되면 206개 정도가 되며 연령에 따라 경화 과정을 거쳐 단단해진다. 영아기 때부터 시작되는 골격의 변화는 18세까지 진행된다(원영신 외, 1998).

> 유아가 제대로 서지 못하는 것은 뼈가 아주 작고 유연하기 때문이다.

일반적으로 유아의 신체적 성숙 정도는 골격 연령(skeletal age)으로 알아볼 수 있다. 15세 아이의 골격 연령이 12세로 측정되었다면 그 아이는 3년 정도 성장 가능성이 있다고 판단할 수 있다.

골격 연령은 주로 유아의 손목이나 손의 X-ray 사진 촬영을 하여 골단의 수, 골단과 골단이 붙어 있는 정도를 측정하는데, 골단이 가늘어지고 없어지면 더 이상 성장할 가능성이 전혀 없다는 것을 의미한다.

손목뼈의 경우 성인은 9개인데 1세는 3개이다. 좀 더 자세히는 그림 7.6에서 보는 바와 같이 2.5세에는 손목뼈, 손가락, 팔뼈 사이 간격이 넓다. 그러나 7세쯤에는 간격이 많이 좁혀지고 18세가 되면 손목뼈와 팔뼈가 서로 완전하게 합착된다.

사진에서 보는 바와 같이 유아기는 뼈 사이의 공간이 넓고 연골이 완전히 굳어진 상태가 아니다. 성인과 비교할 때 약 50% 정도 굳어져 있는 상태이고 성인에 비해 무기질보다 유기

골격 연령은 골단의 수와 골단과 골단이 붙어 있는 정도를 측정하여 알 수 있다.

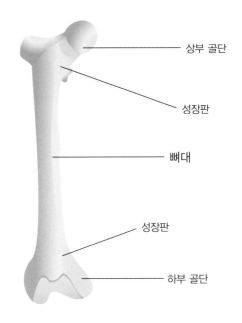

상부 골단

성장판

뼈대

성장판

하부 골단

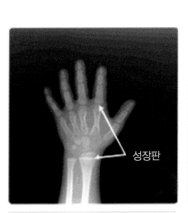

뼈 나이 : 2년 6개월 여아
손목뼈 뼈의 수가 적다.

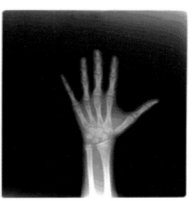

뼈 나이 : 7년 10개월 여아
성장판이 충분히 열려 있다.

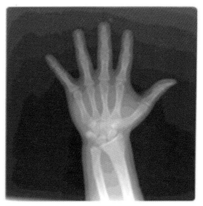

뼈 나이 : 19세 여아
성장판이 완전히 닫힌 상태

그림 7.6

골격 연령을 알 수 있는 X-ray 사진 (출처 : 상계백병원 성장 클리닉)

질이 많다. 따라서 유아기 때는 강한 외부 압력에 대한 저항력이 부족하여 골절보다는 탈골의 위험성이 높다.

유아기는 관절 구조의 미숙과 관절 주위 조직이 덜 발달되어 있어 부착력이 약하다. 발달 단계에 적합하지 않은 강한 강도의 운동은 성장에 부정적인 영향을 미칠 수 있으며 질병이나 기능 장애의 원인이 될 수 있다(원영신 외, 1998).

동작 활동을 하다 유아에게 염좌나 탈골이 발생될 때는 응급 처치(RICE : Rest, Ice, Compression, Elevation)를 해야 한다. 염좌는 관절의 범위를 벗어나는 과한 동작을 함으로써 관절에 붙어 있는 인대나 관절을 싸고 있는 관절낭이 늘어나면서 손상이 일어난 것이다. 탈골은 주로 어깨와 팔꿈치, 다리, 턱, 손가락 등에서 일어나는데 이는 뼈의 상단 부분을 갑자기 강하게 밀고 당기거나 비틀어서 뼈가 관절로부터 벗어난 것이다(국민건강보험공단, 2013). 유아가 뛰다가 넘어져서 다치게 되면 제일 먼저 해야 할 일은 놀라지 않도록 안정(rest)을 취하게 하는 것이다. 두 번째는 얼음 찜질(ice)을 해 주고 세 번째는 상처 부위를 압박(compression)하여 지혈을 해 준다. 네 번째는 유아를 눕힌 상태에서 심장보다 상체를 높은 자세(elevation)로 하여 출혈이나 부종이 감소하게 해 주어야 한다.

탈골은 주로 어깨, 팔꿈치, 다리, 턱, 손가락 등에서 일어난다.

그림 7.7
응급 처치 순서(RICE)

유아기에는 성장판 부위를 다칠 경우 팔이나 다리의 길이가 짧아지거나 휠 수 있으며 심한 손상을 입을 경우 키의 성장이 멈출 수 있다(조형숙 외, 2013). 따라서 유아기운동 프로그램의 계획은 전문적인 지식을 바탕으로 해야 한다. 만일 유아가 신체 활동을 할 때 자세 또는 골격의 이상이 보일 경우 보호자에게 반드시 알려야 한다.

유아의 성장판(growth plate)은 어디에 있을까? 성장판은 어깨, 팔꿈치, 손목, 손가락, 척추, 골반, 대퇴골, 정강이뼈, 발목, 발꿈치, 손가락, 발가락 등 긴뼈의 양끝 부분에 있다. 키와 관련된 성장판은 발목과 무릎 그리고 고관절 부위이며, 다리 길이에 영향을 가장 많이 미치는 성장판은 무릎 부위 성장판이다(조형숙 외, 2013; 정혜정, 2009)

뼈는 크게 긴뼈, 짧은뼈, 납작뼈, 불규칙한 뼈로 구분된다. 긴뼈에는 성장판이 있어서 후천적으로 유아의 키가 크는 데 중요한 역할을 한다. 운동을 하면 성장판에서는 세포 분열이 일어나고 연골 세포가 커지면서 골화 과정을 거쳐 뼈가 딱딱해지는데, 부드러운 연골이 딱딱한 뼈로 바뀐 부분만큼 뼈가 길어지면서 키가 커지는 것이다(정혜정, 2009).

사춘기쯤에 성호르몬이 분비되기 시작하면 성장판이 닫히기 시작하고 성장판이 완전히 닫히면 성장이 멈추게 된다.

> 성장판 부위를 다칠 경우 팔, 다리의 길이가 짧아지거나 휠 수 있다.

> 무릎 부위 성장판은 다리 길이에 가장 영향을 미친다.

4 유아의 신장

유아기 신장의 성장 속도는 영아기와 같이 빠른 속도로 증가하지는 않는다. 일반적으로 유아의 키는 2세 이후부터 조금씩 증가하여 6세쯤 평균 신장이 115cm 정도 된다(Meredith, 1978). 국민건강보험공단 조사에 의하면 30~36개월 남자아이는 평균 신장이 94.14cm이고, 여자아이는 92.94cm로 나타났다. 54~60개월 남자아이의 평균 신장은 107.86cm이고, 여자아이의 경우 106.79cm로 조사되었다(통계청, 2012).

키의 성장에 영향을 미치는 것은 무엇일까? 인간의 신장은 유전적 요인이 약 30% 정도 영향을 미치며 나머지 70%는 환경적 요인에 의해서 영향을 받는다. 즉,

> 뼈의 성장은 사춘기 성호르몬이 분비되기 시작하면서 멈추기 시작한다.

표 7.1 유아의 평균 신장(통계청 자료, 2012)

연령	남아 신장(cm)	여아 신장(cm)
30~36개월	94.14	92.94
42~48개월	101.02	99.91
54~60개월	107.86	106.79
66~71개월	115.26	114.11

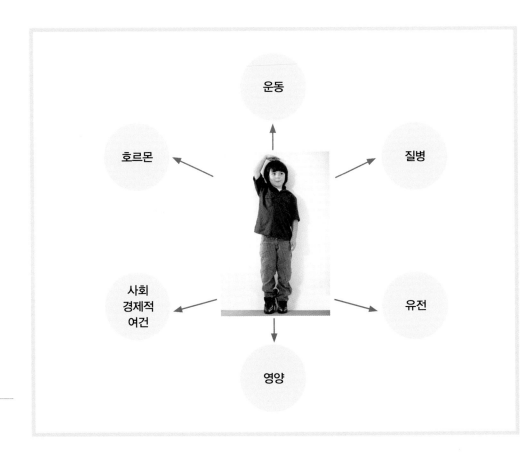

그림 7.8

키 성장에 미치는
요인들

유아의 키는 유전적인 이유뿐만 아니라 경제적, 사회적 환경이나 영양과 건강 관리 상태가 영향을 미친다는 것이다(Kuczmarski et al., 2000). 특히 적절한 영양의 공급과 운동은 성장의 대표적인 요인으로 제시되고 있다. 대근육 운동과 스트레칭 운동은 성장 호르몬 분비를 촉진시키고 연골 세포를 증식시켜 골의 길이 성장을 촉진한다(Pritzlaff et al., 2000). 또한 낮에 운동을 하면 밤 수면 중에 성장 호르몬이 훨씬 많이 분비된다(Kern et al., 1995). 무뇨스 등(Munoz et al., 2002)은 어린 시기에 규칙적인 유산소 운동을 하는 것이 성장 호르몬 분비량에 영향을 미친다는

유산소 운동은 성장
호르몬 분비량에 영향
을 미친다.

연구 결과를 보고한 바 있다. 운동을 하면 몸에서는 신진대사에 필요한 에너지의 요구가 증가하게 되고 이와 함께 성장 호르몬이 분비된다(Sutton & Lazarus, 1976). 운동에 따라 증가하는 산소 섭취량에 대한 요구는 성장 호르몬의 분비에 작용한다(Felsing, Brasel, & Cooper, 1982). ACSM(American College of Sports Medicine, 2006)은 성장기에는 최대 심박수의 60% 정도의 중강도 운동 수준이 적합하다고 권장하고 있다. 만일 운동 강도가 유아에게 적합하지 않은 고강도일 경우 성장에 부정적인 영향을 미쳐 둔화될 수 있다고 하였다(Malina, 1994). 이 밖에도 가족력이나 영양소, 활동량, 수면, 성 성숙도, 스트레스 등이 중요한 영향 요인으로 보고되고 있다(Malina & Bouchard, 1991).

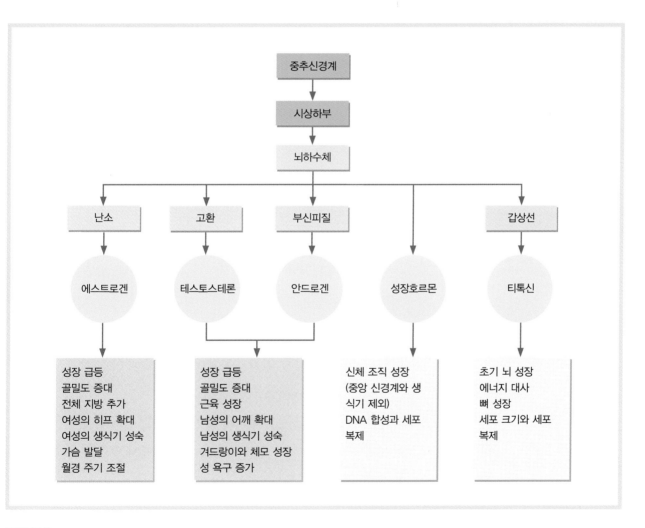

그림 7.9

출생 후 성장에 미치는 호르몬의 영향(이종숙 외, 2014 재인용)

성장 호르몬 중 칼시토닌은 유아기의 뼈를 빠르게 성장시키고 단단하게 하는 데 중요한 호르몬이며, 만일 칼슘 부족으로 뼈에 이상이 생기면 갑상선에서 칼시토닌이 분비되어 뼈의 파괴를 방지하게 된다.

성장 호르몬 분비와 함께 유아의 골격 성장을 촉진하기 위해서 필요한 것은 균형 잡힌 식사 조절이다. 유아기는 성장 속도가 줄어드는 시기로 식사량이 줄게 되는데, 이 시기에는 강제로 식사를 하게 하는 것보다 배고플 때만 식사를 할 수 있게 해야 필요한 열량 섭취를 할 수 있다고 한다(Johnson & Birch, 1994). 유아에게 배고픔을 느끼게 하는 방법 중 한 가지는 유아의 활동량을 증가시키는 것이다. 따라서 유아기의 적절한 운동은 유아의 식사량에 영향을 미치게 되어 성장에 도움을 주는 요인이 된다.

5 유아의 근육

유아의 근육의 수는 792개이다. 근육 세포는 태어날 때부터 수가 정해져 있고 성인이 되어도 변하지 않는다. 근육이 발달한다는 것은 섬유 수가 증가하는 것이 아니라 섬유의 길이나 두께, 넓이가 변화하는 것이다(고영규 외, 2006).

근육 조직은 생후 9개월부터 발달되고 5~6세쯤이 되면 근육 조직의 크기가 급격히 변화한다. 근력이 강해지면 유아들은 더욱 힘차게 신체 활동을 하게 된다(원영신 외, 1998). 태어났을 때는 근육 조직의 35%가 수분이며(Marshall, 1977) 유아기가 되면 약 75%가 수분이 된다. 따라서 유아기에는 매우 유연하지만 저항력에 약하고 뼈에 붙어 있는 근육의 구조가 튼튼하지 않기 때문에 강한 운동이나 한 동작만 지속적으로 하는 것 또는 한쪽 방향으로만 운동을 하는 것은 부상의 위험이 있을 수 있다.

> 근육 조직은 생후 9개월부터 발달되고 5~6세쯤 근육 조직의 크기가 급격하게 변화한다.

유아의 근력을 발달시키기 위한 운동에는 무엇이 있을까? 근육의 발달은 머리부터 시작하여 상체에서 하체 방향으로 발달하며 중심 부위에서 말단 부분으로 발달된다. 즉, 머리와 목의 근육이 몸통과 팔다리의 근육보다 먼저 발달된다. 또한 대근육이 먼저 발달하고 다음으로 소근육이 발달된다.

근육 섬유를 크게 백색 근육(속근 섬유)과 적색 근육(지근 섬유)으로 구분할 수 있다. 백색 근육은 오래 버티는 힘보다는 빠른 수축으로 크게 힘을 낼 수 있어 단거리용 근육이라 한다. 적색 근육은 수축의 속도가 느린 근육 섬유로 큰 힘은 내지 못하지만 오랫동안 버틸 수 있는 근육으로 마라톤용 근육이라 한다. 유아기 때는 두 근육이 구분되어 작용하지 않기 때문에 운동에 따른 근육 발달이 이루어지지 않는다. 어떤 운동이든지 운동 그 자체로 의미가 있다.

다시 말하면 성인의 경우 순발력이 필요한 단거리 달리기에서는 백색 근육을 사용하고 장거리 달리기를 할 때는 적색 근육을 사용한다. 유아의 경우는 다르다. 유아는 장거리든 단거리든 적색 근육을 사용한다. 따라서 어떤 운동을 해도 동일한 운동인 셈이다. 즉, 유아기는 특정한 근육 발달을 위해 특별한 운동을 할 필요가 없다. 유아기에는 다양한 동작을 통한 균형적인 근육 발달이 필요하다.

> 유아기는 특정한 근육 발달을 위한 특별한 운동이 필요없고, 다양한 동작을 통한 균형적인 근육 발달이 필요한 시기이다.

6 유아의 호흡과 순환

유아는 심장의 조절 능력이 완전히 발달되지 않은 상태이기 때문에 단시간 운동을 하더라도 맥박수가 급격히 높게 올라갈 수 있다. 유아의 호흡수는 연령에 따라 약간씩 차이가 있다. 2세의 안정 시 호흡수는 분당 25~30회 정도이며 4~5세가 되면 20~25회로 줄어든다. 매우 활발한 동작 활동을 할 경우 유아는 평상시보다 호흡수가 7~10배 정도 증가한다.

운동을 하면 증가하게 되는 심박 수는 2세쯤에는 분당 100~120회 정도이고, 4~5세쯤에는 분당 90~100회 정도 된다(스포츠개발원, 2015).

7 유아의 체력

체력이란 영어로 'physical fitness'라고 하고 우리말로는 '신체 적성'이라고 하며 신

표 7.2 **체력의 정의(김현지 외, 1997 재구성)**

Nixon(1965)	지나친 피로 없이 일상생활의 과업을 수행하고 나아가서 그에게 갑자기 다가온 일을 만족스럽게 대처할 수 있는 유기체의 능력
Clark(1967)	과도한 피로감 없이 정력적으로 민첩하게 매일의 업무를 수행할 수 있는 능력 또는 충분한 에너지를 가지고 여가를 즐기거나 예견할 수 없는 긴급한 일을 맞이 했을 때 이를 대처하는 능력
Cureton(1970)	병이 없고, 치아가 좋고, 청력과 시력이 정상이며, 정상적인 정신 상태를 유지하고, 신체를 조정할 수 있는 능력이 있으며, 오랫동안 작업을 계속하더라도 능률이 저하되지 않는 상태
Mathews(1978)	인간의 신체적 능력의 정도

체력이란 주어진 상태에서 근육 운동이 요구되는 작업을 만족스럽게 수행하는 데 필요한 능력이다.

체적 활동의 기반이 되는 신체적 능력을 의미한다(유덕순, 2006). WHO에서는 '체력이란 주어진 상태에서 근육 운동이 요구되는 작업을 만족스럽게 수행하는 데 필요한 능력'이라고 정의 내리고 있다. 체력에 대한 정의는 학자들마다 다양하게 제시되고 있다(표 7.2).

표 7.2에서 보는 바와 같이 체력은 신체 검사에 의한 이상 여부나 질병에 걸리지 않은 상태만을 의미하는 것이 아니라 생리학적, 지적, 정서적, 사회적인 면의 건강 상태를 포함한다(박문환, 1996). 종합해 본다면 체력은 인간의 생존과 생활의 기반이 되는 신체적 능력이라 할 수 있다. 인간이 처한 상황에서 적극적으로 대처할 수 있는 능력이고, 환경에 대해서 자신의 건강 유지를 위해 정신적, 생물적, 물리적 스트레스를 견뎌낼 수 있는 능력의 총합이며, 생활하는 데 기반이 되는 신체적인 능력인 것이다(서울대학교 체육연구소, 1991).

따라서 체력이 좋다는 것은 삶의 질적 수준을 높일 수 있는 바탕이 되어 있다는 것을 의미하는 것이고, 체력의 증진은 생리학적 기능 향상과 질병에 대한 저항력 증진, 정신 건강 안정화 등 건강 증진을 도모할 수 있는 것이다.

1) 체력의 구성 요소

체력은 크게 방위 체력과 행동 체력으로 구분된다. **방위 체력**은 주변 환경에 따르는 다양한 스트레스를 견딜 수 있는 능력으로 적응력이라고도 하며, **행동 체력**은 적극적으로 활동할 수 있는 능력으로 활동력이라고도 한다(그림 7.10).

방위 체력(적응력)은 기온, 기압, 습도, 가속도의 변화와 화학 성분, 대기, 수질 오염과 같은 물리·화학적 스트레스와 공복, 불면, 갈증, 피로 등과 같은 생리적

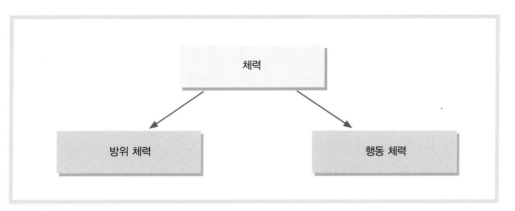

그림 7.10
체력의 구성 요소

스트레스, 세균, 바이러스, 기생충 등과 같은 생물학적 스트레스, 불안, 긴장, 고민, 비애, 슬픔 등과 같은 정신적 스트레스에 견딜 수 있는 능력이다.

행동 체력(활동력)은 일상생활에서 생산성을 높일 수 있는 능력으로 피로감을 갖지 않고 작업을 수행할 수 있는 능력이며 갑자기, 일어난 위기나 상황에 적응할 수 있는 능력이다. 행동 체력은 힘을 일으킬 수 있는 능력(발현 능력), 오랫동안 힘을 낼 수 있는 능력(지속 능력), 효율적으로 힘을 조절할 수 있는 능력(조정 능력) 등으로 구분할 수 있다.

발현 능력과 지속 능력은 에너지적 체력 요소로서 규칙적인 운동으로 강화가 가능하지만 운동을 하지 않으면 약화된다. 조정 능력은 비에너지적 체력 요소로 한

> 행동 체력은 일상생활에서 피로감을 갖지 않고 일할 수 있는 능력이다.

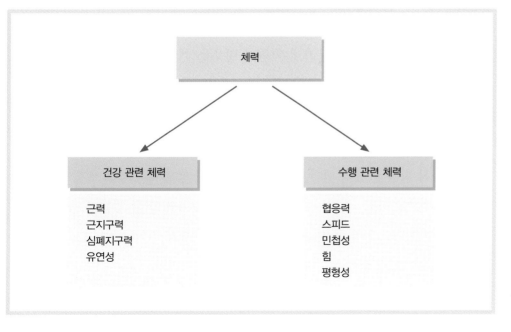

그림 7.11
체력(Gallahue, 1987)

번 습득된 기술을 오랫동안 유지할 수 있는 비교적 영구적인 속성을 지니고 있다 (김문환, 1996). 따라서 초기 기술 습득 시 올바른 방법으로 학습되어야 한다.

효과적인 운동 프로그램을 계획하기 위해서 발현 능력을 향상시키는 프로그램 은 근육계를 중심으로 이루어져야 하고 지속 능력이 향상되기 위해서는 호흡, 순 환계를 중심으로 계획되어야 한다(김현지 외, 1997).

겔라휴(1987)는 그림 7.11과 같이 체력을 건강 관련 체력(health-related fitness)과 수행 관련 체력(performance-related fitness)으로 구분한다.

2) 유아기의 체력

유아기에는 근력과 유연성, 순발력, 민첩성, 지구력, 평형성 등의 기초 체력이 필 요하다. 교육인적자원부에서는 유아의 체력과 관련하여 다음과 같이 소개하고 있 다(교육인적자원부, 2006).

근력(strength of muscle)은 무게나 힘 등의 자극에 대해서 최대한 힘을 발휘할 수 있는 능력이다. 전신이나 신체의 부분을 사용하여 힘을 낼 때 근육이 한 번에 최 대로 낼 수 있는 힘이 근력이며 유아에게 강한 힘과 균형 잡힌 체력 형성에 필요하 다. 즉, 근력은 유아가 일상생활 속에서 자유롭게 활동하기 위해 반드시 필요한 요 소이고 질병에 대한 저항력을 향상시켜 주는 매우 중요한 체력 요소이다. 근력은 근육을 반복적으로 움직여 주어야 향상되는 것으로 유아가 동작 활동을 할 때 근 육의 수축과 이완 작용이 근력을 강화시켜 준다.

근력이 약하면 관절이 엇갈리게 되면서 발목을 삐게 된다든지 어깨 탈골 등의 부상이 있을 수 있기 때문에 동작교육지도자는 유아의 발목, 등, 배, 팔 등의 근육 이 강화될 수 있는 운동 프로그램을 제공해 주어야 한다(안병집 외, 1993). 유아 의 근력을 향상시키기 위해서는 매달리기, 오르기, 밀기, 끌기, 뛰어넘기, 점프 등 과 같은 동작 활동을 해야 한다. 또한 일정한 기간 동안 부위별로 적합한 근력 운 동이 제공되어야 하고, 주 3~4회 이상 1회 10초를 유지할 수 있는 운동으로 10회 반복을 하고 연령과 능력에 따라 점진적인 증가를 시켜 주어야 한다(Donald et al., 1995).

유연성(flexibility)은 관절이 자연스럽게 충분히 움직일 수 있는 능력으로 관절의

근력은 근육을 반복적 으로 움직여 주어야 향상된다.

범위를 최대한 굽혔다 펼 수 있는 능력을 말한다. 뼈와 뼈가 인대나 건으로 연결된 관절의 움직임 정도가 유연성인 것이다. 유연성은 몸을 부드럽고 효율적으로 움직이는 데 필수적인 능력으로 능률적인 운동과 신체 균형 유지, 바른 자세에 영향을 미친다. 뿐만 아니라 유연성은 운동 중 상해 예방에도 중요한 역할을 한다.

생리학적인 측면에서 볼 때 유연성은 근육 자체의 신전성과 관절을 감싸고 있는 관절낭과 인대의 신전성에 의해 결정된다. 신전성은 근육의 수축과 이완을 얼마나 탄력적으로 할 수 있는가를 말하는 것으로 연령이 높아질수록 점차적으로 약화된다.

유연성 발달의 최적기는 유아기이다. 유아기는 유연성 향상을 위한 운동을 통해서 근육의 탄력성을 증진시킬 수 있는 시기이며 관절의 가동 범위를 확대시켜 운동 범위를 증가시킬 수 있는 시기이다. 따라서 유아기에는 반드시 유연성 향상 프로그램이 제공되어야 한다.

유연성 향상은 운동 강도를 약하게 시작하여 통증이 느껴질 때까지 서서히 근육을 늘리는 방법으로 한 동작당 약 10~20초간 자세를 유지해야 된다. 그러나 과도한 유연성 동작은 관절 불안정성과 염좌, 탈구의 원인이 되며, 동작 기피 현상으로 이어져 운동을 포기하게 되는 경우를 발생할 수 있다. 특히 유아기는 아직은 뼈가 굳어지지 않은 상태이기 때문에 관절이 연약하여 무리하게 연습을 하는 것은 부정적인 영향을 미치게 된다. 유아기 유연성 향상을 위한 운동으로는 허리 굽혀 발끝 잡기, 림보 동작, 터널 놀이 등의 동작이 효과적이다.

> 유연성은 관절의 범위를 최대한 굽혔다 펼 수 있는 능력이다.

> 유아기는 유연성 발달의 최적기로 반드시 유연성 향상 프로그램이 제공되어야 한다.

순발력(power)은 모든 근섬유를 순간적으로 수축시켜 단시간에 폭발적으로 힘을 내는 능력으로(한국교육개발원, 1996) 동적 상태에서 발휘되는 힘이다. 던지기, 뛰기, 차기 등과 같은 동작에 필요한 기본적인 체력 요소인 순발력은 여아보다는 남아가 우수하다.

유아기는 팔다리의 협응 능력이 제대로 발달되지 않은 상태이기 때문에 순발력 발휘를 기대할 수는 없다. 그러나 순발력은 운동 소질 개발에 중요한 민첩성 발달의 기초적인 요소이므로 다양한 프로그램을 경험할 수 있도록 해야 한다.

유아기 순발력 향상 프로그램은 팔과 다리의 근섬유 수축과 협응이 되는 활동으로 구성되어야 하며 제자리 뛰기, 엎드려 팔굽혀 펴기, 높이 뛰기, 단거리 달리기, 공 던지기 등의 동작이 효과적이다.

민첩성(agility)은 신체의 방향을 신속하게 바꿀 수 있는 능력이다. 자극에 대한 신속한 반응을 하고 신체의 중심 이동을 빠르게 할 수 있는 능력으로 빠른 방향 전환, 빠른 출발과 멈추기 등의 활동에 꼭 필요한 요소이다. 따라서 민첩성은 평형성과 밀접한 관련이 있고 순발력, 협응력과도 관련이 있다.

유아기는 민첩성 발달의 최적기이다. 유아기, 아동기에 급격하게 발달되다가 청소년기가 되면 감소되기 시작한다. 유아기 민첩성의 습득은 효율적으로 동작을 할 수 있게 할 뿐만 아니라 사고 예방에도 도움이 된다. 민첩성이 향상되는 동작으로는 왕복 달리기와 같이 몸의 방향을 빠르게 전환하는 활동과 앉았다 빠르게 일어나기, 공 튕겨 잡기 등과 같은 활동이 효과적이다.

지구력(endurance)은 무게나 힘 등과 같은 자극에 대해서 반복적으로 힘을 낼 수 있는 능력이다. 지구력은 근지구력과 전신 지구력으로 구

유아기는 민첩성 발달의 최적기이다.

분된다. 근지구력은 근육이 피로해 하지 않으면서 긴 시간 수축과 이완을 반복할 수 있는 능력으로(Fox, 1984) 턱걸이나 오래 달리기와 같이 얼마나 오랫동안 운동을 지속할 수 있는가에 대한 능력이다.

전신 지구력은 강도 높은 전신 운동을 긴 시간 동안 할 수 있는 능력이다. 전신 지구력은 심폐지구력이라고도 하며 신체 조직에 영양소와 산소를 공급하고 노폐물을 제거하는 폐와 혈관, 심장 등이 효과적으로 작동될 수 있는 능력이다(스포츠과학연구소, 1984). 전신 지구력이 향상되기 위해서는 수영, 걷기, 자전거 타기 등과 같이 장시간 동안 피로감 없이 할 수 있는 운동이 효과적이며, 유아에게는 계단 오르기 · 내리기와 게걸음 걷기 등의 동작이 효과적이다.

평형성(balance)은 움직이거나 정지한 상태에서 신체 균형을 유지하는 능력이다. 평형성은 신체를 조정 · 통제하는 협응력에 따라서 좌우되며 근력과 시력, 귀의 평형 기관 신경 계통 등의 종합적인 작용으로 이루어진다(안병집 외, 1993).

평형성은 유아의 바른 자세를 유지하는 데 기본적인 체력 요소이다.

유아에게 평형성은 바른 자세를 유지하는 기본이 되며 신체의 안전과 사고 예방에도 필요한 기본 체력 요소이다(김현주 외, 1997). 유아에게는 선 따라 걷기, 평균대 걸어가기, 한 다리로 서 있기 등과 같은 동작들이 효과적이다.

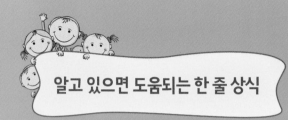

알고 있으면 도움되는 한 줄 상식

아이들의 뇌는 자극적인 환경에 민감하다(노혜숙 역, 2010).

몸놀이가 아이 두뇌를 바꾼다(안진희, 2015).

건강한 몸에서 건강한 정신이 나온다(조영아, 2015).

감각과 운동으로 세상을 이해하는 감각운동기(EBS 부모 제작팀, 2013).

체온이 1도 올라가면 면역력이 5~6배 높아진다(황미숙, 2013).

호흡은 신체생리를 변화시킨다(조진형, 2015).

운동은 아이의 정서와 신체 발달을 촉진한다(김붕년, 2012).

두뇌 신경 연결의 90퍼센트는 일곱 살 전에 이루어진다(안진희, 2015).

아기의 뇌 발달, 기회는 다시 오지 않는다(노혜숙 역, 2010).

뇌의 회로를 강화하는 예체능 교육(장유경, 2012).

학습 정리

:: 학습 내용 중 반드시 기억해야 할 내용을 적으시오.

학습 정리

:: 학습 내용 중 반드시 기억해야 할 내용을 적으시오.

:: 유아의 신장에 영향을 미치는 성장판과 관련된 신체 운동 프로그램을 제시하시오.

성장판	프로그램
발목	
무릎	
고관절	

:: 4세 유아 동작의 각 요소를 포함한 던지기 동작교육 프로그램을 만들어 보시오.

상체	하체

8 인지적 발달

1 인지 발달의 개념

인지란 모든 정신적인 활동을 말한다.

인지란 기억, 상상, 주의, 상징화, 범주화, 계획, 추론, 문제 해결, 창조 등과 같은 모든 정신적인 활동을 말한다. 즉, 인간이 주변 환경에 대한 이해를 할 수 있고 적응할 수 있도록 도움을 주는 주의, 지각, 학습, 사고 등의 정신 세계이다(송길연 외, 2006). 인지 발달은 어떻게 진행되는 것일까?

인지 발달은 성숙과 학습에 의해서 가능하다(김정섭 외, 2013). 성숙이란 생물학적인 연령에 따라 나타나는 것이고 학습은 경험의 결과로 나타나는 것이다. 동작교육지도자들은 성숙과 경험에 대해서 구분할 수 있어야 한다. 왜냐하면 유아들이 하는 동작 중 어떤 동작이 성숙에 의해서 향상되는 것이고 어떤 동작이 경험을 해야만 향상되는지를 알고 있어야 유아들에게 무엇을 경험하게 할 것인가를 결정할 수 있기 때문이다. 특히 연령별 인지 발달에 대한 지식은 유아들에게 어떤 동작을 어떻게 제시하고, 어떻게 지도할 것인가를 결정하는 데 반드시 필요하다. 유능한 동작교육지도자가 되기 위해서는 유아의 인지 발달 이론에 대한 충분한 이해가 필요하다. 이 장에서는 유아의 인지 발달에 관한 대표적인 이론인 피아제의 인지 발달 이론과 비고츠키의 이론을 소개하고자 한다.

1) 피아제의 인지 발달 이론

피아제의 인지 발달 이론은 가장 완벽한 이론으로 평가받고 있다.

피아제의 인지 발달 이론은 인지 발달 이론 중 가장 완벽한 이론으로 평가받고 있다(Bennett, 1999). 앞서 6장에서 소개한 바와 같이 인지 발달의 대표적인 학자인 스위스 심리학자 피아제는 유아들이 새로운 자극에 대한 경험을 하면서 사고를 발달시키는 능동적이고 호기심 많은 탐색가라 하였다. 피아제는 발달을 이해하기 위해서 인지가 왜 중요한지를 제시한 학자로서 유아들이 스스로 지식을 구성하려는 존재이며 또 적극적으로 지식을 구성하는 존재라고 하였다(권민균 외, 2008). 유아가 갖고 있는 내적인 정신적 도식과 환경 사이에서 나타나는 차이가 인지 발달을 촉진한다고 하였다.

도식(schema)은 경험을 이해하는 조직화된 방식으로 인지의 가장 기본적인 단위이다(송길연 외, 2009). 도식은 인간의 행동과 정신적인 표상, 조직, 해석하기 위한 정신적인 구조로서 인간이 태어나면서 갖고 있는 기본적인 도식은 빨기, 보기, 잡기와 같은 반사적 행동들이다(Lamb et al., 2002).

지각의 틀, 반응의 틀, 이해의 틀이라고도 하는 도식은 행동 도식, 상징 도식, 조작 도식 등의 세 가지로 구분된다. **행동 도식**(behavioral scheme)은 아이가 대상이나 경험을 표상하고 그에 반응하기 위해서 사용할 수 있는 체계적인 행동 양식을 말한다. 행동 도식은 태어나면서 처음으로 나타는 지적인 구조이고 영아기 감각 운동 도식이라고도 한다. 영아기에 대상이나 사건에 아이가 경험한 외현적 행동을 통해 표상할 수 있는 지적 구조이다.

상징 도식(symbolic scheme)은 경험하지 않은 대상이나 사건에 대한 문제를 유아가 해결할 수 있는 정신적인 상징이다. 2세쯤 되면 유아는 정신적으로 표상을 하여

> 도식은 지각의 틀, 반응의 틀, 이해의 틀이라고도 한다.

직접적인 경험을 하지 않고도 심상이나 언어적인 부호와 같은 정신적 상징을 통해 문제 해결을 할 수 있게 된다.

조작 도식(operation scheme)은 논리적인 결론을 내릴 수 있도록 해 주는 내적인 정신 활동으로 7세경쯤부터 가능하다. 외현적인 모습에 근거하여 판단을 하는 5세 유아들은 블록의 수가 같은 경우 쌓기를 했을 때보다 펼쳐 놓았을 때가 더 많다고 생각할 수 있으나 조작 도식이 가능한 아이는 쌓은 모습을 생각할 수 있기 때문에 동일한 수임을 인식할 수 있다.

피아제는 인지 발달을 평형화(equilibration) 과정으로 설명하고 있다. 유아가 알고 있는 정보와 새로운 경험을 했을 때 나타나는 불평형화(disequilibration), 즉 유아의 정신 세계에 있는 선행 개념과 현실과의 차이를 평형화시키는 과정에서 인지가 발달하는 것이라 했다. 이는 유아들에게 새로운 경험을 제공하는 것은 곧 유아의 인지 발달을 촉진시키는 동기가 될 수 있다는 이론적 근거가 될 수 있다.

평형화는 새로운 경험을 할 때 예전에 갖고 있던 인지와의 불균형 상태를 평형의 상태로 만들어 가는 과정으로 동화(assimilation)와 조절(accommodation)에 의해서 획득된다. 동화는 이미 존재하고 있는 스키마에 새로운 경험에 관한 정보를 통합시

평형화는 새로운 경험을 할 때 이전의 경험과의 불균형 상태를 평형 상태로 만들어 가는 과정이다.

키는 것으로 기존 지각의 틀에 경험을 해석하는 사고 과정이라 할 수 있다. 조절은 이미 존재하고 있는 스키마와는 동화될 수 없는 정보를 조직하기 위해 새로운 스키마를 만드는 것으로 과거의 스키마가 맞지 않을 경우 행동이나 사고를 변경시키는 사고 과정을 말한다(조형숙 외, 2014).

피아제는 인지 발달 단계를 감각 운동기, 전 조작기, 구체적 조작기, 형식적 조작기 등 4단계로 구분하여 제시하였다(송길연 외, 2009). 감각 운동기 단계 (sensorimotor stage)는 행동 도식에 의존하는 단계이며 출생부터 생후 2세까지 나타나는 것으로 이 시기에는 감각 기능과 운동 기능이 발달된다. 이 시기에는 움직임과 감각으로 입력된 정보를 통해 아는 것이 전부이다. 빨기나 잡기와 같은 반사 반응을 보이며 이는 성장하면서 환경에 따라 변화된다.

전 조작기 단계(preoperational stage)는 2~7세까지 나타나는 것으로 사물과 사건을 상징으로 표상할 수 있는 단계이다(권민균 외, 2006). 이 시기에는 언어가 상징적 표현의 수단이 되어 의사소통이 가능하다(정옥분, 2013). 16개월쯤 되면 유아는 150개 이상의 단어를 이해할 수 있지만 2세경부터는 평균적으로 하루 9개의 단어를 학습한다. 그리고 6세가 되면 약 14,000개의 어휘를 사용할 수 있다(Hollich et al., 2007). 유아가 언어를 사용한다는 것은 상징적 사고를 할 수 있다는 것이다.

> 피아제는 인지 발달 단계를 감각 운동기, 전 조작기, 구체적 조작기 및 형식적 조작기 등으로 구분하였다.

이 시기의 유아는 자아 중심적인 특징을 갖고 있다. 타인의 관점과는 상관없이 자신의 관점에만 집중을 한다. 한 가지 사물에 대해서 다른 사람이 이해하는 것에는 관심을 두지 않고 자신이 이해하는 것에만 몰입한다. 그러나 이러한 특징은 성장과 함께 점차 덜 자기 중심적으로 변화하게 된다.

이 시기의 또 다른 두드러진 특징은 물환론적인 사고를 한다는 것이다. 물환론적 사고는 무생물이 살아 있는 것이며, 사고하고, 감정과 소망을 갖고 있는 것이라 생각하는 것이다. 예를 들어 장난감 자동차가 벽에 부딪치면 아플 것이라는 생각을 하고 속상해하는 것을 말한다. 이러한 자기 중심적 특징과 물환론적인 사고는 주로 2~4세쯤에 나타나고 4~7세쯤 되면 보다 체계적으로 분류하고 서열화할 수 있으며 양적 분류도 가능해진다(송길연 외, 2009). 이 시기 유아는 직관적인 사고를 하며 모든 질문에 대한 답을 받고 싶어 한다. 3세가 되면 질문을 시작하기 시작하여 '왜?'라는 질문을 쉴 새 없이 하기도 한다.

전 조작기의 사고의 특징을 간단하게 정리해 본다면 다음과 같다.

- 감각 운동기보다는 상징적이다.
- 어떤 행동을 하기 전에 그 행동을 정신적으로 그려 보는 내면화된 행동의 조작(operation)을 할 수 없다.
- 자기중심적이다. 앞서 말한 바와 같이 다른 사람의 조망과 자신의 조망을 구별하지 못한다.
- 직관적이며 논리적이지 않다.

구체적 조작 단계(concrete operational stage)는 7~12세에 나타나는 것이다. 이 시기 유아들은 조작을 사용할 수 있어 실제적이고 구체적인 물체에 대한 정신적 사고가 가능하다. 수, 액체, 질량, 길이, 무게, 부피의 순으로 보존을 획득하게 되며 구체적인 상황에서는 직관적이기보다 논리적인 추론이 가능하다. 분류 능력이 발달되어 사물을 그룹화한다든지 하위 그룹으로 분류할 수 있으며 그들 간의 관계를 추론할 수도 있다.

형식적 조작 단계(formal operational stage)는 11~12세부터 성인기까지 계속되는 것으로 아동기에 비해 좀 더 추상적이고, 이상적 · 논리적인 사고가 가능해진다. 이 시기 청소년은 추상적인 사고를 해야 하는 수학적 문제를 해결할 수 있으며 자신이나 타인 또는 세상에 대한 이상적인 모습을 그릴 수 있다. 또한 이 시기에는 문제를 해결할 수 있는 계획을 세울 수 있고 문제를 해결하기 위한 과학적인 사고를 할 수 있게 된다(곽금주 외, 2005).

피아제의 발달 단계는 주로 과학적인 측면에서 강조된 것으로 교육학적인 측면에서 볼 때 다양한 사고 방법을 제공해야 하는 균형적인 교육 방법으로 볼 수 없다는 점을 지적받고 있다. 또한 피아제의 인지 발달 이론은 유아들의 조작 가능 연령을 과소평가하고 있다는 비평을 받고 있다. 최근 유아의 능력은 인지적인 능력의 미성숙이 아닌 경험 부족으로 인해 나타나는 것으로 볼 수 있기 때문에(Wellman & Gelman, 1998) 능력보다 새로운 경험이 될 수 있는 좀 더 높은 수준의 프로그램과 지도의 수업 전략이 필요하다.

> 피아제의 발달 단계는 과학적인 측면에서 강조된 것이다.

2) 비고츠키의 이론

유아를 혼자만의 환경 속 작은 과학자로 본 피아제와는 달리 비고츠키의 이론에서는 유아의 세계가 유아 혼자만의 환경이 아니기 때문에 사회 문화적인 관점에서도 그 인지 발달을 이해해야 한다고 주장한다. 이 이론은 1980년부터 1990년대에 영

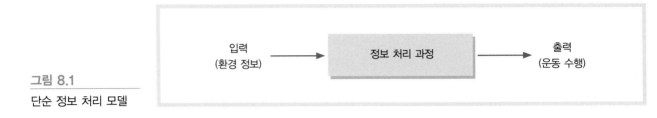

그림 8.1

단순 정보 처리 모델

사회적 경험이 인지 발달에 영향을 미친다.

향을 미친 인지 발달 이론으로 사회적 경험이 인지 발달에 기본적인 역할을 한다는 것을 강조하여 **사회 문화 이론**(sociocultural theory)이라고도 한다(김정섭, 2013).

사회 문화적 관점에서는 유아를 문화의 산물이라 규정하고 유아 발달을 특정한 활동 및 과제에서 참여자들 간의 상호적 또는 공유된 이해로 보는 상호 주관성이란 개념으로 설명하고 있다. 즉, 유아 혼자만이 아닌 주변 환경 속에서 더 나은 능력을 갖고 있는 동료와 함께 활동하며 인지 발달이 이루어진다고 주장하고 있다.

비고츠키는 인간의 대외적 과정이 타인과의 상호 작용에 근원을 두고 있으며 외부에서부터 내부로 인지 발달이 이루어진다고 하였다. 이 이론은 스포츠 학습 시 스포츠를 잘하는 유아와 못하는 유아가 함께 한다면 스포츠 기술이 부족한 유아는 또래에게 배울 수 있는 기회를 갖게 되고, 스포츠 기술 수준이 높은 아이는 지도자 역할을 하면서 서로 도움이 될 수 있다는 스포츠 환경의 이론적 근거가 되고 있다.

3) 정보 처리 이론

정보 처리 이론은 영유아의 사고 과정을 보다 과학적이고 체계적으로 이해하기 위해서 1970년대 이후 시도된 새로운 접근 방법이다. 이 이론에서는 인간의 사고 과정에 초점을 두고 인지 발달 과정을 단계에 따라 구분하기보다는 컴퓨터와 같은 정보 처리 접근 방법으로 이해해야 한다고 주장하고 있다(이기숙 외, 2014). 정보 처리 접근 방법은 인간의 사고 과정을 정보가 입력되고 활용 및 저장하는 방법에 관한 연구로 보며, 인지 발달은 정보 조직 능력의 양적인 변화로 본다(Reyna, 1997). 정보 처리 과정은 부호화, 저장, 인출 등 세 가지 과정으로 구분된다.

부호화 과정은 입력된 정보를 이후 필요할 때 기억해 낼 수 있는 형태로 기록하는 것이다. 시각이나 청각, 촉각 등의 방법으로 여러 가지 자극을 기억할 수 있도록 부호화한다. 저장 과정은 감각 기억과 단기 기억, 장기 기억 과정으로 분류된다.

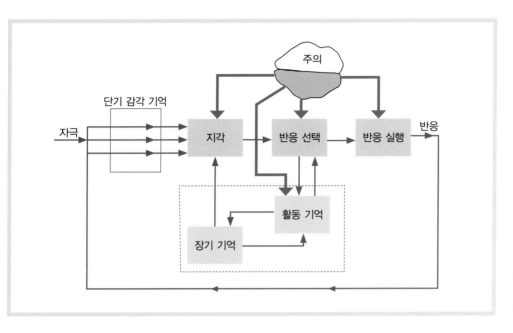

그림 8.2
정보 처리 이론
(Wickens, 1984)

오감과 동작교육

뇌는 병렬 처리체(parallel process)이다. 동시에 많은 것을 처리할 수 있다. 유아에게 다감각적
학습 환경을 제공한다면 병렬 처리체를 활용한 뇌의 발달을 기대할 수 있다. 따라서 시각, 청각,
촉각, 후각, 미각 등 오감을 통한 동작교육 프로그램은 뇌 발달 시기인 유아기에 효과적이다.

2 지능

지능(intelligence)은 문제를 효과적으로 해결할 수 있는 능력이다(Sternberg, 1977).
인간은 생활하면서 발생되는 문제를 어떻게 해결할 수 있는 걸까? 유아는 한 번도
해 보지 않은 동작을 어떻게 해낼 수 있을까? 어떤 유아는 생각보다 쉽게 해내기도
하지만 어떤 유아는 시작도 못하고 머뭇거린다. 동작을 쉽게 해내는 유아를 보면
서 우리는 "우와, 머리 좋은데!"라는 말을 하게 된다. 이와 같이 지능은 일상생활
속에서 직면하는 문제들을 해결하기 위해 원인을 파악한다든지 해결책을 만들어
낸다든지 하는 다양한 지적 행동을 할 수 있게 만드는 능력이다(최경원, 2001).

지능이라는 용어는 기원전 로마 철학자 키케로가 처음 사용하였고 학계에서 정
식으로 사용한 것은 15세기경이다. 20세기쯤에 지능이라는 어휘는 철학적인 개념

지능이라는 용어는 키케
로가 처음 사용하였다.

표 8.1 **지능의 정의**

학자	정의
정옥분(2004)	현명한 선택을 하는 능력
Wechsler(1958)	합리적으로 사고할 수 있는 능력, 목적을 갖고 행동하는 능력, 환경에 효과적으로 대처하는 능력
곽금주, 박혜원, 김청택(2001)	개인의 전체적인 적응 능력
Terman(1921)	추상적인 사고를 할 수 있는 능력
김재은(1987)	판단하고 이해하고 추리하는 능력
Sternberg(1997)	문제를 효과적으로 해결하는 능력
Gardner(2003)	일상생활의 경험을 통하여 적응하고 학습할 수 있는 능력

에서 논리학적인 개념으로 정의되기 시작했다(최혜주, 2002). 지능이 무엇인가에 대해서 사회적, 문화적, 학문적으로 다른 정의가 제시되고 있고 학자 또는 시대에 따라서 서로 다른 견해와 정의들이 제시되고 있다. 그러나 지능이 자신의 상황에 대한 이해 능력과 환경에 대한 적응 능력, 추상적 사고 능력이라는 점에서는 일치된 의견을 보이고 있다(김재은, 1977).

즉, 지능은 경험을 통해서 학습하고 자기를 풍부하게 해 가는 능력이라고 보는 관점과 추상적 사고를 할 수 있는 정도에 비례해서 그 사람이 지능적이라고 보는 관점, 그리고 새로운 환경에 적응시켜 가는 능력이라 보는 관점 등이다(김봉진, 1992). 여러 학자들이 제시하고 있는 지능에 대한 정의는 표 8.1과 같다.

길포드(Guilford, 1967)는 지능이 어떤 구조로 되어있는지를 연구하고 지능의 구조(structure of intellect, SOI)는 지적 내용(5종류)과 조작(6종류), 결과(6종류)의 세 가지가 조합되어 180가지 다른 능력으로 되어 있다고 하였다. 즉, 지능은 지적 내용, 조작, 결과의 구조로 되어 있으며, 내용은 시각, 청각, 상징, 언어, 행동 등 다섯 가지 종류, 조작은 평가, 발산적 사고, 수렴적 사고, 단기 기억, 장기 기억, 인지 등 여섯 가지 종류, 그리고 결과는 단위, 유목, 관계, 체계, 변화, 함축 등 여섯 가지 종류로 되어 있다고 하였다.

그러나 가드너(Gardner, 1983)는 지능을 여덟 가지로 세분화하고 다중 지능(multiple intelligence, MI) 이론을 제시하였다. 그는 모든 인간은 언어, 논리 · 수학, 공간 · 시각, 신체 운동, 음악, 대인 관계, 자기 이해, 자연 탐구 등 여덟 가지의 독립적 기능을 갖고 있고, IQ가 높지 않은 사람이라도 여덟 가지 지능 영역 중 한 가지 이상의 지능 영역에서 높은 점수를 받을 수 있다고 하였다. 가드너의 다중 이론에 대해서 좀 더 자세하게 살펴보자.

1) 가드너의 다중 지능 이론

다중 지능 이론(multiple intelligence theory)은 교육 내용이나 교육 방법의 다양화에 기여한 이론으로 그동안 우리가 알고 있던 것보다 인간의 지능을 폭넓게 제시하고 있다. 다중 지능 이론의 핵심은 모든 인간이 여덟 가지 지능을 가지고 있고 각각의 지능은 모든 사람에게 적절한 수준까지 개발 가능성이 있다는 것이다.

즉, 인간이 갖고 있는 여덟 가지 지능은 한 가지에 표준화된 특성이 없고 항상 서로상호 작용을 하기 때문에, 적합한 여건이 제공된다면 각 지능 영역 내에서 여러 가지 복잡한 방식으로 함께 작용을 하여 각 지능 영역 내에서도 그 지능을 향상시킬 수 있는 많은 방법들이 있다는 것이다. 다시 말해 다중 지능 이론의 기본 원리는 지능이 다수의 지능으로 구성되어 있고 각각의 지능은 독립적인 기능이 있으나 지능이 요구되는 상황에서는 서로 상호작용한다는 것이다(최유현, 1999).

가드너 여덟 가지 다중 지능은 다음과 같은 특성을 갖고 있다(Gardner, 2000).

인간의 여덟 가지 지능은 한 가지만 표준화된 특성이 없고 항상 서로 상호작용한다.

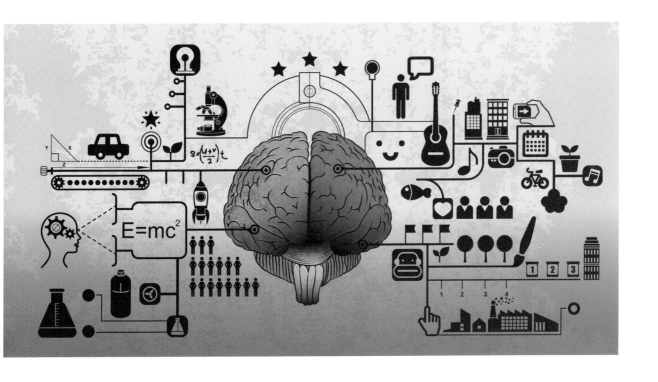

표 8.2 다중 지능과 신경 체계(Armstrong, 1993)

	언어 지능	논리 · 수학 지능	공간 · 시각 지능	신체 · 운동 지능	음악 지능	대인 관계 지능	개인 내 지능	자연 탐구 지능
신경 체계	좌뇌의 측두엽, 전두엽	좌뇌의 두정엽, 우뇌	우뇌의 후두엽	소뇌, 기저신경질, 운동 피질	우뇌의 측두엽	전두엽, 측두엽	전두엽, 두정엽, 변연계	우뇌, 측두엽, 전두엽

- 모든 사람들을 이 여덟 가지 지능을 모두 가지고 있다.
- 모든 사람은 각각의 지능을 적절한 수준까지 개발시킬 수 있다.
- 서로 독립적인 이 여덟 가지 지능은 여러 가지 복잡한 방식으로 상호작용한다.
- 각 지능 영역 내에서도 그 지능을 향상시킬 수 있는 많은 방법들이 있다.

가드너는 여덟 가지 지능이 각각의 능력을 어느 정도 갖고 있으며 상대적 중요성이 모두 동일한 독립적인 능력들이라 했다. 따라서 여덟 가지 특정한 지능, 즉 음악 지능, 신체 · 운동 지능, 논리 · 수학 지능, 언어 지능, 공간 · 시각 지능, 대인 관계 지능, 개인 내 지능, 자연 탐구 지능 중 한 영역에서 탁월한 능력을 보일 수 있다는 것이다(Gardner & Hatch, 1989).

가드너가 제시한 여덟 가지의 지능은 다음과 같다(Gardner, 2000).

(1) 신체 운동 지능

신체 운동 지능(bodily-kinesthetic intelligence)은 모든 신체를 이용해서 생각이나 감정을 표현하는 능력이다. 자신의 운동, 균형, 민첩성, 태도 등을 조절할 수 있는 능력으로 정도의 차이는 있겠으나 모든 사람들에게 있는 보편적인 능력이다. 신체 운동 지능이 높은 사람은 신체를 통해 생각이나 느낌을 표현하는 능력이 그림이나 글보다 뛰어날 수 있다. 신체 운동 지능이 높은 아이는 무용, 연극 등을 잘하고, 손재주가 있어 스포츠 기술을 다른 사람보다 빨리 쉽게 습득하며, 나무 오르기 같은 균형 감각, 촉각이 발달되어 있다.

(2) 음악 지능

음악 지능(musical intelligence)은 음악이 있는 사
회에서 공통적이며 보편적인 능력이다. 이는 단
순히 음높이와 음길이뿐만 아니라 소리의 느낌
을 다루기 때문에, 창의적인 지능이라고 부르기
도 한다. 음악 지능은 가락, 리듬, 음색 등에 민감
하며, 음악적 표현 형식을 지각하고, 변별하고,
변형하며, 표현시킬 수 있는 능력으로서 음악적
기억력과 창의성에 영향을 미치는 지능이다. 음
악 지능이 뛰어난 사람은 비언어적 소리에 민감

하여 음색, 음길이, 음높이와 같은 형태의 소리뿐만 아니라 동작 관련 소리만 들어
도 누군지, 무엇인지를 판별할 수 있다.

(3) 논리 · 수학 지능

논리 · 수학 지능(logical-mathematical intellingence)
은 논리 수학적 기억력이나 창의성, 과학 능력 그
리고 계산 능력 등이 포함되는 것으로 다중 이론
에서 가장 중심이 되는 지능이다. 기존 지능의 핵
심인 논리적 지능은 숫자를 효과적으로 사용하고
추론하는 능력이다. 이는 숫자나 규칙, 명제 등의
상징 체계들을 습득하고 창조할 수 있으며 그에
관한 문제들을 해결할 수 있다.

　논리 수학 지능이 높은 사람은 숫자에 강하고,
각종 번호 등을 다른 사람보다 잘 기억하는 경우가 많다. 논리적 과정에 대한 문제
들을 보통 사람들보다 훨씬 빠른 속도로 해결하며, 추론을 잘할 수 있고, 문제 파
악을 보다 체계적이고 과학적인 방법으로 할 수 있다.

(4) 언어 지능

언어 지능(linguistic intellingence)은 언어를 효과적으로 구사하는 능력이다. 또 문화를 초월하여 그 발달 과정도 거의 일정하며 단어의 소리나 리듬, 의미에 대한 감수성, 언어의 다른 기능에 대한 민감성 등과 관련된 능력이다. 인간은 언어를 사용할 수 있고, 언어는 의사소통의 도구이므로 보편적인 능력이라고 볼 수 있다. 언어 지능이 높은 사람은 다양한 단어를 활용하는 능력이 있어 토론 학습이나 유머, 말 잇기 게임, 낱말 맞추기 등을 잘할 수 있다.

(5) 공간 · 시각 지능

공간 · 시각 지능(spatial-visual intelligence)은 시각적 · 공간적 세계를 정확하게 지각하는 능력이다. 공간적 기억력, 공간적 창의성, 예민한 시각 능력, 시각적 기억력, 시각적 상상력 등이 조화를 이루고 있고 시공간 지각 능력으로 형태를 바꾸는 능력이 뛰어나다. 또한 색깔, 선, 모양, 형태, 공간뿐만 아니라 각각의 요소들의 관계에 대한 민감성과도 관련이 있다.

공간 · 시각 지능이 높은 사람은 방향이나 길을 잘 찾아내며, 도표나 지도, 그림 등으로 시공간을 표현할 수 있다.

(6) 대인 관계 지능

대인 관계 지능(interpersonal intelligence)은 다른 사람들과의 교류 및 이해와 다른 사람의 행동을 해석할 수 있는 능력이다. 이 지능은 동물에게는 없는 것으로 다른 사람의 기분, 의도, 동기, 감정 등을 지각하고 구분할 수 있다. 표정, 목소리, 몸짓 등

에 대한 감수성, 대인 관계에서 나타나는 여러
가지 다양한 힌트, 신호, 단서 등을 구분할 수
있는 역량으로서 사회적 지식을 다루는 데 적
용되며 효율적으로 대처할 수 있는 능력이라
고도 할 수 있다. 사회에서 중요시하는 집단
응집력, 조절력, 결속력 등과 같은 사회적 기
능이 해당되며 대인 관계 지능이 높은 사람은
친구가 많으며 친구들 사이에서 리더십이 뛰
어나다.

(7) 개인 내 지능

개인 내 지능(intrapersonal intelligence)은 자신
의 문제를 잘 해결하는 능력으로 자기 자신을
느끼고, 자신의 감정의 범위와 종류를 구별할
수 있는 능력이다. 개인의 내적 측면에 대한
지식인 이 지능은 대인 관계 지능과 비슷한
특성을 갖고 있으며, 구체적인 모습을 파악하
는 것이 매우 어렵고, 다른 지능과 혼합된 상
태로 나타난다. 개인 내 지능이 낮은 사람들
은 자폐증을 갖고 있을 수 있으며 주변으로부
터 독립된 존재로서 자신을 인식하는 데 어려
움을 겪는다. 반대로 개인 내 지능이 높은 사
람은 자아 존중감이 높다.

(8) 자연 탐구 지능

자연 탐구 지능(naturalist intelligence)은 자연물
을 분류하고 인식할 수 있는 능력이다. 다양
한 꽃이나 풀, 돌 등과 같은 식물, 광물, 동물

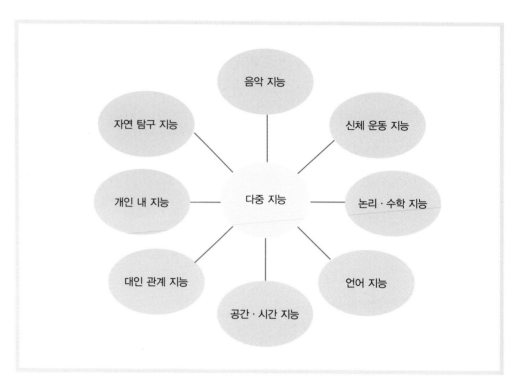

그림 8.3

가드너의 다중 지능
(Gardner, 2000)

과 자동차, 신발, 건물 등과 같은 문화적 산물 및 인공물을 인식할 수 있는 능력이
다. 최근에 대두된 이 지능은 생존을 위해 자연에 적응할 때 필요한 감각적 능력이
자 환경으로부터 최상의 것을 얻어내는 능력이라 할 수 있다. 자연 탐구 지능이 높
은 사람은 자연 친화적인 사람으로 동식물 채집이나 구별 능력이 있다.

표 8.3 **다중 지능 영역에 따른 유아의 특징(Armstrong, 1993; 박성은, 1995 재인용)**

지능	특징
신체 운동 지능	• 상대방과 경쟁하는 운동을 잘한다. • 의자에 앉아 있을 때 움직이거나 발로 박자를 맞추는 등의 행동을 좋아한다. • 수영, 하이킹, 스케이트보드 등을 좋아하고 놀이 기구 타는 것을 즐기며 조각, 바느질 등을 잘한다. • 사람들과 대화할 때 톡톡 치곤 한다. • 다른 사람의 행동을 잘 흉내 낸다.
음악 지능	• 악기를 연주하고 노래의 멜로디를 기억할 수 있다. • 음이 틀리는 것을 빠르게 알고 말할 수 있다. • 학습할 때 주로 음악을 듣고 혼자 노래 부르기를 한다. • 음악에 운율적으로 장단을 맞춘다.

〈계속〉

논리 수학 지능	• 산수 문제를 암산으로 빨리 푼다. • 컴퓨터를 잘 다룰 줄 안다. • 문제들을 논리적이고 분명하게 추론한다. • 이해되지 않는 것들을 알아보기 위해 실험을 고안한다. • 논리적 사고를 요하는 게임에 쉽게 싫증을 내지 않는다.
공간 시각 지능	• 예술 활동에 열중하여 자유 시간을 보낸다. • 무엇인가를 생각할 때 선명한 시각적 영상을 떠올린다. • 지도, 차트, 다이어그램을 쉽게 읽는다. • 영화, 슬라이드, 사진을 보여 주면 좋아한다. • 사람들이나 사물에 대해 정확한 대표성을 그려 낸다. • 퍼즐이나 미로 찾기를 좋아한다. • 공상을 많이 한다.
대인 관계 지능	• 친구가 많다. • 학교나 이웃에서 매우 사교적이다. • 온 동네 일을 다 안다. • 학교가 끝난 후 집단 활동에 참여한다. • 가정에서 분쟁이 일어났을 때 가족 간의 조정자 역할을 한다. • 다른 아이들과 집단으로 게임하는 것을 좋아한다. • 다른 사람들의 느낌에 대해 공감을 잘한다.
개인 내 지능	• 강한 의지와 독립심을 보여 준다. • 반대되는 주제가 토론 중일 때 강한 의견으로 반응한다. • 자기만의 세계, 내적인 세계에 살고 있는 것처럼 보인다. • 깊은 자신감을 가지고 있는 것처럼 보인다. • 옷맵시, 행동, 일반적 태도에서 개성이 강하다. • 개인적인 흥미, 취미, 일을 혼자서 추구하기를 좋아한다. • 독립적인 학습 과제에서 스스로 동기 유발을 잘한다.
언어 지능	• 단어를 다양하게 활용한다. • 토론 능력이 우월하다. • 유머 말 잇기 게임, 낱말 맞추기 등과 같은 언어적 게임을 잘한다.
자연 탐구 지능	• 자연물 분류를 잘할 수 있다. • 동식물 채집 능력이 있다. • 동식물을 잘 구별할 수 있다.

2) 유아 지능 측정

유아기는 지능이 발달하는 결정적인 시기이다. 미분화된 일반적인 지능이 연령이 높아지면서 점차적으로 분화되어 독립적인 각각의 특수한 능력으로 나타난다 (Vasta et al., 1992). 2세쯤 급격히 발달하는 지능은 연령이 높을수록 변화의 폭이

지능은 연령이 높아질수록 변화의 폭이 감소한다.

감소하고 안정적으로 되어 간다(송명자, 1995 재인용). 따라서 지능은 학업 성취 결과의 예측을 가능케 하고 미래의 직업이나 건강, 사회 적응, 삶의 만족도와 관계를 나타낼 수 있는 것이다(Shaffer, 2002; 강혜연, 2010).

유아의 지능 발달에서 성차는 크게 나타나지 않으나 특수 영역에서의 지능은 성별에 따른 차이가 있다(황희숙 외, 2003). 즉, 발달 초기에 여아의 언어 능력이 남아보다 높아서 여아가 남아보다 말을 일찍 시작하고 어휘 습득도 빠르다(Halpen, 2004).

유아의 지능은 어떻게 알 수 있을까? 유아용 지능 검사는 심리학자 비네(Binet, 1905)에 의해서 1900년대 초에 고안되었다. 초기 지능 검사의 목적은 정신 박약아와 정상아를 구별하는 것이었다. 발달적인 최초의 접근인 이 검사에서는 난이도가 다른 다양한 언어적 사고와 비언어적 사고 관련 문항에 대해 나타내는 피검사자의 반응으로 지능을 측정하였다(Cohen & Spenciner, 1994).

1916년 터먼(Terman)이 개발한 스탠퍼드–비네 검사는 정신 연령과 생활 연령의 비율 정도가 영리함의 척도이다. 지능 지수는 유아의 정신 연령(mental age, MA)을 생활 연령(choronological age, CA)으로 나누고 100을 곱하여 산출하며, 생활 연령과 상관없이 지능 지수가 100인 유아는 정상적인 발달을 하고 있음을 의미한다. 지능 지수가 100 이상이라는 것은 정상적인 유아들보다 정신 능력의 발달이 빠르다는 것을 의미하는 것이며 자신보다 나이가 많은 사람들과 지능이 비슷하다는 것이다. 지능 지수가 100보다 낮은 경우는 정신 능력이 느리게 발달이 되고 있음을 의미하며 자신보다 어린 사람들의 지능과 같은 수준이라는 것이다.

지능지수가 100보다 낮은 경우는 정상아보다 정신 능력이 느리게 발달하고 있음을 의미한다.

$$IQ = MA(정신 연령)/CA(생활 연령) \times 100$$

최근 국내에서 2~12.5세까지 개인의 문제 해결 능력과 정보 처리 능력을 측정하기 위해서 개발한 개인 지능 검사로는 K-ABC(Korean Assessment Battery for Children)가 있다. 그리고 3~7세 유아의 지능 검사로는 박혜원, 곽금주, 박광배 등이 개발한 한국형 유아 지능 검사(K-WPPSI)를 사용한다(문수백, 변창진, 1997). K-WPPI는 미국판 웩슬러 지능 검사를 근거로 개발된 검사로서 웩슬러 지능 검사는 성인용(WAIS), 아동용(WISC), 유아용(WPPSI) 등이 있다.

WPPSI(Wechsler Preschool and Primary Scale of Intelligence)는 웩슬러와 그의 동료들이 함께 개발한 검사로, 성인용 WAIS(Wechsler Adult Intelligence Scale)와 6~16세까지를 위해 개발된 WISC-III(Wechsler Intelligence Scale for Children-III)를 유아에게 적합하게 수정 및 보완한 것이다(Shaffer, 2005).

WPPSI는 유아용 웩슬러 지능 검사이다.

신뢰도와 타당도가 매우 높은 이 검사는 개인별로 시행되는 것이며 검사자가 검사받는 유아의 여러 행동을 동시에 관찰할 수 있는 장점을 갖고 있다(Cohen & Spenciner, 1994). 이 검사지는 언어성 소검사 여섯 가지와 동작성 소검사 여섯 가지로 구분되어 있고 언어성 지능(verbal IQ)과 동작성 지능(performance IQ)으로 산출된다. 언어성 지능과 동작성 지능의 총합이 전체 지능이다.

3) 언어성 지능과 동작성 지능

언어성 지능(verbal intelligence)은 상식, 이해, 산수, 어휘, 문장, 공통성 등의 소검사로 구성되어 있다. 추상적인 대상을 처리할 수 있는 능력과 교육을 받은 지식의 정도, 양, 언어적 기억 능력, 언어 유창성에 대한 개인 능력을 평가한다. 상식은 일상의 사건이나 물건에 대한 지식을 알아보기 위해 측정하는 것이다. 검사의 세부 내용은 일반적 지식의 범위, 학교 생활 및 문화적 경험에 의해 누적된 지식, 지적 호

언어성 지능은 상식, 이해, 산수, 어휘, 문장, 공통성 등의 소검사로 구성되어 있다.

기심, 선천적 능력, 일상생활에 대한 민감성, 풍부한 초기 환경 조건이 어느 정도 되는지를 평가한다. 상식 검사에서 점수가 높은 아이는 문화적 혜택이나 높은 교육적 배경, 학교 교육에 의해서 좋은 언어 능력을 가졌다는 것을 의미한다.

이해는 자기의 과거 경험을 평가하고 종합하는 능력을 측정하는 것으로서 다양한 상황을 잘 이해하고 이에 따른 문제 해결 방안을 찾아내는 능력이다. 일상생활에서의 경험과 대인 관계, 사회적 관습 등이 반영된다. 이해 검사 점수가 높을수록 행동의 원인과 사건의 결과에 대한 자신의 생각을 구두로 정확하게 표현할 수 있다.

산수는 기본적인 계산 능력과 사고력, 수리력, 주의 집중력을 측정하는 것이며 청각적 자극을 통해 받은 정보를 기억하고 문제를 해결해야 하는 과제이다. 기억 능력과 재생 능력이 요구되는 검사로서 산수는 상식과 함께 학교 성취를 확인하는 데 활용된다.

어휘는 사고의 융통성과 범위를 표현하는 능력을 측정하는 것이다. 어휘 검사에서는 유아의 문화적 경험, 교육 환경과 관련된 유아의 학습 능력, 개념의 풍부성, 기억력, 개념 형성 능력, 언어 능력 등을 측정할 수 있다.

공통성은 관찰할 수 있는 형태로 나타나는 여러 가지 사물과 현상들을 의미 있는 집단으로 묶는 개념 형성 능력과 추상적 사고 능력을 측정한다. 공통성은 언어 유창성의 중요한 결정요인으로 더욱 정확한 표현과 추상적 사고 능력을 나타낼 때 점수가 높게 나온다(강문희 외, 2003).

동작성 지능(performance intelligence)은 환경에 대한 유아의 비언어적 접촉의 정도와 질, 언어적 능력, 지각적 자극과 운동 반응의 통합 능력, 작업 속도, 구체적 상황에서의 작업 능력을 측정하는 것이다(한국아동검사연구회, 2002). 동작성 지능은 유동적 지능으로 사건이나 경험에 의해서 간접적으로 발달되는 능력이며 광범위한 시각적 능력을 평가할 수 있다(Sattler, 1988). 지능 검사 결과에서 동작성 지능이 높게 나오면 학습 경험이 부족해도 지적 능력이 있다고 말할 수 있으며, 그 유아는 적응적이고 융통성과 문제 해결 능력이 있는 것으로 평가된다.

곽금주 등(1996)은 유아들에게 동작성 지능과 관련된 능력을 적극적으로 격려해 주고 동작성 지능을 활용할 수 있는 환경이 제공된다면 훈련을 통해서 얻을 수 있

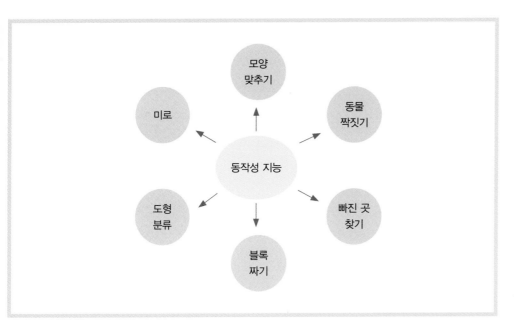

그림 8.4
동작성 지능

는 언어성 지능과는 달리 유아들의 능력이 더욱 개발될 가능성이 있다고 하였다 (한국아동검사연구회, 2002).

　동작성 검사는 모양 맞추기, 도형, 블록 짜기, 미로, 빠진 곳 찾기, 동물 짝짓기 등으로 구성되어 있다.

　모양 맞추기(object assembly)는 일상생활에서 볼 수 있는 직사각형, 꽃, 자동차, 사람 얼굴 등과 같은 대상물을 여러 조각으로 잘라 놓은 것을 원래 모습대로 맞추

동작성 검사는 모양 맞추기, 도형, 블록 짜기, 미로, 빠진 곳 찾기, 동물 짝짓기 등으로 구성되어 있다.

게 하는 검사이다. 모양을 맞추기 위해서는 불확실한 자극에 반응하는 능력과 부분들의 관계에 대한 예견력과 융통성, 인내력, 주의 집중력, 좌절에 견디는 힘 등이 필요하다. 이 검사는 총 여섯 가지 문항으로 구성되어 있다. 유아의 문제 해결 유형과 성공 및 실패에 대한 반응을 직접 관찰할 수 있고, 부분에서 전체를 지각하고 통합하는 능력과 형태의 인지 및 표상 능력, 공간 지각력, 구성 능력, 시각-운동 협응력을 측정할 수 있다(한국교육개발원, 1987).

도형검사(geometric design)는 단기 기억, 모방 및 재생 능력, 시각-운동 협응력, 소근육 발달과 조정 능력을 측정할 수 있다. 유아에게 그림을 보여 주고 그림과 똑같은 도형을 보기에서 찾거나 그림을 보고 따라 그리도록 한다. 이 검사에서는 시각과 지각 정보의 재인과 확인 능력이 요구된다. 총 16문항으로 구성되어 있고, 도형을 인지해야 하며, 충동성에 영향을 받을 수 있고, 연필 잡기 경험이나 그리기 경험이 영향을 줄 수 있다.

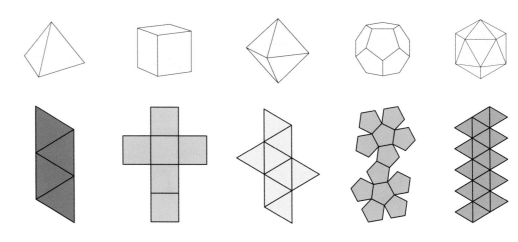

블록 짜기(block design)는 일반 지능의 좋은 지표가 되는 것으로 운동 능력과 수행 속도에 영향을 받는다. 공간 구성력과 지각적 조직화 능력, 추상적 자극에 대한 분석력과 종합 능력, 시각-운동 협응력, 형태 인지, 시행착오적 학습 능력과 모방을 통한 학습 능력을 측정하는 검사이다. 제시된 모양과 같은 모양을 제한된 시간 내에 주어진 토막으로 재구성하는 것으로 주의력과 비언어적 개념 형성 능력, 공간적 시각화 능력이 요구된다.

미로(mazes) 검사는 신중함과 정확성, 인내력이 요구되는 검사로 시각 패턴을 추적하고 통찰하는 능력과 전체를 보는 시각, 예견력 등이 필요하다. 통로를 제한된 시간 내에 통과하는 검사로서 계획 능력, 지각 구성 능력, 시각-운동 협응력, 비언어적 추론 능력을 측정한다.

빠진 곳 찾기(picture completion)는 일상생활에서 본질적인 것을 변별하는 능력과 추리하는 능력을 측정한다. 일상적인 물건의 그림에서 빠진 부분을 찾아내는 이 검사는 사물의 중요한 부분과 주변 부분을 구별하는 능력, 필수적인 부분과 비필수적인 부분을 구별하는 능력, 집중력, 시각적 민감성, 시각적 구성력, 시각적 기억력 및 시각적 인지 능력 등이 요구된다.

빠진 곳 찾기에서 높은 점수를 받은 유아는 필수적인 시각적 정보를 잘 인식할 수 있으며 시각적으로 민감하고 정확하다는 것이다. 그러나 낮은 점수를 받았다는 것은 집중력이 낮거나 부적절한 시각 조직력을 갖고 있음을 의미한다.

동물 짝짓기 검사는 정확성과 속도, 눈과 손의 협응력, 신속성, 운동성 능력 등을 평가하는 보충 검사로서 필요에 따라 사용한다.

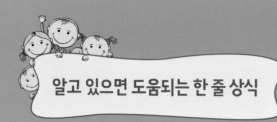

알고 있으면 도움되는 한 줄 상식

지능이 높은 아이가 행복하다(강현식, 박지영, 2015).

스트레스가 아이의 뇌를 파괴한다(노경선, 2007).

아기는 태어나는 순간부터 '기억력'을 갖고 있다(김혜선, 2015).

PQ가 IQ, EQ, SQ를 만든다(조진형, 2015).

공감 뇌를 지탱하는 거울 뉴런(김남미, 2012).

조기교육보다 더 중요한 두뇌교육(윤옥인, 2014).

지능을 주관하는 뇌의 사령탑, 전전두엽(노경선, 2007).

수초화는 뇌의 속도를 높여준다/사랑은 지능 발달의 특효약이다(노혜숙 역, 2010).

창의력은 삶을 '행복'으로 이끄는 나침반이다(조영아, 2015).

상상력은 뇌 지도를 바꾼다(김붕년, 2012).

학습 정리

:: 학습 내용 중 반드시 기억해야 할 내용을 적으시오.

학습 정리

:: 학습 내용 중 반드시 기억해야 할 내용을 적으시오.

:: 지능이 유전 또는 환경에 의해서 결정된다는 연구 결과를 조사하여 제시하시오.

1. 지능은 유전에 의해서 결정된다.	
관련 연구	
연구 결과	

2. 지능은 환경에 의해서 결정된다.	
관련 연구	
연구 결과	

:: 동작성 지능이 높아질 수 있는 동작 활동 프로그램을 제시하시오.

지능	학습 내용	평가
모양 맞추기		
도형 분류하기		
블록 맞추기		
미로 통과하기		
그림에서 빠진 곳 찾기		
동물 짝짓기		

9 정서 발달

1 정서의 개념

정서(emotion)란 외부의 자극 또는 유기체의 내적 조건 및 욕구 상태에 따라 흥분되거나 동요될 때 경험하게 되는 심리적인 상태로 정의된다(김정희 외, 1997). 즉, 정서는 외부로부터 자극을 받았을 때 나타나는 미소 또는 찡그림 같은 반응이나 혈압, 맥박 수, 호흡과 같은 생리적인 변화를 보이는 것을 말한다. 라틴어의 *emover* 에서 유래한 정서는 사전적 의미로 '움직이다.', '휘젓다.'의 뜻이며 일반적으로 기분이나 감정이라는 단어와 유사하게 사용된다(정옥분, 2013). 감정은 신체적인 반응을 포함하지 않는 가벼운 심리적 상태로 내외적 자극에 대해 느껴지는 기분이나 생각을 말한다. 그러므로 신체적인 흥분과 변화를 동반하는 정서와는 강도의 차이

가 있으므로 구별하여 사용해야 한다.

유아기는 정서가 급속하게 발달되어 정서적 표현을 이해할 수 있는 시기이다. 생활 속에서 다양한 경험을 하며 자신의 정서를 이해하고 다른 사람과의 상호 작용을 통해 타인의 정서 이해 및 표현을 할 수 있게 된다(Conway, 2005). 이 시기는 행복이나 기쁨과 같은 긍정적인 감정은 성인 정도의 수준으로 이해할 수 있지만 슬픔이나 괴로움과 같은 부정적인 정서는 성인 정도의 수준으로 이해할 수 없다(정옥분, 2004). 유아는 자신의 감정이나 요구를 울음이나 미소와 같은 정서로 나타내며, 부모와의 애착이 형성되는 과정에서 부모의 반응이나 표정들을 습득하며 유아의 정서가 발달된다.

유아기는 정서가 급속하게 발달되는 시기이다.

유아기는 쾌 또는 불쾌의 정서뿐만 아니라 호기심, 기쁨, 애정, 질투, 분노, 공

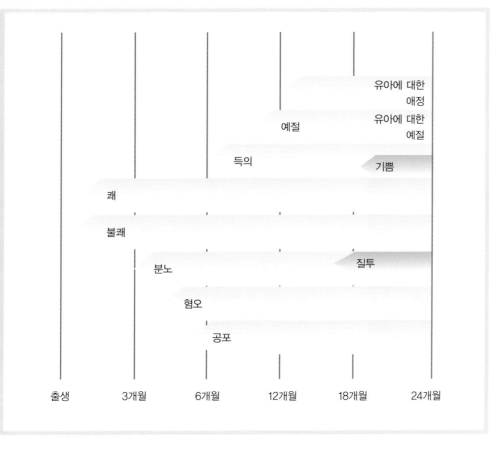

그림 9.1

정서의 분화(Bridges, 1931)

포 등과 같은 다양한 정서를 보여 주는 시기이다(곽은정, 2002).

호기심(curiosity)은 한마디로 알고 싶어 하는 마음이다. 유아기에 강하게 나타나는 정서 발달의 특징인 호기심은 부정확한 정보나 지식과 새롭고 신기한 것 또는 궁금한 것을 탐구하는 정서이다. 유아기는 주위 인물이나 사물에 대한 호기심이 가장 왕성한 시기로 '이게 뭐야?', '어디서 왔어?', '어떻게?' 등의 질문을 많이 하게 된다. 이는 문제를 해결하거나 지식을 획득하는 데 있어서 기초가 된다. 따라서 유아의 호기심에 대해서 유아 스스로 생각하여 답을 찾을 수 있도록 유도해 주는 것이 바람직하다.

쾌 정서 중의 하나인 기쁨의 정서는 기분이 좋을 때 느끼는 정서이다. 일반적으로 자신이 추구하는 목표가 달성되었을 때 미소, 웃음을 보이거나 손뼉을 치는 모습으로 나타난다. 태어난 지 2개월쯤에는 미소를 보이면서 기쁨을 표현하고 언어 발달이 되는 3세쯤이 되면 말로 표현한다. 잠을 충분하게 잤을 때와 배가 부를 때, 적당한 운동을 했을 때도 유아는 기쁨을 느끼게 된다. 그러므로 건강할수록 기쁨을 명확하게 표현할 수 있다. 걷기, 오르기 등과 같은 기본 운동 동작을 완성했을 때도 유아는 성취감에 기쁨의 정서를 보인다. 이러한 기쁨의 정서를 많이 느끼면서 성장한 아이는 긍정적인 성격이 형성될 가능성이 높다.

유아기 정서 발달 중 가장 중요한 정서는 애정(affection)이다. 애정 정서는 인간적인 유대 관계에 기초가 되는 것으로 태어나서 엄마의 사랑으로 시작되어 가족이나 또래 친구, 동물 장난감 등에게 표현된다. 1년 6개월쯤에는 응석 부리기에서 시작되어 3세쯤이 되면 부모를 독점하려는 표현으로 나타난다. 애정 정서가 충분한 환경에서 자란 아이는 자신감을 얻어 더욱 진취적이고 도전적인 생활을 할 수 있다.

질투(jealousy) 정서는 적극적이고 공격적인 유아 그리고 지능이 높은 아이가 표현을 많이 하는 정서로, 주로 동생에게 관심이 쏠렸을 때, 어른의 관심이나 친구의 관심이 변화를 일으켰을 때 발생한다. 질투는 자신에게 쏟아진 애정과 관심이 다른 사람에게로 바뀌었을 때 나타나는 적개심으로서 2~5세 사이에 시작된다. 질투 정서는 3세쯤 가장 많이 나타나며 울기, 말썽 피우기, 아프다는 핑계로 주의를 집중 시키기 등으로 나타난다.

분노(anger) 정서는 유아기에 가장 보편적으로 나타나는 정서로 부모의 양육 방법에 따라 분노의 정도 및 강도 차이가 날 수 있다. 또한 부모의 관심이 부족하거나 하고 싶어하는 것을 못하게 하고 무엇인가를 강요하면 유아의 분노를 유발하게 된다.

이 밖에도 유아가 분노 정서를 나타내는 경우는 다양하다. 건강 상태가 좋지 않거나 신체적인 피로, 수면 부족 상태에서 분노를 나타낼 수 있으며, 강한 자극이나 공포스러운 상황에서도 분노 정서를 나타낼 수 있다. 뿐만 아니라 신체 활동량이 충분하지 않아 에너지가 남아 있을 때도 분노의 감정이 표출된다(전남련, 2014). 유아기는 주로 떼를 쓰는 것(temper tentrum)으로 분노를 표현한다. 3~4세 때쯤 하는 발길질이나 쾅쾅 뛰기, 씩씩거리기 등이 분노의 표출이다.

유아기 분노 정서는 다양하게 나타난다.

강요와 억압의 가정 분위기라든가 부모의 잦은 싸움, 화를 내는 모습을 보면서 자란 유아는 분노 표현이 무의식적으로 모방될 수 있어 분노 정서를 쉽게 나타낼 수 있고 과격한 성격이 형성되는 원인이 되기도 한다.

유아의 정서적 발달 특징 중 관심을 두고 살펴보아야 할 것은 공포심이다. 공포(fear)는 위험한 상황에서 도피하거나 문제 해결 능력

이 없다고 느끼질 때 생기는 불쾌한 심리 상태를 말한다. 유아기에 '저리 가!'라든가 '싫어!'라는 말을 하는 것은 공포심을 갖고 있다는 표현이며 울음이나 변덕 부리기도 공포심의 표현이라 할 수 있다.

유아기에는 어둠, 천둥 소리와 같이 음량이 큰 소리, 집이 아닌 다른 곳에서 잠을 깼을 경우와 같이 새로운 상황 등에서 공포의 정서를 나타낼 수 있고, 1세쯤에는 엄마가 눈앞에 보이지 않으면 공포의 정서를 표출한다. 2세쯤은 공포심이 매우 심해지는 시기로 주로 청각적인 공포와 시각적으로 큰 사물에 대한 두려움, 어둠에 대한 공포를 나타낸다. 3세쯤에는 시각적인 것에 공포심을 많이 갖게 된다. 특히 얼굴 인상이 좋지 않은 성인에 대해서 공포심을 나타내기도 한다. 공포 정서는 5세가 되면 약간 줄어들지만 6세가 되면서 다시 강해진다. 이는 지능이 발달하면서 이전에는 모르고 있었던 것에 대한 위험성을 알게 되어 더 많은 공포를 느끼게 되는 것이다(곽은정, 2002).

2 정서 능력

유아기의 정서 능력은 초기 사회화 과정에서 발달되어야 한다. 정서 능력은 정서를 인식하는 능력과 정서를 조절하는 능력으로 구분된다(Goleman, 1995). 정서를 인식하는 능력은 자기 정서를 인식하는 능력과 타인의 정서를 인식하는 능력으로 나눌 수 있다.

1) 정서 인식 능력

정서 인식 능력 중 **자기 정서** 인식 능력은 자신의 감정과 기분을 정확하게 인식하고 그대로 표현하는 능력이다. 유아가 자신의 정서를 정확하게 인식하고 표현할 수 있는 것은 사회 정서적 발달에 도움을 준다(Solovey & Mayer, 1990).

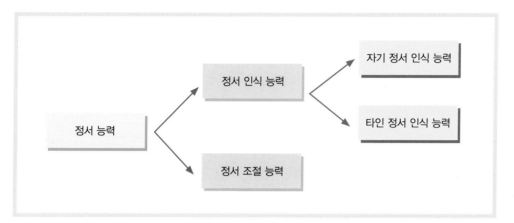

그림 9.2
정서 능력

그러나 유아가 자신의 감정과 기분을 정확하게 인식할 수 있는 능력이 없다면 정서를 정확하게 표현하지 못하게 되어 문제 해결이 어려워진다. 이는 유아의 사회 정서적 발달에 부정적인 영향을 미치는 원인이 되는 것이다.

타인 정서 인식 능력은 다른 사람의 정서적인 반응을 정확하게 인식하고 그 반응에 감정 이입을 할 수 있는 능력이다. 다른 사람의 정서를 정확하게 인식하면 유아는 타인의 정서에 적절하게 대처할 수 있다. 다른 사람의 고통을 공감하기도 하고 다른 사람이 원하는 것을 충족시키는 행동도 할 수 있게 된다(송명자, 1995).

즉, 유아가 또래의 정서를 정확히 인식한다면 또래의 감정 상태를 이해하여 이에 적절하게 반응할 수 있게 된다는 것이다(김경희, 1998). 따라서 타인 정서 인식 능력은 유아의 또래 관계에 도움이 될 수 있는 긍정적이고 유능한 행동을 할 수 있게 해 준다.

2) 정서 조절 능력

정서 조절 능력은 정서를 주어진 상황에 맞게 조절하기 위해서 자신의 정서를 인지하고 조절하는 능력이다(Kopp, 1989).

유아가 정서에 대한 인식이 되고 나면 상황에 적절한 정서 조절을 해야 한다. 정서 조절은 강한 정적 혹은 부적 감정에 따른 부적절한 행동을 억제할 수 있는 능력이며, 강한 감정이 유입되어 생리적으로 발생되는 각성 수준을 스스로 억제시킬 수 있는 능력이다(Gottaman et al., 1997). 다시 말하면 정서 조절 능력은 자신의 감정을 다룰 수 있는 능력으로 유아가 인식한 감정을 스스로 적절하게 처리하고 변화시킬 수 있는 능력이다(Salovey & Mayer, 1990).

정서 조절 능력은 긍정적인 대인 관계, 즉 다른 사람과의 관계 형성 및 상호 작용에 반드시 필요하다. 유아는 또래와의 관계에서 다양한 정서를 경험할 수 있으며 정서를 조절해야 하는 기회를 갖게 된다. 이때 정서 조절 능력이 높은 유아는 쾌활하고 비공격적이며 또래에게 인기가 높다. 또한 자신감을 갖고 새로운 일을 탐색하여 도전할 수 있으며, 인내심을 갖고 목표를 달성하는 데 집중할 수 있고, 또래 관계를 원만하게 유지할 수 있는 융통성이 있어 사회적 적응력이 높아진다(Sroufe, 1996).

정서 조절 능력이 없는 유아는 주의가 산만하고 화를 자주 낸다.

그러나 정서 조절을 하는 능력이 없는 유아는 주의가 산만해지고 화를 자주 낸다. 충동적이고 공격적이 되어 융통성이 부족해질 수 있고(Selman & Demorest, 1984) 사회적 지식과 대인 관계 기술이 발달되지 않을 수 있다(Katz & MaClellan, 1997).

따라서 유아기 바람직한 인간 관계 형성을 위해서는 자신의 감정 상태를 인식할 뿐만 아니라 다른 사람의 사고나 감정, 의도 등을 이해 및 공감하고 적절하게 대처할 수 있는 능력이 발달되어야만 하는 것이다(Parke et al., 1987).

정서 조절 능력은 정서 인식하기와 정서 억제하기, 대처하기로 구분하여 설명할 수 있다.

정서 조절 능력은 정서 인식하기, 정서 억제하기, 대처하기 등으로 구분된다.

정서 인식(emotion awareness)은 문제 상황에 적절하게 대처하고 자기 조절 능력을 형성하는 데 도움이 된다. 유아가 자신과 다른 사람의 정서를 정확하게 인식하고 타인에 대한 사고와 정서를 이해 및 공감하는 것이다. 정서를 인식하는 것은 자신과 다른 사람의 정서 반응을 해석하고 다른 사람과의 상호 작용에서 표정이나 언어, 행동 등을 단서로 정서 상태에 대한 지식을 얻게 해 준다. 또한 다른 사람의 행동을 예언할 수 있고 유아가 자신의 정서 반응을 해석하며 어떤 정서로 표현할 것인가를 결정하게 해 준다(문성진, 2008).

정서 억제(emotion control)는 전 생애에 걸쳐 발달되는 것으로 매우 중요한 자기 통제력이다. 정서를 억제한다는 것은 갈등 상황에 직면했을 때 사회적으로 기대되는 행동을 하고 인정받을 수 없는 행동을 하지 않도록 억제하는 것이다. 유아기 정서 억제는 유아 활동 중 불만과 충동을 통제하고 교사의 지시를 따르게 하며 또래와의 장난감 공유 등과 같은 행동에 영향을 미치게 된다.

대처하기(ability to cope)는 정서적으로 자극을 받는 상황에서 유아가 사회적으로 적합한 행동을 할 수 있도록 자신의 긍정적인 기분을 유지하거나 지속하려 하는 것과 부정적인 정서를 긍정적으로 바꾸려 노력하는 것이다. 대처하기 방법으로는 정서 바꾸기, 정서 숨기기, 협력하기가 있다. 정서 바꾸기는 부정적인 정서를 긍정적으로 바꾸려는 것이고, 정서 숨기기는 자신의 내적인 정서 상태를 숨기려 하는 것이다. 협력하기는 또래와의 갈등 상황에서 협력을 한다거나 어른에게 지지받는 행동을 하는 것이다.

3 정서 지능

정서 지능(emotion intelligence)은 자신과 타인의 정서를 평가하고 표현할 줄 아는 능력, 자신과 타인의 정서를 효과적으로 조절할 수 있는 능력, 자신의 삶을 계획하고 성취하기 위해서 정서를 활용할 수 있는 능력이라고 정의한다. 1995년 다니엘 골먼(Daniel Goleman)의 저서 정서 지능을 타임지가 소개하면서 알려진 정서 지능이라는 용어는 1990년 미국 뉴햄프셔대학의 심리학 교수인 마이어와 예일대학 교수 살로베이가 처음으로 사용하기 시작했다. 정서 지능은 정서를 정확히 지각하고 평가하며 표현하는 능력이고 사고를 촉진시키는 조건에서 그러한 감정에 접근하거나 감정을 생성하는 능력이다. 다시 말하면 정서 지능은 정서와 정서적 지식을 이해하는 능력이자 정서를 조절할 수 있는 인지적 능력이다(Mayer & Solovey, 1997).

정서의 사전적 의미는 '어떤 일을 경험하거나 생각할 때 일어나는 갖가지 감정, 또는 그런 감정을 유발하는 주위의 분위기나 기분'으로 되어 있다(황혜정, 1999). 정서 지능은 정서 경험보다는 정서 관리에 초점을 두고 있으며 사고 능력, 기억력, 계산력, 추리력 등이 발휘될 수 있도록 하는 감정 능력이자 억압하고 제한하는 능력이다(문용린, 1996).

정서 지능을 높이기 위해서는 정서 조절과 표현을 체험해야 한다. 이는 연습과 훈련으로 가능하다. 어릴 때는 부모나 형제, 자매 등 가족 구성원들의 표정과 감정 그리고 속마음을 읽는 연습을 해야 한다. 화남, 분노, 질투, 충동, 조바심 등이 생기면 사례를 통해서 올바른 감정 처리 방법의 예행 연습을 하고, 동화나 소설, 영화 속 인물들의 정서 처리 능력과 방법을 조사 · 분석하여 표현해 보는 훈련을 해야 한다(정옥분, 2005).

마이어와 살로베이(Mayer & Salovey, 1990)는 정서 지능을 총 16가지 요소로 구분하여 표 9.1과 같이 정서 지능의 모형을 제시하였다. 표 9.1에서 보는 바와 같이 정서 지능을 크게 네 가지 영역으로 구분하고 발달의 정도에 따라 네 가지 수준으로 구분하였다. 정서의 인식과 표현 수준이 가장 낮은 수준이고 정서의 반영적 조절 수준이 가장 높은 수준이다.

표 9.1 정서 지능의 영역과 수준 모형(Mayer & Salovey, 1997)

영역		수준
영역 Ⅰ	정서의 인식과 표현	수준 1 : 자신의 정서에 대한 정확한 인식 수준 2 : 타인의 정서 이해 수준 3 : 정서에 대한 정확한 표현과 그 정서 관련 욕구 표현 수준 4 : 표현된 정서 구별
영역 Ⅱ	정서에 의한 사고 촉진	수준 1 : 정서를 사용하여 중요한 정보에 주의 집중함으로써 사고의 우선순위 결정 수준 2 : 생생한 정서를 불러일으킴으로써 관련된 것 판단 및 기억 수준 3 : 정서를 좀 더 효율적이고 세련된 사고에 도움을 줄 수 있도록 활용 수준 4 : 정서 상태에 따라 다른 문제 해결 접근
영역 Ⅲ	정서적 지식의 활용	수준 1 : 정서 간의 관계 이해와 명명 수준 2 : 정서가 전달하는 의미 이해 수준 3 : 복잡하고 복합적인 정서 이해 및 활용 수준 4 : 정서 전환의 변화 양상 추론
영역 Ⅳ	정서의 반영적 조절	수준 1 : 정서에 대한 개방적 수용 수준 2 : 정서의 유익성과 실용성을 숙고하여 그 정서 지속 및 탈피 수준 3 : 자신과 타인의 관계 속에서 정서를 반영적으로 점검 수준 4 : 정서가 전달하는 정보를 축소, 과장, 왜곡하지 않고 자신과 타인에 대한 정서를 관리 및 조절

마이어와 살로베이(1990)는 정서 지능의 다섯 가지 항목으로 자기 인식, 자기 조절, 자기 동기화, 감정 이입, 대인 관계 등을 제시하였다.

자기 인식은 자신의 정서를 명확하게 아는 것이다. 유아들이 자신에게 일어나는 느낌을 순간순간 알아내는 능력으로 심리적인 통찰력과 자기를 이해하는 데 중요한 역할을 하게 된다. 자신의 정서를 파악하지 못하게 되면 자신의 삶의 주인이 되기 어려우며 일상생활에서 일에 대해 확실한 의사 결정을 할 수 없게 된다.

자기 조절, 즉 자신의 분노, 우울, 성급함과 같은 부정적인 정서를 이겨낼 수 있는 능력은 자신의 정서를 정확하게 인식할 수 있도록 발달되어야 한다. 자신의 감정을 조절할 수 없는 사람은 부정적인 감정으로 인해 정서적으로 평온하지 못하게 되고, 자신의 감정을 조절할 수 있는 사람은 어려운 상황에서도 생활 리듬을 쉽게 찾을 수 있게 된다. 유아들의 부정적인 정서를 조절하는 한 예를 보자. 유아들끼리의 갈등 상황이 생겼을 때 교사는 어떤 문제가 왜 발생했는지에 대한 원인을 생각해 보게 한 후 잘못한 친구가 사과를 해야 하는 이유를 알려준다. 그러면 유아들이

정서 지능 항목 : 자기 인식, 자기 조절, 자기 동기화, 감정 이입, 대인 관계 유지.

자기 인식은 자신의 정서를 명확하게 아는 것이다. 자신의 정서를 파악하지 못하면 확실한 의사 결정을 할 수 없게 된다.

점진적으로 자신의 부정적인 정서를 조절할 수 있게 된다. 또한 어른들이 부정적인 정서를 조절하는 바람직한 모습을 보여 주는 것도 중요하다. 유아들은 어른들이 어떻게 정서를 조절하는지 보면서 자신의 감정 조절 방법을 배울 수 있다.

자기 동기화는 자신의 정서를 바람직한 방향으로 다룰 수 있게 되면 미래의 목표를 달성하는 데 필요한 주의 집중력, 노력, 완성 의지, 창의성 등이 발달될 수 있음을 말한다. 정서 통제 능력은 만족 지연과 충동 억제를 가능하게 하는 것으로 어느 누구에게든지 성공의 필수 요인이 되는 것이다.

모든 분야에서 우수한 능력을 가진 사람은 부정적인 정서가 일어날 때마다 자신의 정서를 통제하며 유연하게 대처할 수 있다. 능력이 많은 리더일지라도 부정적인 정서가 일어날 때 자신의 정서를 조절하는 능력이 부족하다면 실제적인 자신의 능력을 모두 발휘할 수 없게 되어 일의 효율성이 떨어지고 생산성이 낮아질 수 있다. 그러므로 유아기에 정서 지능을 높이는 것은 유능한 사람으로 성장하는 데 필수 요인이라 할 수 있으며, 유아의 정서 지능을 높이는 환경을 제공해 주는 것은 매우 중요하다 할 수 있다.

타인의 정서 인식 능력, 즉 **공감**은 다른 사람을 사귀는 기술을 말하는 것이다. 공감은 자신의 정서를 다룰 수 있는 능력이 생긴 후에 형성된다. 다른 사람의 정서에 공감을 많이 할 수 있는 사람은 다른 사람이 필요로 할 때 요구 사항과 관련된 감정적 신호에 반응을 잘할 수 있다. 유아들에게 타인과 공감하는 능력을 크게 만들어 주기 위해 동물이나 곤충 등의 생물체를 다루는 기회를 제공하는 방법도 있다. 생물체를 다루면서 자신이 아닌 다른 존재를 생각하는 경험을 통해 타인 정서 인식 능력이 증진될 수 있다.

대인 관계 유지는 친구들 간의 인기도나 지도력을 위한 기초가 된다. 다른 사람의 정서를 잘 파악하고 다룰 수 있다는 것은 원만한 대인 관계를 유지할 수 있는 능력이 생긴다는 것이다. 유아들이 집에서 만나는 가족들과의 대인 관계를 경험한 뒤 유치원에서 또래 친구들을 만나게 되면 다양한 사회적 기술을 배울 수 있는 기회가 제공되며, 좌절이나 갈등을 겪는 상황에 대해서 생각해 보는 것도 대인관계의 원만한 유지에 도움이 될 수 있다(진영미, 2014).

4 유아의 정서적 특징

유아기에는 대집단 활동보다는 소집단 활동을 좋아하며 흥미 있는 일에 깊이 몰두하는 정서적 특징을 보인다. 이 시기의 유아들은 새로운 장난감과 놀이에 집중하고 무엇인가를 만들어 자랑하고 싶어 하기도 한다. 그리고 해 놓은 작업을 칭찬하면 더욱 자신만만하여 작업을 더 열심히 하게 된다. 이것은 유아에게 성취감과 자신감, 긍정적 자아 개념을 형성하는 데 도움이 된다. 좀 더 자세하게 유아기의 정서적 특징을 살펴보면 다음과 같다(김연옥, 2010).

- 유아기의 정서적 특징은 격렬함이다. 이 시기의 유아는 자신이 느낀 대로 자유롭고 솔직하게 표현을 한다. 이 격렬한 정서 때문에 때때로 공격적인 행동을 하게 되는 것이다.
- 유아의 감정은 일시적이다. 심하게 울거나 싸움을 하다가도 아무 일도 없었다는 듯이 다시 놀이를 한다. 이는 유아기의 감정이 일시적이라서 스스로 감정을 처리할 수 있기 때문이다(Band et al., 1988).
- 유아기는 남녀 간 관심 영역의 차이가 없다. 이 시기는 남자아이와 여자아이가 좋아하는 것과 싫어하는 것이 거의 비슷한 시기이다.
- 유아는 민감하고 개인주의적이며 자기 중심적이다. 유아는 자신을 제일 중요시하며 상대방의 의견을 받아들이지 않으려는 정서적 특징을 보인다.
- 유아기는 부모 또는 교사 등의 감정 표현에 대해 민감하게 반응한다. 유아는 어른들이 무엇을 어떻게 해야 좋아하는지에 대한 관심이 크다.

산만한 유아와 동작교육

동작교육 활동 중 다른 친구에게 방해가 될 정도로 산만한 유아들이 한 그룹에 한 명씩은 꼭 있다. 어떻게 하면 될까?

동작교육 지도 시 당황스럽고 신경이 쓰여 효과적인 수업을 할 수가 없을 것이고 신입 강사인 경우에는 더욱 힘겨울 것이다. 그러나 유아에 대해서 조금만 이해한다면 지혜롭게 수업 진행을 할 수 있다. 유아는 왜 그러는 걸까?

유아들은 움직임이 많고 집중 시간이 짧은 것이 발달적 특성이다. 무척 산만하게 활동을 하고, 한 자리에 잠시도 가만히 있지를 못하며, 주변을 계속 두리번거린다면 일반적으로 ADHD, 또는 불안 장애를 생각해 볼 수 있다. 그러나 다른 유아들보다 산만한 행동을 한다고 해서 무조건 병적인 판단을 할 수는 없다.

동작교육지도자는 산만하거나 불안한 모습을 보이는 유아의 마음을 편안하게 해 주어야 한다. 지도자는 유아가 동작을 제대로 해내지 못하거나 빨리 따라하지 않더라도 무섭게 한다거나 지시적인 행동을 하면 안 된다. 한 가지 한 가지 스스로 할 수 있고, 하고 싶어 하도록 지도자가 참고 기다려 주어야 하며, 지도자를 믿을 수 있도록 약속, 격려 등을 통해 천천히 동작 활동에 자발적으로 참여할 수 있도록 유도해야 한다. 지도자의 따뜻한 관심과 마음이 유아에게 전해지면 유아는 동작교육 시간을 행복하게 보낼 수 있다.

떼쓰는 유아와 동작교육

동작교육 지도 중 떼를 쓰는 유아를 자주 볼 수 있다. 교구를 혼자 쓰겠다고 떼를 쓰는 유아, 교구를 갖고 싶다고 떼쓰는 유아, 친구와 함께 하지 않고 혼자 하겠다고 떼쓰는 유아, 동작 활동을 하지 않겠다고 떼쓰는 유아 등 다양한 상황을 볼 수 있다. 이 또한 수업을 방해하는 상황이지만 동작교육지도자는 떼를 부리는 이유가 무엇인지를 먼저 파악해야 한다. '저 아이는 원래 저런 아이야!'라고 단정짓기 말고 유아에게도 깊은 관심을 갖고 이유가 무엇인지 알아보아야 한다. 떼를 쓰는 이유는 정서 지능이 낮아 감정 조절을 제대로 못하거나 애착 문제 때문일 수 있다. 또한 유아가 떼를 쓰는 이유 중 한 가지는 무시를 당할 때이다. 어른의 기준에서 유아의 생각을 무시한 채 행동을 강요한다면 유아는 자신의 의지 표현으로 떼쓰기를 하게 된다. 유아는 떼를 쓰다가도 환경이 바뀌면 아무 일도 없었던 듯이 조용히 활동을 하기도 한다.

동작교육지도자는 유아가 왜 떼를 쓰고 있는지에 관한 이유를 파악하고 마음을 읽어 줄 자세로 다가갈 수 있어야 한다. 지도자는 정확한 이유를 파악한 뒤 받아들일 수 있는 것과 받아들일 수 없는 것을 구분하여 어떤 행동을 하는 것이 옳은 것인지를 판단해야 한다. 만일 유아의 요구를 들어 주어야 할 경우에는 규칙을 세운 뒤 약속을 이행하는 방법으로 해결할 수 있다. 일반적으로 3~4세쯤에는 감정 조절이 잘되지 않아서 떼쓰기가 심하고 5~6세쯤 되면 감정 조절 능력이 생기면서 떼를 쓰지 않게 된다.

공격적인 유아와 동작교육

동작교육 활동 시 친구를 때리거나 밀치는 등 공격적인
행동을 하는 유아가 있을 때 어떻게 하면 좋을까? 공격
적이 되는 이유는 여러 가지가 있으나 기본적으로 스트
레스를 갖고 있다는 것을 표출하는 것이다. 부모가 엄격
하거나 과잉 보호인 환경에서 자랐을 경우 또는 욕구가
해소되지 않았을 경우에 유아는 폭력성을 보이게 된다.

　동작교육지도자는 활동 시 유아가 공격적인 행동을
하면 즉각적으로 행동을 제지하고 유아와 조용한 곳에서
부드럽게 이야기하면서 마음을 달래 줄 수 있어야 한다.
　지도자는 화를 낸다거나 엄한 모습으로 다루기보다
는 유아가 자신의 화를 어떻게 표현해야 되는지를 몰라
서 폭력적인 행동을 함을 인지하고 그 감정을 인정하면
서 대화를 해야 한다. 대화를 하면서 때린 유아의 기분
에 대해 이야기하고 맞은 유아는 어떤 기분을 갖게 될지에 관한 대화를 하면서 상대방을 공격하면 안 된다는 것을 스스로 알
게 해야 한다. 또한 폭력적인 방법으로 해결하지 않아도 스트레스를 풀 수 있는 있다는 것을 알 수 있도록 방법을 제시해 주고
친구들에게 사과하는 마음과 방법을 알려주는 것이 바람직하다.

지기 싫어하는 유아와 동작교육

동작교육 활동 시 무엇이든지 먼저 하려고 하고, 제일 잘하고 싶
어 하고, 지기 싫어하는 유아들이 있다. 이런 유아들은 욕심이 많
아 보일 수도 있지만 누군가에게 자신을 나타내고 싶은 마음, 즉
관심을 받고 싶어 하는 마음이 큰 것일 수도 있다.

　동작교육지도자는 관심을 받고 싶어 하는 유아라고 판단이 되
거나 너무 경쟁에 몰입하는 유아를 만나면 동작 활동 자체에 흥
미를 갖고 할 수 있도록 유도해야 한다. 또한 사랑이 가득한 자세
로 크게 안아 주어 부족함이 없는 느낌을 주고 관심과 사랑을 받
고 있음을 인식할 수 있도록 해 주어야 한다.

알고 있으면 도움되는 한 줄 상식

칭찬받으며 자란 아이는 자신감을 배운다(장유경, 2012).

사랑이 흘러 넘쳐야 타인에게도 나눠줄 수 있다(조영아, 2015).

사랑받고 자란 아이가 성공한 인생을 산다(엄윤희, 2015).

따뜻한 눈으로 세상을 보게 하는 정서 지능(김붕년, 2012).

정서 지능이 집중력과 도전의식을 키운다(EBS 부모 제작팀, 2013).

정서 지능이 높은 아이가 인간관계와 학습 능력이 뛰어나다(강현식, 박지영, 2015).

자존감은 세상을 보는 안경이다(이영애, 2012).

자기조절 능력은 얼마든지 키울 수 있다(EBS 부모 제작팀, 2013).

감정조절력이 높을수록 자의식이 높아진다(박주영 역, 2012).

아이에게 회복탄력성이 필요하다(박주영 역, 2012).

자기표현 능력이 사회성을 키운다(EBS 부모 제작팀, 2013).

정서발달은 태어나는 순간부터 시작된다(EBS 부모 제작팀, 2013).

칭찬과 격려는 자존감의 씨앗이다(이화자, 2014).

스킨십은 자존감을 키우는 영양제다(이화자, 2014).

학습 정리

:: 학습 내용 중 반드시 기억해야 할 내용을 적으시오.

학습 정리

:: 학습 내용 중 반드시 기억해야 할 내용을 적으시오.

학습 과제 1

:: 정서 지능을 향상시킬 수 있는 동작교육 프로그램을 제시하시오.

방법	동작교육 프로그램	평가
1. 상대방 속마음 읽기		
2. 화났을 때 감정 처리하기		
3. 동화 속 주인공 정서 분석하기		

:: 정서 지능의 영역 중 인식과 표현 영역에 적합한 동작교육 프로그램을 제시하시오.

수준	프로그램
1. 자신의 정서를 정확하게 인식하기	
2. 타인의 정서를 이해하기	
3. 정서를 정확히 표현하고 그 정서와 관련된 욕구를 표현하기	
4. 표현된 정서를 구별하기	

10 사회성 발달

1 사회성의 정의

> 사회성은 인간이 사회적 상황에 적응하려는 능력이다.

사회성(sociality)은 유아가 한 사회의 구성원으로 성공적인 삶을 영위하기 위해 필수적인 요소이다. 교육학적 측면에서는 사회성을 사람과의 관계를 맺어 나아가는 성질이라고 정의하고 있고, 심리학적인 측면에서는 인간이 사회적 상황에 적응하려는 능력, 인간이 자신의 사회 생활과 대인 관계에서 갖는 요구 또는 성향이라고 정의를 내리고 있다(교육학사전편찬위원회, 1988). 유아의 사회성에 대한 개념과 정의는 광범위하며 학자마다 서로 다른 정의를 내리고 있다(표 10.1).

유아교육사전에서 사회성은 유아가 한 사회의 구성원으로 성장·발달하는 동안 그 사회의 생활 양식, 즉 언어, 사고, 감정, 행동 등을 학습하여 다른 사람과 상호 작용을 통한 건전한 사회 생활을 할 수 있는 성향이라고 하였다(유아교육사전,

표 10.1 **사회성의 정의**

Sarason(1981)	성인, 또는 동료와 유능하게 상호 작용할 수 있는 기술의 습득과 그런 기술을 적절하게 사용할 수 있는 능력
이경석, 이경영(1989)	혼자 있기보다는 다른 사람과 함께 어울리는 것을 좋아하는 성향이며 인간 관계 속에서 사회적인 생활을 영위하기 위하여 개인과 개인, 집단과 집단, 개인과 사회와의 관계를 조절해 가는 행동의 경향
이상로(1986)	사교성, 협동성, 친절성, 사회적 의존성, 모방성, 소통성, 용이성, 대인 순응성, 관용성 등을 포함한 고립, 사회적 접촉의 회피, 비판, 비사교성, 비활동적 성격과 반대되는 특성
유효순(1992)	인간이 다른 사람이나 자신을 둘러싸고 있는 주위 환경과 관계를 가지며 살아갈 수 있는 능력
이태영(2000)	또래와의 상호 작용을 하는 동안 보여지는 사회적 기술의 습득, 유능감과 긍정적이고 협동적인 행동, 적절한 감정 조절 및 규칙과 요구에 잘 따르는 행동
Dodge 외(1986)	다른 사람과 효율적으로 관계를 맺고 타인에 의해 수용되는 것과 관련된 개념

1996). 유아교육연감(2005)에서는 유아들이 성장해 가면서 자신이 속해 있는 사회 집단 성원들이 기대하는 바에 따라 자신의 행동을 발달시켜 인성, 동기, 가치관, 태도, 신념 등을 형성하고 사회성을 발달시켜 나간다고 하였다.

유아기는 사회성 발달에 매우 중요한 시기이다. 사회성은 태어나서부터 시작되어 유아 초기까지 가장 발달이 잘 된다. 따라서 부모와 또래 집단은 유아기 사회성 발달에 크게 영향을 미친다고 볼 수 있는 것이다. 유아기에 사회성이 제대로 발달되지 않은 유아는 성장하여 사회적인 문제를 일으킬 수 있으며, 원만한 인간관계를 형성하기 힘들고 집단이나 사회 환경에 적응하기 어려울 수 있다. 결국 미래의 풍요로운 삶을 기대할 수 없게 되는 것이다.

유아기 사회성 발달의 중요성과 관련해서 학자들이 제시하고 있는 내용을 살펴보면 다음과 같다. 우선 '인간은 사회적 동물'이라 한 아리스토텔레스에 의하면 인간은 사회성을 가지고 있고 출생과 동시에 다른 사람과 접촉하려는 사회적 욕구와 공동생활을 유지하려는 성향이 있다고 하였다(교육학사전편찬위원회, 1988). 피아제는 유아가 또래 집단에서 하는 경험이 자신의 관점과 다른 관점이 있을 수 있다는 것을 알게 되어 지적, 정서적, 사회적 발달에 필요한 탈중심화가 촉진된다고 하였다(김은혜, 2009). 페리와 버시(Perry & Bussey, 1984)에 의하면 유아가 사회성이 발달되면 자신이 원하는 목표를 달성하는 데 필요한 기술을 갖게 되고 친구들과 관계 형성을 잘할 수 있다고 하였다. 뿐만 아니라 유아가 사회성이 발달되면 학업성취도에 대한 예측을 할 수 있으며(O'Malley, 1977) 자신의 정서적인 표현능력이 발달됨으로써 또래와의 갈등상황이 줄어들어 좀 더 안정된 또래관계를 유지할 수 있게 된다(김정희 외, 2004).

유아기는 사회성 발달에 매우 중요한 시기이다.

사회성이 발달되면 유아는 자신이 원하는 목표를 달성하는 데 필요한 기술을 갖게 된다.

2 사회성의 발달

사회성의 발달은 태어나면서부터 시작된다. 그리고 생후 18개월이 되면 친구에 대한 선호도를 보여 주기 시작하며, 2세쯤이 되면 자기 자신과 다른 사람의 행동 차이를 이해할 수 있게 되어 다른 사람이 독립된 행위자라는 것을 알 수 있게 된다. 이는 다른 사람의 행동을 통해 다른 사람의 역할이나 의도 목적을 인식할 수 있게 하여 또래와의 성숙한 상호 작용을 도와준다(김혜숙, 2008).

사회성 발달은 부모가 유아와 어떻게 상호 작용을 하고 양육하느냐에 따라 크게 달라진다. 유아에게 가족 구성원은 사회성을 배울 수 있는 첫 번째 대상으로 특히 생후 초기에는 부모와의 관계가 사회성 발달에 결정적인 역할을 한다. 영아기 안정된 애착의 형성은 사회성 발달에 크게 영향을 미칠 뿐만 아니라 인지나 정서 발달에도 긍정적인 영향을 미치게 된다. 애착은 영아가 양육자와 갖게 되는 정서적 친밀감으로 생후 7~8개월쯤 형성되기 시작하여 2세쯤에 결정적인 시기가 된다.

> 생후 초기 부모와의 관계가 사회성 발달의 결정적인 역할을 한다.

> 애착은 생후 7~8개월쯤 형성되기 시작하고, 2세쯤 결정적 시기가 된다.

사회성 발달을 좀 더 구체적인 연령별로 살펴보자. 생후 3~4개월이 되면 아기는 혼자 있기를 싫어하고 옆에 사람이 있는 것을 좋아하기 시작하며, 5~6개월쯤 되었을 때는 엄마와 가족, 또는 다른 아이를 보며 웃기도 하고 좋아하기도 한다. 1세경까지 다른 사람을 장난감 친구로 생각하거나 장난감을 빼앗으며 서로 다투기는 하지만 함께 놀지는 않는다.

또래 아이들에게 관심을 보이기 시작하는 것은 18개월쯤이다. 이 시기가 되면 또래 친구들뿐만 아니라 형제 사이에도 활발한 관계가 형성되며 밖으로 나가 놀기 시작하면서 사회성이 발달하게 된다(김현수, 2003). 유아들은 2세쯤부터 7세까지 가족 외의 사람이나 또래 아이들과 함께하는 방법을 배울 수 있게 된다.

또래 친구들과의 협동은 4세가 되기 전까지는 기대하기 어렵다. 그러나 협동을 경험할 수 있는 환경을 제공하게 되면 유아는 차츰 또래와 협동하며 놀 수 있게 된다.

게임이나 운동을 하면서 경쟁하는 환경은 유아들에게 경쟁심뿐만 아니라 사회
성 발달의 도움도 줄 수도 있으나 경쟁이 심한 활동은 유아의 사회성 발달에 부정
적인 영향을 미칠 수도 있다(한지연, 2005).

유아기의 사회성 발달을 좀 더 자세하게 이해하기 위해 발달적 특징을 소개한다
면 다음과 같다(신옥순, 1994).

- 유아기에는 주도성이 강해진다. 부모에게 신체적 · 정신적으로 많은 것을 의
   존했던 유아가 6~7세쯤이 되면 자신의 능력과 기술이 향상되어 스스로 결정
   하고 행동할 수 있게 된다. 이때 유아는 독립심과 자신감이 커진다.
- 강한 또래 집단을 형성한다. 유아의 관심이 가족에서 또래 친구들로 바뀌면서
   많은 경험을 하게 된다. 이를 통해 유아들은 강한 또래 집단을 형성하고 자기
   중심적인 사고에서 벗어나는 기회를 갖게 된다.
- 성 역할에 대해서 인식하게 된다. 유아기가 되
   면 성을 의식할 수 있다. 여자아이와 남자아이
   의 행동 특징이 분명하게 구분된다.

- 자아 개념 형성의 기초를 마련한다. 또래들과의
   상호 작용을 하면서 유아는 자신의 장점을 발견
   하기도 하며 객관적으로 자신을 볼 수 있는 기
   회를 갖게 된다.

3 사회성의 발달 요인

유아의 사회성 발달에 미치는 요인은 영아기와 달리 학자들에 따라서 다양하게 제
시되고 있다. 김미숙(2000)은 사회성 발달에 미치는 요인을 자기 주장, 또래 수용,
의사소통 및 자기 표현 행동으로 제시하고 있으며, 노명희(1995)는 또래와의 상호
작용, 공격성, 대인 적응력, 사회 참여 정도, 지도력, 사교성으로 제시하고 있다.
또한 이경희(1993)는 주도성, 사교성, 책임감, 개방성으로 제시하고 있고, 이태영

(2000)은 협동성, 타인 이해성, 자율성, 또래 간의 상호 작용으로 제시하고 있다.

유아기는 사회적 행동의 기초가 형성되는 시기이다. 사회적 행동은 친사회적 행동과 반사회적 행동으로 구분된다. 친사회적 행동에는 긍정적인 사회적 행동으로 협동, 우정, 경쟁, 관용, 의존성, 이타심, 애착 행동, 사회적 인정에 대한 욕망, 공감적 이해 등이 포함된다. 반사회적 행동은 인간 관계가 원만하지 못하고 주변 환경에 적응하지 못하는 것으로 반항, 공격성, 말다툼, 우월성, 이기주의, 편견 등이 포함된다(송길연 외, 2005).

유아의 사회성 발달에 영향을 미치는 요인 중 협동성과 타인 이해성, 자율성, 또래 간 상호 작용에 대해서 좀 더 자세하게 알아보기로 하자.

협동성은 공동 목표를 달성하기 위해 개인 간의 관계에서 생기는 행동이다. 유아 초기에는 자기 중심적이다. 따라서 다른 또래와 함께 협동 놀이를 하지 않고 혼자서 놀이를 하거나 병행 놀이를 하게 된다. 그러나 성장해 가면서 또래 친구들과 함께 활동하는 기회를 제공하게 되면 유아들은 협동적 집단 활동에 자연스럽게 참여하게 되고 협동하는 경험을 할 수 있게 된다(교육부, 2013). 트니트니 동작교육 활동에서 유아들에게 공동의 목표를 위해 서로 돕고 나눔을 경험할 수 있는 프로그램을 제공하는 것은 긍정적인 사회성 발달의 기회를 갖게 하는 것이다.

타인 이해성은 다른 사람의 의도를 추론하고 파악하는 것이다. 유아가 다른 사람의 의도를 이해한다는 것은 일상생활을 하는 데 있어서 매우 중요한 작용을 한다.

타인의 행동 동기에 대한 파악은 남을 배려할 수 있는 행동이나 역할의 행동적 특성을 할 수 있게 한다(교육부, 1998). 유아는 5세쯤이 되면 상대방의 행동이 의도적이었는지 우연이었는지를 판단할 수 있으며, 6세쯤이 되면 다른 사람이 자신과 다른 생각을 하고 있다는 것을 추론할 수 있다(Devries, 1994).

유아기는 사회적 행동의 기초가 형성되는 시기이다.

　자율성은 자신의 행동에 대한 책임을 중요시하고, 스스로 행동을 조절할 수 있으며, 독립적이고 자주적, 자발적인 것을 말한다. 자율성은 인습과 전통과 상관없이 자신만의 독특한 해결책을 마련하려는 주체적인 특성이며(용희숙, 2010) 자신을 긍정적으로 생각하는 것에서 시작된다. 자신감을 갖고 스스로 계획·실천하는 과정을 통해서 자기 조절 능력이 향상되고 이를 기초로 자율성도 형성된다(교육부, 2013). 따라서 트니트니 동작교육 프로그램에서 유아가 스스로 동작을 하게 하고 문제를 해결할 수 있도록 하는 것은 유아의 자율성을 형성하는 데 필요한 기회를 제공하는 것이다.

　또래 간 상호 작용은 서로 의견을 교환하는 과정으로서 또래 친구에게 수용적인 행동, 비공격적인 행동, 공유하려는 행동, 다른 친구를 이끄는 행동, 사교적인 행동을 하는 것이다(김난실, 2004). 연령이 비슷하거나 같은 친구들 간의 활동 속에서 이루어지는 것으로 상호 작용이 잘 되게 하기 위해서는 다양한 동작교육 활동이 필요하다. 동작교육 초기에는 많은 수의 또래 친구와 함께 활동하는 것보다는 2~4명 정도의 또래 친구들과 하는 것이 효과적이며 차츰 많은 또래 친구들과 활동할 수 있도록 하는 것이 바람직하다.

알고 있으면 도움되는 한 줄 상식

생후 3개월부터 공감능력이 발달한다(박주영 역, 2012).

대인관계능력은 타인의 존재를 인식하면서 시작된다(박주영 역, 2012).

소통을 원한다면 거울신경세포를 활성화하라(조진형, 2015).

아이의 사회성은 공감능력에 달려 있다(김붕년, 2012).

도덕성 없이는 사회성도 없다(이영애, 2012).

이해받고 있다는 느낌이 사회성을 키운다(노경선, 2007).

영아기의 사회성 발달은 애착이 80%다(EBS 부모 제작팀, 2013).

자존감이 높은 아이는 사회성이 좋다(이화자, 2014).

애착이 나, 상대방, 세상을 보는 눈을 결정한다(EBS 부모 제작팀, 2013).

애착은 아이 발달의 기초공사다(EBS 부모 제작팀, 2013).

소통의 첫걸음은 우선 믿어주는 것(천근아, 2013).

팀워크를 아는 아이가 성공한다(송경은 역, 2013).

좋은 성격은 사회성 뇌의 질로 결정된다(노경선, 2007).

학습 정리

:: 학습 내용 중 반드시 기억해야 할 내용을 적으시오.

학습 정리

:: 학습 내용 중 반드시 기억해야 할 내용을 적으시오.

학습 과제 1

:: 사회성이 발달되는 기본 동작 기술 프로그램을 제시하시오.

기본 동작 기술	프로그램
제자리 동작	
이동성 동작	
비이동성 동작	

:: 사회성 발달의 특징에 근거한 기본 동작 기술 프로그램을 제시하시오.

특징	프로그램
주도성	
성 역할	
또래 집단 형성	
자아 개념 형성	

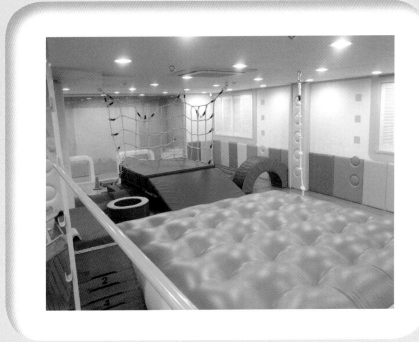

1 운동 발달

운동 발달은 전 생에 걸쳐 일어나는 운동 행동의 변화이다. 따라서 운동 발달은 발달심리학, 사회심리학, 운동 학습, 운동 제어, 운동생리학, 생체역학 등 다양한 학문과 연계되어 다학문적 접근으로 연구가 진행되고 있다(김선진, 2013). 학문적으로 볼 때 운동 발달은 시간에 따른 동작의 변화와 이와 관련된 원리를 규명하기 위해 연구를 하는 분야이다(Clark & Whitall, 1989a).

유아의 운동 발달은 일반적인 운동(exercise)이라는 용어와는 다른 것이다. 유아의 운동 발달은 근육 조절, 운동 능력 유지 그리고 기술 습득을 위한 지속적인 노력 및 적응 등의 내용이 포함되는 운동 발달(motor development)에 관한 내용을 다룬다(김선진, 2013). 운동 발달을 이해하기 위한 기본적인 용어들에 대해서 살펴보면

표 11.1 **운동 발달과 관련된 용어들(Gallahue et al., 2009 재구성)**

용어	의미
운동(motor)	동작에 영향을 주는 근본적인 원인
운동 발달(motor development)	과제의 특성, 개인의 생물학적 특성, 환경 조건 간의 상호작용에 의해 생애 주기에 따라 일어나는 운동 행동의 점진적인 변화
운동 행동(motor behavior)	학습과 생물학적 과정의 상호 작용에 의해 발생하는 운동 학습, 운동 제어, 운동 발달에 있어서의 변화
운동 학습(motor learning)	동작 수행과 관련된 근본적인 변화
운동 수행(motor performance)	동작 과제 수행 역량과 관련된 것으로 건강 관련 요소와 수행 관련 요소를 모두 포함하여 사용하는 용어

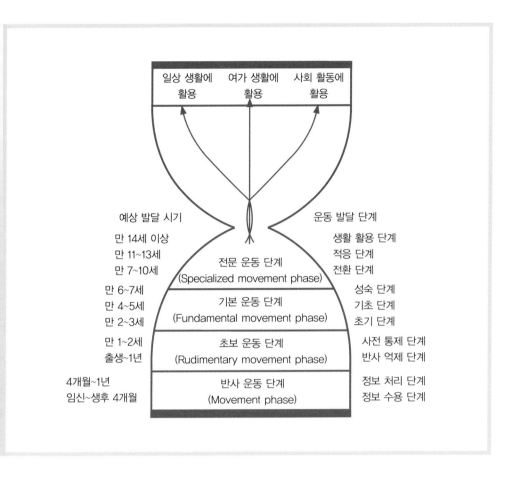

예상 발달 시기   운동 발달 단계

만 14세 이상   생활 활용 단계
만 11~13세   적응 단계
만 7~10세   전문 운동 단계   전환 단계
                    (Specialized movement phase)

만 6~7세   성숙 단계
만 4~5세   기본 운동 단계   기초 단계
만 2~3세   (Fundamental movement phase)   초기 단계

만 1~2세   초보 운동 단계   사전 통제 단계
출생~1년   (Rudimentary movement phase)   반사 억제 단계

4개월~1년   반사 운동 단계   정보 처리 단계
임신~생후 4개월   (Movement phase)   정보 수용 단계

일상 생활에   여가 생활에   사회 활동에
활용   활용   활용

그림 11.1
운동 발달 단계
(Gallahue, 1996;
Gallahue & Ozmun,
2002)

표 11.1과 같다.

　운동 발달 단계와 관련된 하위 단계들을 그림으로 정리하면 그림 11.1과 같다.

　운동 발달은 개인차가 크다. 연령에 따라서 기술이 습득되는 속도 또는 범위가 같지 않고 개인의 특성에 따라 차이가 난다. 생물학적인 측면에서 볼 때 유아의 운동 기술 습득의 수준을 예측할 수는 있으나 유아들의 개인차는 운동 기술 습득 결과에 크게 영향을 미치게 된다. 미국 스포츠의학회(American College of Sports Medicine, ACSM)는 유아 신체 활동에 대한 권장 사항으로 일일 총 누적 운동 시간 30~60분, 체중 6~8kcal 소비의 강도로 실시하는 운동을 권장하고 있다. 동작 기술 수준, 운동 발달의 단계, 운동 학습 수준의 관계는 그림 11.2와 같이 소개되고 있다.

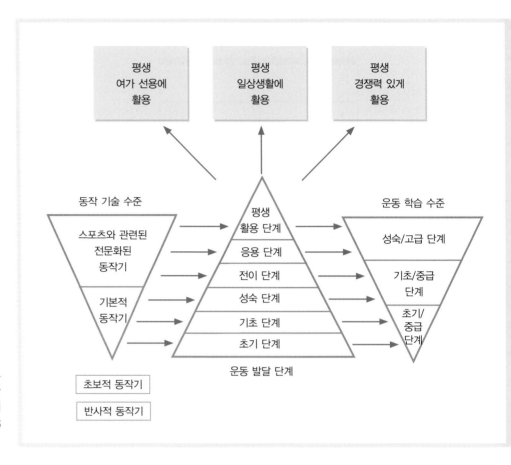

그림 11.2
운동 발달의 단계와 운동 기술 학습 수준과의 관계(Gallahue, 1996 재구성)

표 11.2 **발달 순서와 운동 발달(Gallahue et al., 1995 재구성)**

	과제	선별된 관련 능력	대략적인 시작 연령	
안전성	머리와 목의 제어	한쪽으로 돌리기	출생 시	
		양쪽으로 돌리기	생후 1주	
		지지를 받아 유지하기	생후 1개월	
		지면에서 턱 들어올리기	생후 2개월	
		엎드린 자세에서 제어 잘하기	생후 3개월	
		등을 대고 누운 자세에서 제어 잘하기	생후 5개월	
	몸통 제어	머리와 가슴 들어올리기	생후 2개월	
		등을 대고 누운 자세에서 엎드린 자세로 뒤집기 시도하기	생후 3개월	
		등을 대고 누운 자세에서 엎드린 자세로 성공적으로 뒤집기	생후 6개월	
		엎드린 자세에서 등을 대고 누운 자세로 뒤집기	생후 8개월	

〈계속〉

안전성	앉기	지지를 받아 앉기	생후 3개월	
		자신이 지지하여 앉기	생후 6개월	
		혼자 앉기	생후 8개월	
		지지를 받아 서기	생후 6개월	
	서기	손을 잡아 지지해 주기	생후 10개월	
		물체를 잡아당기는 지지를 통해 서기	생후 11개월	
		혼자 서기	생후 12개월	
이동성	수평 움직임	엎드려 돌진하기	생후 3개월	
		포복하기	생후 6개월	
		기기	생후 9개월	
		네발로 걷기	생후 11개월	
	직립 보행	지지를 받고 걷기	생후 6개월	
		손을 잡아 주고 걷기	생후 10개월	
		앞에서 이끌어 주며 걷기	생후 11개월	
		혼자서 걷기(양손 들고)	생후 12개월	
		혼자서 걷기(양손 내리고)	생후 13개월	
조작성	손 뻗기	둥근 원을 그리는 비효과적인 뻗기	생후 1~3개월	
		명확하게 덫 모양으로 뻗기	생후 4개월	
		제어된 뻗기	생후 6개월	
	잡기	반사적 잡기	출생 시	
		수의적 잡기	생후 3개월	
		양 손바닥으로 잡기	생후 3개월	
		한 손바닥으로 잡기	생후 5개월	
		양 측면 잡기	생후 9개월	
		제어된 잡기	생후 14개월	
		도움 없이 먹기	생후 18개월	
	놓기	기본적인 놓기	생후 12~14개월	
		제어된 놓기	생후 18개월	

2 기본 동작 기술의 발달

겔라휴(Gallahue, 1996)에 의하면 유아기의 운동 발달은 기본 동작 기술 (fundamental movement skills, FMS) 단계이다. 이 단계에서는 초기 단계, 기초 단계, 성숙 단계를 거쳐 연속적으로 발달이 진행된다.

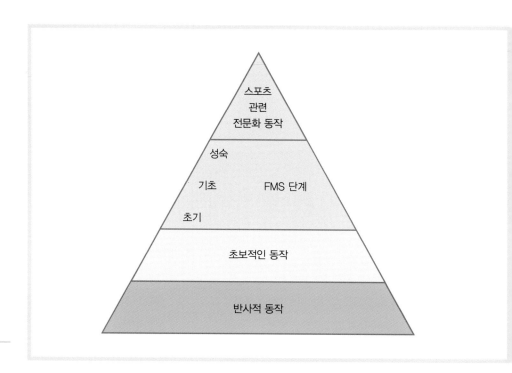

그림 11.3

동작 발달 단계

1) 초기 단계

기본 동작 기술 단계의 초기 수준에서는 유아가 의도적인 행동을 시도한다. 2~3세 유아가 해당되는 시기로, 이 시기 유아는 미숙하고 비협응적인 동작으로 던지기나 받기, 차기 등의 기본적인 동작들을 수행할 수는 있지만 성숙된 동작을 보일 수는 없다.

2) 기초 단계

기초 단계에는 4~5세 유아가 해당되며, 이 단계의 동작 기술 발달은 주로 성숙으로 이루어진다.

이 단계에서 유아의 동작은 좀 더 자연스러워지고 조절 능력이 향상된다. 이 시기 유아에게 연습과 격려, 지도 기회가 제공되면 성숙 단계로 발달되어 성인 수준의 동작 기술 기초를 형성할 수 있으나 학습 환경이 제대로 제공되지 않는다면 성인이 되어도 던지기, 치기, 받기 등과 같은 동작들이 기초 단계 수준에 머물러 있을 수 있다.

3) 성숙 단계

6~7세가 해당되는 이 단계에서는 협응적인 동작을 잘할 수 있으며 동작을 좀 더 정확하고 신속하게 해낼 수 있다. 즉, 이 단계의 유아들은 좀 더 멀리 던질 수 있고 좀 더 빨리 달릴 수 있으며 좀 더 높이 뛰기가 가능하다는 것이다. 기본적인 동작 기술을 기초로 다양한 전문적 동작을 할 수 있게 된다.

성숙 단계의 동작 기술들은 모든 스포츠 기술의 기초이다. 기본적인 기술 성숙 단계까지 발달되지 않는 동작 기술은 아동 후기 또는 청소년기, 성인

기가 되어 전문적인 스포츠 기술을 습득하는 데 영향을 미치게 된다. 따라서 이 시기 동작 기술에 대한 학습 기회는 반드시 제공되어야 한다.

3 동작 기술 학습 단계

동작 기술 학습의 각 단계는 유아가 동작을 배우는 동안 지도자와 함께 달성해야 할 목표를 제시하고 있다. 동작 기술 학습 단계는 초급 단계, 중급 단계, 고급 단계로 구분된다(Gallahue & Ozmun, 1995).

1) 초급 단계

초급 단계는 동작 기술 학습의 첫 번째 단계로, 유아의 동작 협응이 잘 안 되고 미숙한 단계이다. 유아는 동작을 잘할 수 없기 때문에 모든 동작을 조심스럽게 하게 되어 정신적으로 많은 노력이 필요하다. 따라서 이 시기 유아들은 쉽게 피로감을 갖게 되는데 지도자가 유아에게 기술 개념과 활동 개념을 알 수 있도록 지도하는 것이 바람직하다.

초급 단계는 탐색 과정과 발견 과정으로 구분된다.

이 단계는 탐색 과정과 발견 과정으로 구분된다. 탐색 과정에서는 유아가 동작의 일반적인 특성을 알게 되고 다른 동작을 해 보면서 탐색을 하기 시작한다. 이 과정에서 유아는 동작을 수행하기 위해 어떻게 하면 잘할 수 있고, 무엇이 필요한지를 생각하게 된다. 발견 과정에서는 동작을 잘해내기 위해 유아의 발견 유도 능력과 문제 해결 능력이 발휘된다.

2) 중급 단계

중급 단계는 동작의 기본 요소에 대해서 의식적으로 집중하지 않고도 동작 기술에 대한 이해를 할 수 있으며 동작을 완벽하게 할 수 있다. 이 시기는 동작 기술의 과정보다 결과에 집중하기 시작하고 언어 또는 시각적 정보보다 근육 감각에 의

지한다. 중급 단계는 조합 과정과 적용 과정으로 구분된다. 조합 과정은 한 동작 기술을 다른 기술과 결합시키는 과정으로 이전에 학습된 기술을 새로운 기술에 결합하여 통합시키며 새로운 동작을 반복적으로 연습하는 과정이다. 적용 과정이 되면 좀 더 정교한 동작 기술을 하려고 집중하게 된다. 좀 더 전문적인 동작 기술과 스포츠 활동을 적용해 보는 과정이다.

3) 고급 단계

고급 단계는 동작에 대한 완벽한 이해를 하고 동작하는 데 많은 주의를 기울이지 않아도 되는 동작 기술 학습의 마지막 단계이다. 이 단계가 되면 세련된 동작을 할 수 있을 정도의 조정이 가능하다. 시간 조절 능력과 동작 예측 능력이 있어 많은 움직임 없이도 자동적인 동작 수행이 가능해진다. 이 단계는 어떤 환경에서도 동작을 잘할 수 있는 수행 과정과 자신만의 독특한 동작을 해낼 수 있는 개별화 과정을 통해 동작을 수정하고 조정하게 된다.

그림 11.4는 겔라휴가 제시한 모래시계 모델이다. 이 그림은 모래를 삶의 재료로 보고 환경과 유전이 발달에 영향을 미치는 것을 그려 놓은 운동 발달의 생애 주기 모델이다.

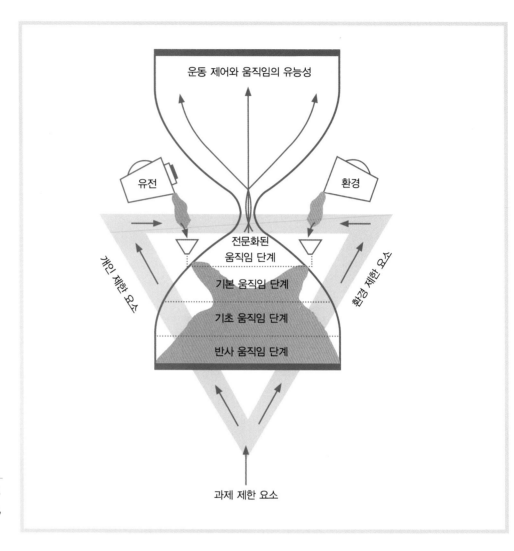

그림 11.4

겔라휴의 운동 발달 모델(Gallahue, Ozmun, & Good-way, 2012)

알고 있으면 도움되는 한 줄 상식

신체 운동은 뇌를 튼튼하게 한다(김붕년, 2012).

아이 몸은 두뇌와 연결되어 있다(안진희, 2015).

움직임이 자동화되면 복잡한 사고가 가능하다(안진희, 2015).

아이의 행복 근육을 튼튼하게 해주는 스킨십(김붕년, 2012).

맨발로 걷기만 해도 활성화되는 뇌(김남미, 2012).

경쟁과 협동을 모두 할 줄 아는 아이가 행복하다(김붕년, 2012).

진정한 행복을 누리게 해주는 세로토닌(김붕년, 2012).

먼저 몸에 적응해야 두뇌가 자유로워진다(안진희, 2015).

아이는 운동하지 않는다, 뛰어놀 뿐이다(안진희, 2015).

아이들은 대단한 것을 바라지 않는다(천근아, 2013).

집중하지 못하는 것은 흥미의 문제(김남미, 2012).

학습 정리

:: 학습 내용 중 반드시 기억해야 할 내용을 적으시오.

학습 과제 1

:: 연령별 이동성 동작의 발달에 관한 특징을 적으시오.

연령	특징	평가
13~19개월		
20~26개월		
27~36개월		

학습 과제 2

:: 연령별 조작성 동작의 발달에 관한 특징을 적으시오.

연령	특징	평가
13~19개월		
20~26개월		
27~36개월		

참고문헌

강문, 박경, 정옥환(2003). 아동심리검사. 파주 : 교문사.

강상조, 신의식(1998). 아동체육의 이론과 실제. 서울: 형설출판사.

강영심, 전윤식 역(1997). 복합지능과 교육. Armstrong, T. 중앙적성출판사.

강은희(2002). 아동의 정서 인식력과 지능과의 관계에 대한 연구. 경기대학교 대학원 석사학위논문.

강인숙(2007). 칠교놀이 활동이 유아의 동작성 지능에 미치는 영향. 계명대학교 교육대학원 석사학위논문.

강현식, 박지영(2015). 부모의 성장을 도와주는 심리 치유서 3. 푸른육아.

강혜연(2010). 유아의 지적능력과 사회적 유능감과의 관계. 한국교원대학교 대학원 석사학위논문.

곽금주, 박혜원, 김청택(2001). 한국 웩슬러 아동지능검사(K-WISC-III) 표준화를 위한 예비연구. 한국심리학회지: 발달, 14(3), 1-18.

곽금주, 정윤경. 김민화, 박성혜, 송현주(2007). 아동발달심리학. 박학사.

곽금주, 박광배, 박혜원(1996). K-WPPSI(한국웩슬러유아지능검사). 도서출판 특수교육.

곽윤정(2004). 정서지능 교육프로그램모형 개별연구. 서울대학교대학원 박사학위논문.

곽은정(2000). 유아체육 관련 용어에 관한 연구. 한국유아체육학회지, 1(1), 155-165.

교육과학기술부(2008). 유치원 교육과정 해설 II: 건강생활, 사회생활. 서울: 교육과학기술부.

교육과학기술부·보건복지부(2013). 3~5세 연령별 누리과정 교사용 지침서.

교육과학기술부·보건복지부(2013). 3~5세 연령별 누리과정 해설서.

교육인적자원부(2007). 2007년 개정 유치원교육과정. 서울: 대한교과서주식회사.

구성희(2002). 유치원 교육 활동지도 자료에 나타난 동작 관련 활동 분석. 이화여자대학교 교육대학원 석사학위논문.

권은정(2013). 구성주의 이론에 기초한 물리적 지식 활동이 유아의 문제해결력과 공간 능력에 미치는 영향: 던지기 활동 중심으로, 한국 교원대학교 교육대학원 석사 학위논문.

기현주(2003). 형제구조·어머니의 형제대우 및 또래 유능성과 형제 상호작용의 관계. 이화여자대학교 대학원 박사학위논문.

김경중, 류왕효, 류인숙, 박은준, 신화식, 유구종(2006). 아동발달심리. 서울: 학지사.

김경희(1998). 유아용 정서지능 평정 척도 개발을 위한 예비연구. 한국심리학회지 발달, 11(2), 31-48.

김경희(2003). 유아의 신체상 컴퓨터 활동 프로그램이 신체 자아상과 자아개념에 미치는 효과. 서울여자대학교 대학원 박사학위논문.

김경희(2010). 협동적 신체활동이 유아의 사회적 기술에 미치는 영향. 광주대학교 대학원 석사학위논문.

김경희(2013). 어머니의 의사소통이 유아의 정서조절 능력에 미치는 영향. 가천대학교 교육대학원 석사학위논문.

김근화(2005). 어머니의 양육태도와 유아의 기질이 유아의 사회성 발달에 미치는 영향. 중앙대학교 사회개발대학원 석사학위논문.

김근희(2005). 유아의 놀이성과 또래 유능성과의 관계. 숙명여자대학교 대학원 석사학위논문.

김난실(2004). 만 2세 유아의 또래 상호작용에 영향을 미치는 관련변인 연구. 이화여자대학교 대학원 박사학위논문.

김남미 역(2012). 아이의 민감기: 내 아이의 운명을 결정하는 가장 중요한 시기. 나가에 세이지. 예문당.

김남임(2011). 전래동요를 활용한 신체활동이 유아의 또래 유능성 및 정서 지능에 미치는 영향. 경희대학교 교육대학원 석사학위논문.

김도형(2002). 실내 클라이머의 체력 특성과 클라이밍 시 심박수 및 혈중 젖산 농도의 변화, 계명대학교 교육대학원 석사학위논문.

김동배, 권중돈(1998). 인간 행동과 사회 환경. 서울: 학지사.

김동택(2000). 아동의 킥 동작 발달에 관한 운동역학적 분석. 대구 교육대학교 교육대학원 석사학위논문.

김두범, 김현희, 안수정(2012). 영·유아를 위한 동작교육. 서울: 양서원.

김문희(2007). 유아의 지능과 마음의 표상적 특성에 대한 이해와의 관계. 한국 교원대학교 교육대학원 석사학위논문.

김미숙(2000). 완전 통합교육에서 놀이 활동이 발달지체 유아의 사회적 기술과 상호작용에 미치는 효과. 대구대학교 대학원 박사학위논문.

김민정(2009). 도구를 활용한 또래 협동 신체활동이 유아의 사회적 유능감에 미치는 영향. 한국교원대학교 교육대학원 석사학위논문.

김봉진(1992). 유아의 지능 발달에 관한 한 연구. 삼육대학 논문집, 24, 47-65.

김붕년(2012). 내 아이의 평생행복을 결정하는 아이의 뇌. 국민출판.

김성희(2006). 협동적 신체활동이 유아의 자아개념에 미치는 영향. 전남대학교 교육대학원 석사학위논문.

김소윤(2009). 골프드라이브 스윙시 하지근의 근전도 분석, 신라대학교 대학원 석사학위논문.

김숙경(1988). 외둥이와 형제아의 모·자녀 관계 및 사회성에 관한 비교연구. 이화여자대학교 대학원 석사학위논문.

김연옥(2010). 어르신과 유아와의 통합 프로그램이 유아 정서에 미치는 영향. 백석대학교 기독교 전문대학교 대학원 박사학위논문.

김연진, 박해미, 연미희, 최은숙, 한은경(2013). 유아교육개론. 태영출판사.

김영미(2003). 취학 전 교육경험에 따른 아동의 사회성에 대한 연구. 연세대학교 교육대학원 석사학위논문.

김영심(2003). 유아를 위한 놀이 속의 움직임교육. 서울: 대경북스.

김외국(2008). 신체활동교육에 대한 공사립 유아교육기관의 실태 및 교사 인식 비교. 인하대학교 교육대학원 석사학위논문.

김유미(2000). 동작교육의 두뇌 생리학적 근거와 교육적 시사점. 한국체육교육학회, 4(2), 280-296.

김윤호(2009). 인라인스케이트의 활동이 건강 체력 및 기능체력에 미치는 영향. 국민대학교 교육대학원 석사학위논문.

김은경(2009). 유아의 신체활동프로그램 참여가 사회성 발달에 미치는 영향. 경원대학교 교육대학원 석사학위논문.

김은심, 안나겸(2010). 영유아를 위한 음악·동작 교육. 파란마음.

김은주, 변지혜, 이숙희(2014). 건강 달리기 프로그램이 유아의 체격, 신체조성 및 체력에 미치는 영향, 23(1).

김은혜(2009). 모래놀이가 유아의 사회성에 미치는 영향. 숭실대학교 교육대학원 석사학위논문.

김인영(2003). 다중지능이론을 적용한 음악과 교수학습 지도 방안 연구. 부산교육대학교 교육대학원 석사학위논문.

김재은(1987). 유아의 발달심리. 창지사.

김정아(2009). 전래놀이가 유아의 또래 유능성과 친사회적 행동에 미치는 영향. 영유아교육연구, 12, 31-43.

김정희, 문혁준(2004). 아동의 사회적 유능성에 관련된 변인 연구. 대한가정학회지, 42(10), 23-38.

김제한(2001). 발달심리학. 서울: 양서원.

김주자(2003). Howard Gardner의 다중지능이론과 예술교육의 관점. 무용예술학 연구지, 12, 77-100.

김준호(2010). 교사의 핵심역량이 학생의 학교 삶의 질에 미치는 영향. 단국대학교 대학원박사학위논문.

김철옥(2012). 수학개념이 포함된 협동적 신체활동이 유아의 수학능력과 수학적 태도에 미치는 영향. 이화여자대학교 교육대학원 석사학위논문.

김현수(2003). 유아체육프로그램이 유아들의 사회·정서적 발달에 미치는 영향. 성균관대학교 교육대학원 석사학위논문.

김현숙(2011). 유아의 거친 신체놀이와 사회성과의 관계. 경인교육대학교 교육대학원 석사학위논문.

김현주(2009). 유아의 기질과 어머니의 양육신념이 유아의 자기조절능력에 미치는 영향. 덕성여자대학교대학원 석사학위논문.

김현지, 오현주(1999). 유아를 위한 체육활동 이론과 실제. 서울: 양서원.

김혜선 역(2015). 모든 아이는 영재로 태어난다: 0~4세 영재성을 키우는 발달 단계별 두뇌 놀이. 린다 에이커돌로, 수전 굿윈. 푸른육아.

김혜숙(2008). 집단 게임 교수방법에 의한 전래놀이가 만5세 유아의 사회성 발달에 미치는 영향. 인천대학교 교육대학원 석사학위논문.

김활란(2005). 협동적 동작활동이 유아의 친사회적 행동 및 정서지능에 미치는 영향. 전남대학교 교육대학원 석사학위논문.

나하나(1995). 유아놀이지도. 서울: 양서원.

노경선(2007). 아이를 잘 키운다는 것. 서울: 예담.

노명희(1995). 아동의 어머니에 대한 애착과 사회적 능력. 전남대학교 대학원 박사학위논문.

노혜숙 역(2010). 아이 뇌는 자란다: 머리 좋은 아이로 키우는 뇌과학 육아 코칭. D. 펄뮤터. 프리미엄북스.

류진희, 황환옥, 최명희, 정희정, 김유림(1999). 유아의 발달에 적합한 신체활동. 서울: 양서원.

문복진(2014). 유치원 교원의 핵심역량 강화를 위한 직무연수 모형 개발 및 프로그램 운영 방안. 이화여자대학교 대학원 박사학위논문

문성진(2008). 부모의 양육신념과 아동의 자기조절능력에 관한 연구. 숙명여자대학교 대학원 석사학위논문.

문화체육부(1995). 취학 전 아동의 체격 및 체력 육성을 위한 체육놀이 프로그램 개발. 서울: 문화체육부.

민혜영(1998). 유아의 사회성 발달에 영향을 미치는 환경 변인과 개인 내 적 변인들에 관한 연구. 이화여자대학교 교육대학원 석사학위논문.

박병옥(2009). 유아의 언어능력 및 사회성이 유치원 적응에 미치는 영향. 동아대학교 대학원 석사학위논문.

박설량(2006). 유아 교육기관에서의 신체활동 교육 현황 조사 연구. 공주대학교 교육대학원 석사학위논문.

박성연, 도현심(2000). 아동발달. 서울: 동문사.

박성은(1995). 개인적 지능과 학습양식에 관한 연구. 연세대학교 대학원 석사학위논문.

박순진(2011). 유치원에서의 협력활동 경험이 유아의 또래 유능성에 미치는 영향. 한국교원대학교 교육대학원 석사학위논문.

박유미, 최인숙, 김은아(2010). 또래간의 신체활동이 영아의 사회·정서행동과 영아 발달에 미치는 영향. 한국영유아보육학, 62, 33-54.

박주영 역(2012). 아이의 회복탄력성: 마음이 강하고 적극적인 아이로 키우는 힘. 디디에 플뢰. 글담(인디고).

박주희, 이은해(2001). 취학 전 아동용 또래 유능성 척도 개발에 관한 연구. 대한가정학회지, 33(1), 221-232.

박찬옥, 김영중, 정남미, 임경애(2005). 유아놀이지도. 서울: 학문사.

박청휘(2000). 스포츠 클라이머와 일반 산악인의 건강관련 체력비교 연구. 조선대학교 교육대학원 석사학위논문.

박혜란(2010). 학급단위 또래관계 증진 프로그램이 유아의 또래 유능성에 미치는 영향. 경북대학교 교육대학원 석사학위논문.

박화윤, 마지순, 천은영(2004). 유아의 놀이성과 상호작용적 또래놀이에 관한 연구. 열린유아교육연구, 9(4), 285-298.

방예선(2007). 줄넘기 신체활동이 유아의 자기효능감에 미치는 영향. 중앙대학교 교육대학원 석사학위논문.

방현식(2003). 신체활동이 유아의 사회성 발달에 미치는 영향. 인하대학교 교육대학원 석사학위논문.

배인자, 한규령(1996). 유아를 위한 동작교육의 이론과 실제. 서울: 양서원.

배진오, 이연승(2014). 유아교사의 핵심역량에 대한 인식. 어린이문학교육연구, 5(1), 333-354.

백상락(2008). 유아축구활동에 대한 학부모 인식에 관한 연구. 고려대학교교육대학원 석사학위논문.

보건복지가족부(2007). 표준보육과정 2007. 보건복지가족부: 육아정책개발센터.

서봉연, 이순형(2001). 발달심리학. 서울: 중앙적성출판사.

서주현(2014). 가정문해환경, 유아의 지능, 문해능력 간의 관계. 울산대학교 대학원 석사학위논문.

서혜경, 문지영, 성주욱, 김말영, 이준호, 박정이, 차성화, 백나영, 이재민, 김수민, 임현술, 정해관, 배근량, 정철(2004). 인라인 스케이트 이용자들의 손상 유형과 위험 요인. 동국의학, 11(2), 53-61.

성병창, 부재율, 한경임, 이경화(2009). 교사의 핵심역량에 대한 교육공동체의 인식 조사. 水産海洋教育研究, 21(1), 78-95.

손준구(1997). 각급 학교 매트 운동의 구르기 학습 계열성 분석. 한국초등체육학회지, 3호, 39~49.

송경은 역(2013). 혼자 노는 아이 함께 노는 아이 사회성 높은 아이로 키우는 법. 스테판 발렌틴. 한국경제신문사.

송길연 외 역(2014). 발달심리학. Alan Slater, Gavin Bremner. 서울: 시그마프레스.

송명자(1995, 2005). 발달심리학. 서울: 학지사.

송연희(2015). 우리 아이 나쁜 버릇 부모가 만든다. 신원문화사.

송현주(2007). 협동 신체활동이 유아의 친사회적 행동에 미치는 영향. 국민대학교 교육대학원 석사학위논문.

신명숙(2003). 전통놀이 프로그램이 유아의 사회성 발달에 미치는 영향. 영남대학교 교육대학원 석사학위논문.

신명희, 서은희, 송수지, 김은경, 원영실, 노원경, 김정민, 강소연, 임호용(2013). 발달심리학. 서울: 학지사.

신영숙(2002). 유아의 언어성 지능과 동작성 지능에 따른 창의적 동작활동 참여도에 관한 연구. 울산대학교 교육대학원 석사학위논문.

신옥순(1994). 유아교육학개론. 서울: 학지사.

신은수, 박은혜, 조운주, 이경민, 유영의, 이진화, 이병호(2011). 유치원교원 핵심 역량 구성방향 탐색. 유아교육학론집, 15(5).

심성경, 조순옥, 이정숙, 이춘자, 이선경, 이효숙(2009). 유아교육개론(제3판) 창지사.

안진희(2015). 엄마랑 아이랑 함께 자라기 1. 질 코넬 , 셰릴 맥카시. 서울: 길벗.

양옥승(1999). 유아교육과정에 대한 관점 탐구. 교육연구, 7, 137-152.

엄윤희(2015). 왜 내 아이만 키우기 어려울까: 단호하지만 사랑을 놓치지 않는 육아. 길 대상자.

여은숙(2004). 다중지능이론에 기초한 미술과 교수·학습방법연구. 대구교육대학교 교육대학원 석사학위논문.

오세경(2012). 도형을 활용한 공간요소 중심 유아 동작교육 프로그램 개발 및 효과. 중앙대학교 대학원 박사학위논문.

오연주(2003). 유아의 운동능력과 또래 상호작용에서 측정된 사회성과의 관계. 유아교육연구, 23(3), 153-171.

오재국(2003). 스트레칭 체조가 아동의 유연성 발달에 미치는 영향. 대구교육대학교 교육대학원 석사학위논문.

왕곤(2011). 걷기 방향에 따른 하지의 근활성도와 족저압의 비교. 대구대학교 대학원 석사학위논문.

왕혜원(2007). 신체활동 프로그램이 유아의 사회성 발달에 미치는 영향. 부산대학교 대학원 석사학위논문.

용희숙(2010). 생태적 접근에 의한 텃밭 가꾸기 활동이 유아의 사회성에 미치는 영향. 인천대학교 교육대학원 석사학위논문.

우미라(2003). 다중지능 이론에 기초한 초등 문학교육 방법 연구-교육연극을 중심 으로-. 서울교육대학교 교육대학원 석사학위논문.

우종하(2000). 인간 심리의 이해. 교육과학사.

유옥주(1999). 또래 상호작용 증진을 위한 유아협력 중심 신체활동 모형 연구. 동국대학교 교육대학원 석사학위 논문.

윤애희(2000). 유아발달에 적합한 유아체육교육 내용의 선정 방향모색. 한국유아체
육학회지, 1(1), 117-127.

윤옥인(2014). 아이의 다중지능: 아이의 기질과 진로를 빨리 발견해주고 싶은 부모가
꼭 읽어야 할 책. 지식너머.

이 영(1995). 유아를 위한 창의적 동작교육. 파주: 교문사

이 영, 전인옥, 김온기(2008). 유아를 위한 창의적 동작교육. 파주: 교문사.

이경언(2011). 음악과 교육과정 개발에서 핵심역량 논의의 방향. 음악교육공학, 13,
1-15.

이경희(1993). 부모의 언어통제유형과 아동의 사회적 능력과의 관계. 고려대학교
대학원 박사학위논문.

이경희(2008). 줄넘기와 스위스볼 운동이 유아의 신체조성, 성장관련 인자 및 골대
사 지표에 미치는 영. 부산대학교 대학원 석사학위논문.

이기숙(1995). 유아발달에 적합한 유치원 실내 교육. 서울: 교육부.

이기숙, 이영자, 이정욱(2009). 유아 교수 학습 방법. 서울: 창지사.

이기숙, 이영자(1986). 유아를 위한 교수-학습 방법. 서울: 창지사.

이나영(2008). 유아의 협동활동 프로그램 개발 및 효과 검증. 전남대학교 대학원
박사학위논문.

이만수, 홍정선(2005). 또래 협력 중심 신체활동이 유아의 사회적 능력에 미치는
영향. 유아교육연구, 25(3), 31-49.

이민경(2008).신체활동이 영아의 운동능력발달과 사회,정서발달에 미치는 영향.
전남대학교 대학원 석사학위논문.

이병래(1997). 부모의 심리적 노력과 유아의 정서 지능과의 관계. 중앙대학교 대학
원 박사학위논문.

EBS 부모 제작팀(2013). EBS 부모: 아이 발달 지혜로운 부모 행복한 아이들. 경향미
디어.

이선아(2003). 군 인성 교육 프로그램 개선 방안에 관한 연구. 동국대학교 행정대
학원 석사학위논문.

이수정(2009). 협동놀이가 위축성향 유아의 또래관계에 미치는 효과. 대구대학교 대학원 석사학위논문.

이숙재(1998). 어린이의 거친 신체 놀이와 사회적 능력 연수. 아동학회지, 19(1), 131-140.

이숙희, 임재택(2012). 유아를 위한 건강달리기 프로그램 구성 및 적용. 생태유아교육연구, 11(3).

이영석, 조부월(1998). 과제분담 협동학습이 유아의 또래수용, 우정형성, 친사회적 행동에 미치는 효과. 교육학연구, 36(3), 281-300.

이영석, 이경영(1989). 유아사회교육의 이론과 실제. 서울: 형설출판사.

이영심(2012). 유아 동작교육 프로그램. 서울: 양서원.

이영애(2012). 아이의 사회성-세상과 잘 어울리고 어디서나 환영받는 아이로 키우는 방법. 지식채널.

이영자, 이종숙, 이욱, 신은수, 이정욱(2000). 교사 평정에 의한 유아용 정서지능 평가도구. 서울: 창지사.

이옥형(1999). 유동적 지능-결정적 지능과 학업성취에 관한 연구. 교육학연구, 37(2), 181-208.

이용주(2003). 3세반 학급공동체의 형성과정에서 나타나는 특성에 관한 연구. 중앙대학교 대학원 박사학위논문.

이원영, 박찬옥, 노영희(1993). 유아의 사회성 발달 프로그램 개발 연구. 유아교육연구, 13(1), 65-91.

이원정, 황해익(2008). 줄넘기 신체활동이 유아의 자아개념과 또래 유능성에 미치는 영향. 교사교육연구, 47(3), 98-113.

이윤희(2006). 신체접촉 전통놀이가 유아의 사회성 발달에 미치는 영향. 서울교육대학교 교육대학원 석사학위논문.

이은영(2008). 유아의 기질과 부모의 양육태도가 유아의 사회성 발달에 미치는 영향. 강남대학교 교육대학원 석사학위논문.

이은화, 이정환, 이경우, 이기숙, 홍용희, 박은혜, 김희진(2001). 유아교육개론. 서울: 이화여대 출판부.

이은희(2009). 움직임 개념에 기초한 유아동작교육 프로그램 개발 및 효과. 전남대학교 대학원 박사학위논문.

이자윤(2013). 유아의 다중지능과 리더십간의 관계 연구. 동국대학교 교육대학원 석사학위논문.

이재은(2006). 유아의 놀이성과 또래 유능성과의 관계. 한국교원대학교 교육대학원 석사학위논문.

이정수(2011). 유아 및 교사 변수가 유아의 정서 조절전략에 미치는 영향에 대한 다층 자료 분석. 덕성여자대학교 대학 박사학위논문.

이정순, 유구종, 김민경(2012). 유아교육기관 지능형 로봇활동 자유 선택활동 프로그램이 유아의 사회, 정서 발달에 미치는 효과. 열린유아교육연구. 17(3), 111-132.

이정식(2004). 지능과 창의성의 발달경향성 분석-유아기에서 청소년기까지-. 경성대학교 대학원 박사학위논문.

이종숙, 이옥, 신은수, 안선희(2008). 아동발달. 서울: 시그마프레스.

이지은(2013). 중년여성 스포츠클라이밍 동호인과 일반인의 건강 체력 수준의 비교 분석. 경희대학교대학원 석사학위논문.

이진경(2004). 사회적 유능감 증진 프로그램이 유아의 자기존중감과 또래 유능성에 미치는 영향. 한국교원대학교 교육대학원 석사학위논문.

이태영(2000). 유아를 위한 사회적 유능감 증진 프로그램의 구성 및 효과 검증. 서울여자대학교 대학원 박사학위논문.

이혜숙, 곽은정(2002). 4-5세를 위한 유아체육 활동의 이론과 실제. 도서출판 KIP.

이화도(2011). 핵심역량기반 프랑스 유아교육과정 개혁의 시사점. 비교교육연구, 22(5).

이화자(2014). 엄마는 아이의 미래다: 엄마의 자존감이 아이의 미래를 결정한다. 청조사.

이희선, 서승현, 이진영(2010). 유아체육과 운동발달. (사)한국유아체육협회편.

임숙희(2003). 대근육활동이 유아의 운동기능에 미치는 효과: 기본운동능력과 지각운동 중심으로. 전남대학교 교육대학원 석사학위논문.

임은주(2009). 만 3세 또래관계 형성에 관한 최근 연구 동향 분석 2000년-2009년: 유아교육분야를 중심으로. 세종대학교 교육대학원 석사학위논문.

임재택, 이소영, 김은주(2011). 유아교육기관에서의 유아달리기 활동 의미 탐색. **열린유아교육연구**, 16(4).

장영애(1986). 가정환경변인과 아동의 능력간의 관계: 인과 모형 분석. 연세대학교 대학원 박사학위논문.

장영자(1994).협동적 상호작용이 유아의 계획수립과 문제해결력에 미치는 효과. 건국대학교 교육대학원 석사학위논문.

장유경(2012). **아이의 가능성**. 예담프렌드.

장은경(1997). 3세 유아 교육수행에 대한 어머니와 교사의 기대. 이화여자대학교 교육대학원 석사학위논문.

장정복(2014). 텃밭 가꾸기 활동이 유아의 사회성에 미치는 영향. 경남대학교 교육대학원 석사학위논문.

장혜원(2009). 음악활동에서 관찰된 유아의 사회성 평가를 위한 측정도구 개발. 숙명여자대학교 대학원 박사학위논문.

장혜정(2013). 집단 무용 활동이 지적 장애 학생의 이동운동 기술 및 협응성에 미치는 영향. 용인대학교 교육대학원 석사학위논문.

전남련, 김재환, 권경미(2006). **보육과정**. 서울: 양서원.

전남련, 성은숙, 김기선, 이은임, 남궁기순, 이효수, 김재환, 박은희, 이선영, 김연옥, 엄음옥, 백향기, 나현행, 강은숙, 엄영숙(2014). **유아발달**. 서울: 양서원.

전종귀, 이상기, 박희근(2004). 걷기운동유형과 속도에 따른 호흡순환계 반응. 운동과학, 13(3).

전진석(2005). 유아들의 체력수준에 따른 사회성 발달 차이에 관한 연구. 용인대학교 대학원 석사학위논문.

정민우(2005). 다중지능이론과 Motif Writing 움직임 창작 이론의 관계 연구. 이화여자대학교 대학원 석사학위논문.

정범모(1975). **교육과 교육학**. 배영사.

정세호(2010). 또래 협동 신체활동 프로그램의 효과. 한국교원대학교 교육대학원 박사학위논문.

정아름(2012). 유아 지능이 교육기관 적응에 미치는 영향: 기질의 조절효과. 울산대학교 대학원 석사학위논문.

정옥분(2004). 영·유아 발달의 이해. 서울: 학지사.

정옥분(2009). 유아 발달의 이해. 서울: 학지사.

정옥분(2013). 아동 발달의 이해. 서울: 학지사.

정은수(2007). 유아 놀이에 대한 어린이집 교사와 어머니의 인식 비교. 인천대학교 교육대학원 석사학위논문

정재정, 홍상완(2005). 인라인 스케이트 운동이 초등학생의 체력에 미치는 효과 분석. 한국초등체육학회지, 11(2), 79-92.

조영아 역(2015). 아이의 행복을 위해 부모는 무엇을 해야 할까 : 아이의 행복과 성적 사이에서 갈등하는 부모들을 위한 해답(개정판). 웨인 다이어. 푸른육아.

조진형(2015). 내 아이의 IQ와 EQ를 높이는 PQ 부모 수업: 부모라면 반드시 알아야 할 자녀 인성 교육 방법. 도서출판 타래.

지성애, 김미경(2003). 유아사회교육의 이론과 실제. 서울: 학지사.

지옥정(2008). 유아교육개론. 서울: 창지사.

지옥정, 김수영, 정정희, 고미애, 조혜진(2014). 개정 유아교육개론. 서울: 창지사.

지은정(2001). 유아들의 신체놀이에 따른 정서 및 사회성 발달에 관한 연구. 동국대학교 교육대학원 석사학위논문.

진영미(2014). 집단 전통놀이 활동이 유아의 사회성 발달과 정서지능에 미치는 영향. 경남대학교 교육대학원 석사학위논문.

차석환(2009). 걷기 형태에 따른 호흡 순환 기능과 에너지소비량 변화. 단국대학교 교육대학원 석사학위논문.

채민아(2003). 신체 놀이 활동을 이용한 유아의 창의성 증진 프로그램 개발과 효과. 영남대학교 대학원 박사학위논문.

채종옥, 이경화, 김소양(2007). 유아와 놀이 이론과 실제. 서울: 양서원.

천근아(2013). 아이는 언제나 옳다: 늘 뒤돌아서서 후회하는 부모를 위해. 위즈덤하우스.

최경숙(2009). 아동발달심리학. 서울: 교문사.

최경숙, 송하나(2010). 발달심리학. 서울: 교문사.

최경원(2001). 가정환경과 아동의 지적수행간의 관계. 울산대학교 대학원 석사학위논문.

최기영, 신선희(2003). 협동적 집단게임을 통한 유아의 사회화 과정에 대한 문화기술적 연구. 유아교육연구, 23(2), 197-221.

최병남(2014). 유아의 지능과 사회적 유능감 간의 관계. 울산대학교 교육대학원 석사학위논문.

최소라(2007). 협동놀이가 만 3세 유아의 자기조절능력 및 정서인식능력에 미치는 효과. 숙명여자대학교 교육대학원 석사학위논문.

최유현(2005). 아동의 가정의 과정환경과 다중지능간의 관계. 한국 홀리스틱교육학회, 9(1).

최은실(2010). 줄넘기, 훌라후프 운동이 유아의 기초체력 향상에 미치는 영향. 인제대학교 교육대학원 석사학위논문.

최지영(1993). 유아의 협력적 문제해결과정에 관한 연구. 중앙대학교 대학원 석사학위논문.

최지영(2013). 유아교육론. 동문사.

최진아(2010). 규칙적인 체육프로그램 참여가 유아의 기초운동기능과 자아존중감 및 사회성 발달에 미치는 영향. 대구가톨릭대학교 대학원 박사학위논문.

최혜순(1992). 유아 사회성 발달과 교육. 서울: 학문사.

KBS 읽기혁명 제작팀(2010). 뇌가 좋은 아이 KBS 특집 다큐멘터리 읽기혁명 한 살 아기에게 책을 읽혀라. 마더북스.

태양실(2004). 시각 장애 아동의 유연성 향상을 위한 스트레칭 프로그램의 개발 및 적용 연구. 현장특수교육 연구보고서. 서울특별시 서울맹학교.

하지원(1993). 아동의 스포츠 참가와 사회성과의 관계. 이화여자대학교 교육대학원 석사학위논문.

한국교육개발원(1987). KEDI-WISC 검사요강. 한국교육개발원.

한국아동검사연구회(2002). 한국 웩슬러 유아지능검사 워크샵. 도서출판 특수교육.

한국유아교육학회(2003). 유아교육사전: 용어편 2. 서울: 한국사전연구사.

한규령(2005). 유아의 또래관계 증진을 위한 신체활동프로그램 개발과 효과 검증. 서울여자대학교 대학원 박사학위논문.

한승록(2008). 역량모델 중심 교육프로그램 개발의 전략적 고찰. 학습자중심교과교육연구. 8(1), 421-444.

한재영(2010). 유아의 신체활동 프로그램 적용을 통한 사회성 발달에 관한 연구. 창원대학교 대학원 석사학위논문.

한지연(2005). 무용교육이 유아의 사회성 발달에 미치는 영향. 건국대학교 교육대학원 석사학위논문.

함은숙(2004). 유아의 지적, 사회적 능력과 그에 대한 어머니, 교사의 지각에 관한 연구. 원광대학교 대학원 박사학위논문.

홍은주(1997). 유아의 목표물 맞추기 활동을 통한 물리적 지식 발달 양상. 이화여자대학교 대학원 석사학위논문.

홍종원(2009). 어머니의 양육 태도가 유아의 사회성 발달에 미치는 효과. 대구대학교 교육대학원 석사학위논문.

홍진영(2012). 유아의 양육 형태와 유아교육 프로그램 유형이 유아 사회성 발달에 미치는 영향. 서강대학교 교육대학원 석사학위논문.

황미숙 역(2013). 아이 체온의 비밀: 몸이 따뜻한 아이는 왜 면역력이 강할까. 이시하라 니나. 행복한내일.

황보연(2011). 도구를 활용한 협동적 신체활동이 유아의 친사회적 행동에 미치는 영향. 동국대학교 교육대학원 석사학위논문.

황상주(1992). 사회과 교육에서의 친사회적 교육의 역할과 함양방안. 서울대학교 대학원 석사학위논문.

황혜정(1999). 아동의 정서지능 발달과 정서, 행동문제와의 관계에 대한 연구. 유아교육연구, 13(1), 97-84.

황희숙, 강승희, 윤경미, 윤소정, 류지영(2009). 지능과 영재교육. 서울: 시그마프레스.

황희숙, 강승희, 윤소정(2003). 유아 영재의 연령 및 성별에 따른 K-WPPSI 수행과 창의성과의 관계에 대한 탐색연구. 유아교육연구, 23(4), 81-103.

Armstrong, T. (1993). *Multiple intelligence in the Classroom.* Alexandria, VA : Association for Supervision and Curriculum Development.

Asher, S. R. (1990). Recent advances in the study of peer rejection. In S. R. Asher & J. D. Coie (Eds.), *Peer rejection in childhood*(pp. 3-14). New York: Cambridge University Press.

Band, E. B., & Weize, J. R. How to feel better when it feels bad : Children's perspective on coping with every streets. *Developmental Psychology, 24*(2), 247-253.

Bently, W. G. (1970). *Learning to move and moving to learn.* New York: Citation Press.

Bellm, D. (2008). *Center for the study of child care employment.* San Francisco, CA : University of California at Berkeley.

Berk, L. E. (1989). *Child development. Boston.* Allyn and Bacon.

Brown, J. R., & Dunn. J. (1991). You can cry, mum. The social and developmental implications of talk about internal states. *British Journal of Developmental Psychology, 9*, 237-256.

Chappel, M., & Nye, S. (2007). Nevada's core knowledge areas and core competencies for early care and education professionals. *The Nevada Registry. Retrieved November, 15*, 2007.

Cicchetti, D. J. (1993). Developmental Psychopatholoy: Reaction, reflections, projections. *Developmental Review, 13*, 471-502.

Coolahan, K., Fantuzzo, J., Mendes, J., & McDermott, P. (2000). Preschool peer interactions and readiness to learn: Relationships between classroom peer play and learning behaviors and conduct. *Journal of Educational Psychology, 92*, 458-465.

Conway. A. M. (2005). Girls, aggression and emotion regulation. *American Journal of Orthopsychiatry, 75*(2), 334-339.

Damon, W., & Phelps, E. (1989). Strategic uses of peer learning in children's education. In T. J. Berndt. & G. W. Ladd (Eds.), *Peer relationship in child development*(pp. 135–157). New York: Wiley Inter Science.

Devries, R., & Zan, B. (1994). *Moral Classroom, Moral Child: Creating a constructivist atmosphere in the early education*. New York: Teacher's college press.

Dietz W. H. (1986). Prevention of childhood obese, pediatrics. *Clinic if north American, 22*, 823–833.

Dodds, P. (1978). Creative productivity between the ages of 20 and 80 years. *Journal of Gerontology, 21*. pp. 1–8.

Dodge, K. A., Pettit, G. S., McClaskey, C. L., & Brown, M. M. (1986). Social competence in children. *Monographs of the Society for Research in Child Development, 51*(2).

Doll, E. A. (1965). *Vineland Social Maturity Scale: Condensed manual of directions*. Circle Pines, MN: American Guidance Service.

Erikson, E. H. (1994). *Identity and the life cycle*. New york: Norton.

Fredriksson, U. (2003). Changes of educational policies within the European Union in the light of globalization. *European Educational Research Journal, 2*(4), 522–546.

Frost, J. L., & Klein, B. L. (1979). *Children's play and playgrounds*. Boston: Allyn and Bacon.

Gabbard, C. (1988). Early childhood physical education: The essential elements. *Journal of Physical Education, Recreation and Dance, 59*(7), 65–69.

Gallahue, D. L. (1993). *Developmental physical education for today's children*. Dubuque, IA: Brown & Benchmak.

Gallahue, D, L. (1995). Transforming physical education curriculum. *Reaching potential: Transforming Early Childhood Curriculum and Assessment, 2.*

Gallahue, D. L. (1993). Motor Developmental and movement skill acquisition in early childhood education. In B. Spodek (Eds.), *Handbook of research on the education of young children*. NY: Macmillan.

Gallahue, D. L. (1996). *Development physical education for today's children*. USA: Times

Mirror Higher Education Group, Inc.

Gallahue, D. L., & Ozmun, J. C. (1995). *Understanding motor development: Infants, children, adolescents, adults. Madison.* Wis: Brown & Benchmark.

Gallhue, D. L., Werner, P. H., & Luedke, G. C. (1975). *A conceptual approach to moving and learning.* NewYork: John Wiley & Sons.

Gardner, H. (2000). *Intelligence reframed: Multiple intelligences for the 21st century.* New York: Basic.

Garvey (1977). *Play, Cambridge, Mass:* Harvard University Press.

Gattaman, J. M., Katz, L. F., & Hooven, C. (1997). *Meta-Emotion: How Families communate emotionally.* Mahwah NJ: Lawrence Erlbaum Associates.

Gerhardt, L. A, (1973). *Moving and knowing: The young child orients himself in space.* Englewood Cliffs, N.J: Prentie-Hall.

Gilliom, B. C. (1970). *Basic movement education for children.* Reading, MA: Addison Wesley.

Goleman, D. (1995). *Emotional intelligence: Why it can matter more than IQ.* NY: Bantam.

Guilford, J. P. (1967). *The nature of human intelligence.* New York: McGraw-Hill.

Harter, S. (1982). The perceived competence of children. *Children Development, 53,* 87-97.

Harris, P. L. (1983). Children's understanding of the between situation and emotion. *Journal of Experimental Child Psychology, 36*(3), 490-509.

Hoffman, H. A., Young, J., & Klesius, S. E. (1981). *Meaningful movement for children.* Boston, MA: Allyn & Bacott.

Hollich, G. J., & Houston, D. M. (2007). Language development: from speech perception to first words. In A. Slater & M. Lewis (Eds.), *Introduction to infant development*(pp. 170-188). Oxford: Oxford University Press.

Howes, C. (1987). Social competence with peers in young children: Developmental sequences. *Developmental Review, 7,* 252-272.

zard, G. E. (1991). *The psychology of emotioins*. New York: Prenun Press.

ao, S., & Ji, G. (1986). Comparative study of behavioral qualities of only children and sibling children. *Child Development*, 57, 357–361.

ohnson, J. E. (1999). *Play and Early Childhood Development*(2nd ed.). Peason Education Inc.

ohnson, D. W., & Johnson, R. T. (1987). *Learning together and alone*(2nd ed.). Englewood Cliffs, NJ: Prentice–Hall.

Katz. L. G., & Meclellan, D. E. (1997). *Fostering Children's social competence: The teacher's role, 8*. Washington, DC: NAEYC.

Kopp, C. B. (1989). *Regulation of distress and negative emotions: A developmental view*, pp. 343–354.

Ladd, G., & Golter, B. S. (1998). Parent's management of preschooler's peer relations: Is it related to children's social competence? *Developmental Psychology, 24*, 109–117.

Lamb, M. E., Bornstein, M. H., & Teti, D. M. (2002). *Development in infancy: An introduction*. Hillsdale, NJ: Lawrence Drlbaun Associates.

McCall, R. M., & Craft, D. H. (2000). *Moving with a purpose: Developing programs for preschoolers of all abilities*. Champaign, IL: Human Kinetics.

Manross, M. A. (2000). Learning to throw in physical education class: Part3. *Teaching Elementary Physical Education, 11*(3), 26–29.

Mayer, J. D., & Salovey. P. (1990). Emotional Intelligence, imagination. *Cognition & Personality, 9*(3), 185–211.

Mayer, J. D., & Salovey. P. (1997). What is emotional intelligence? In Salovey. P. & amp: Sluyter, D. (Eds.), *Emotional development and emotional intelligence: Implication for educators*. NewYork: BasicBook.

Mayesky, M., Neuman, D., & Wlodkowski, R. J. (2004). *Creative Activities for young Chilidren*. S: Delmarpub. Inc.

Mayesky, M. (1995). *Creative activities for young children*. Albany, NY: Delmar

Publishers Inc.

Munro, J. G. (1985). *Movement education: A program for young children*. Mdea Press.

Mize, J., & Ladd, G. W. (1990a). A cognitive social learning approach to social ski training with low status preschool children. *Develop mental Psychology*, 26, 388−397

Mize, J., & Ladd, G. W. (1990b). To ward the development of successful social ski straining for preschool children. In S. R. Asher & J. D. Coie (Eds.), *Peer rejection childhood*(pp. 338−361). New York: Cambridge University Press.

NAEYC(2008). Developmentally appropriciate practice revised edition. *Nation Association for the Education of Young Children*, pp. 9−15.

Nichols. R. C. (1978). Heredity and environment: Major finding from twin studies ability, personality, and interests. *Homo, 29*, 158−173.

North, M. (1973). *Movement education*. New York : Dutton, Co.

OECD(2003). *Definition and selection of competencies: Theoretical and conceptu foundation*(DeSeCo). OECD Press.

Oklahoma Development of Human Services (2008). *Oklahoma core competencies f early childhood practitioners*.

O'Malley, J. M. (1977). Research perspective on social competence. *Merrill Parlme Quarterly, 23*(1), 29−44.

Ontario Ministry of Education(2010). *Teacher performance appraisal*. Toronto, ON Ontario Ministry of Education

Panggrazi, R. (1982). Physical education, self−concept and achievement. *Journal Physical Education, Recreation and Dance*, pp. 11−12.

Pellegrini, A. D. (1994). The rough play of adolescent boys of differing sociometri status. *International Journal of Behavioral Development, 17*, 525−540.

Perry, D., & Bussey, K. (1984). *Social Development*. New Jersey: Prentice−Hall.

Piaget, J. (1952). *The origins of intelligence in children*. NY: International Universit Press.

Piaget, J., & Inhelder, B. (1956). *The child's conception of space*. London: Routledge &

Kegan Paul.

Piaget, J., & Inhelder, B. (1971). *Science of education and the psychology of the child*. New York: Viking.

Purcell, T. M. (1994). *Teaching children dance: Becoming a master teacher*. Champaign, IL: Human Kinetics.

Rubin, K. H., Fein, G., & Vandenberg, B. (1983). Play. In Paul H. Mussen (Ed.), *Handbook of child psychology: Vol. 4. Socialization, personality, and social development*. New York: Wiley.

Rychen, D. S., & Salganik, L. H. (2003). *Key competencies for a successful life and well function society*. Cambridge, MA: Hogrefe & Huber Publisher.

Sarason, B. R. (1981). The dimension of social competence: Contributions from avariety of research areas, In J. D. Wine & M. D. Smye (Eds.), *Social Competence*. NewYork: Guilford.

Shaffer, D. R. (1993). *Developmental psychology: Childhood and adolescence* (3rd ed.). Pacific Grove, CA: Brooks/Cole.

Shaffer, D. R. (2002). *Social and Personality Development*(4th ed.). Belmont, CA: Wadssotrh/Tomson Learning.

Sharon L. K. (Ed.)(2010). *Professional development: A legacy of similarities and differences*. Smart Start Presentation: February 18, 2010.

Slater, W. (1993). *Dance and movement in the primary school : A cross curricular approach to the lesson planning*. UK: Northcote House.

Snow, C. E. (1983). Literacy and Language: Relationships during the preschool years. *Harvard Educational Review, 53*(2), 165-189.

Sroufe, L. A., & Flesson, J. (1996). Attachment and the construction of relationships, In W. W. Hartup. & Z. Rubin (Eds.), *Relationship and development*. New Jersey: Eribaum Associates.

Sternberg, R. (1997). *Successful intelligence*. New York: A Plume book.

Sternberg, R. J. (1977). *Intelligence, information processing, andanalogical reasoning: The componential analysis of human abilities.* Hillsdale, NJ: Erlbaum.

Sternberg, R. J. (1986). *Intelligence applied: Understanding and increasing your intellectua. skills.* New York: Harcourt Brace Jovanovich

Training and Development Agency. (2007). *Professional standards for teachers in England from September.* UK, London: Training and Development Agency

Waters, E., & Sroufe, L. A. (1983). Social competence as a developmental construct. *Developmental Review, 3,* 79–97.

Webster's Third New International dictionary(1971). *Chicago: G & C.* Merraim.

Wechsler, D. (1958). *The measurement and appraisal of adult intelligence*(4th ed.). Baltimore: Williams & Wilkins.

Wellman, J. M., & Gelman, S. A. (1998). Knowledge acquisition in foundational domains. In K. Kuhn & R. S. Siegler (Eds.), *Handbook of child psychology*(5th ed., vol. 2, pp. 523–574). NewYork: Wiley.

West Virginia State Training & Registry System (2009). *Core Knowledge and core competencies for early care and education professionals.* Huntington, WV: West Virginia STARS.

Williams, H. G. (1983). *Perceptual and motor development.* Prentice–Hall. Inc.

찾아보기